「未解」のアフリカ

—— 欺瞞のヨーロッパ史観

石川 薫

小浜 裕久

keiso shobo

はしがき

ローマに留学して神学を修めたヘンリケ王子は、1520年司祭に叙せられて北アフリカに派遣された。彼の祖国は大河の畔に栄え、都サン・サルバドルには石造りの家が並び、周囲の王国を朝貢国としていた。

彼はスペインやポルトガルの王家の出身ではない。コンゴ王アフォンソ1世の息子ヘンリケ・キヌ・ア・ムヴェンバである。都のサン・サルバドルは祖父ンジンガ・ンクウ王がキリスト教を導入して自ら改宗（洗礼名ジョアン1世）するまではムバンザ・コンゴと言った。コンゴ王国はリスボンなどに大使館を設置して王侯貴族の子弟を留学させ、また国王自らポルトガル語を自在に操りポルトガル王ジョアン3世とポルトガル語で多くの書簡を交換、ローマ法王にも親書を送っている。

けれども今日、コンゴ川の急流沿いに広がるのは熱帯雨林と漆黒の闇ばかり、落城して久しいコンゴ王国の栄華の残り香を嗅ぐことはない。

時は下って19世紀から20世紀への変わり目、アフリカの王国が次々とヨーロッパの軍門に下って植民地化されていく中、魔の手は白人による白人の植民地化にも及んだ。南アフリカのオランダ人の末裔すなわち白人のボーア人たちはダイヤモンドと金を見つけたばかりにイギリスに攻め込まれ、婦女子は強制収容所に送られて飢餓のうちに死んでいった。

かつて他の大陸のように「普通の」国々が栄えていたアフリカ大陸は、16世紀以降、鉄砲を自国でつくれなかったことで泥沼化した奴隷貿易という惨劇のみならず、金や象牙などの豊かな大地であったがゆえに魔の手にかかったという悲運も重なって、社会、経済、文化そして政治の破壊の織りなす歴史に陥っていった。

今日のアフリカのほとんどの国が多言語国家であること、そして逆に複数国にまたがる同一言語が多いこと。この国境と民族の食い違いはベルリン会議（1884—85年）の呪われるべき遺産であるが、過去を問うてばかりでは国造りは良い方向には進まない。21世紀になって、アフリカの人々はようやく自分の運命を自分の手で開き、自分の歴史を自分で書きうる環境を得たのではないだろうか。冷戦が終わって米ソの代理戦争から解放されたこと、学校に通う子どもたちが増えたこと、女性農民をはじめとして国民の中に企業家精神が育ってきていることなど、勇気づけられる事実も多い。

ただ、本当にこの芽が育ってやがて大きく実るのだろうか。それはアフリカが「ギブ・ミー・チョコレート」を脱することができればイエスであり、そうでなければノーである。それはとりもなおさず、日本や欧米諸国がアフリカに対して慈善（チャリティー）という上から目線の関係ではなく、連帯（ソリダリティー）という対等なパートナー関係を築く用意があるか否かにもかかっている。

この本に流れる通奏低音は、「歴史と正義は勝った者が書く」という人類史を通じた冷徹な事実が、特にアフリカに対してアンフェアであったことへの理解を少しでも広げたい、というささやかな願いである。またこの本はいかなる政治的意図もないことを念のため記しておきたい。

実は、アフリカの歴史と開発の本を書こうとのお誘いは今から十数年前に共著者の小浜裕久氏と勁草書房の宮本詳三さんからいただいていた。それがここまで遅れたのは、ひとえに忙しいだの海外勤務だなどとうそぶいては怠けていた石川の責任であり、にもかかわらず出版にこぎつけたのは小浜さんの恐ろしい叱咤激励と、宮本さんの温かい応援、そして何よりもお二人の忍耐、忍耐、また忍耐のたまものである。お二人には感謝の言葉もない。

本書は、序章と第10章を実際の現場にも詳しい開発経済学者の小浜さんが、第1章から第9章を石川が執筆した。引用文献参照については細心の注意を払って記載したが、万が一見落としがあった場合には可及的速やかにお詫びと訂正をいたしたい。

読者の皆様が、この本を楽しみながら読み、アフリカへの関心と愛情をさらに深めてくだされば望外の幸せである。

2017年9月

石川　薫

本書に登場するアフリカの諸王国

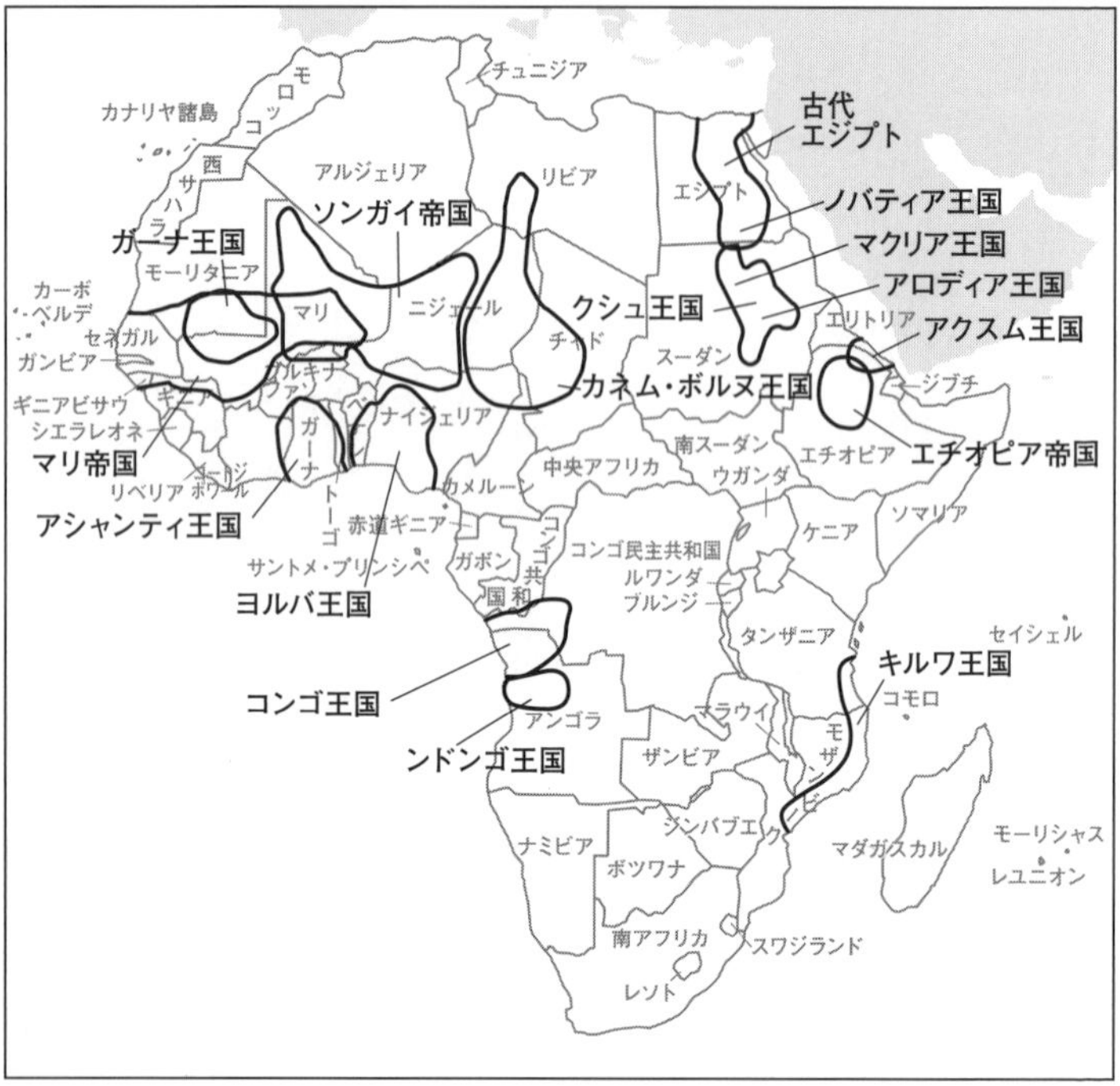

「未解」のアフリカ　目次

「未解」のアフリカ：欺瞞のヨーロッパ史観

序章　未解のアフリカを考える

この本は、アフリカ専門家、というのが言い過ぎなら「アフリカに思い入れがある」石川薫と、「アフリカ素人」、と言っても40年くらい途上国経済を考えてきた小浜裕久の共同作品である。欧米人とは違った視点で、アフリカの社会、経済、歴史を考えようというのがこの本の目的だ。途上国と言っても多種多様で、成長と安定、そして貧困削減を阻害する制約要因や環境は異なっている。さらに、それぞれの国の政治経済的な構造は違っており、開発戦略や政策運営にかかわる阻害要因も異なっている。それぞれの途上国は、それぞれ特有の「地理と歴史」の重荷を抱えて経済発展の道をたどっている。[1]「歴史」は「勝てば官軍」だから、アフリカの社会や経済を理解するには、ヨーロッパ人の書いた歴史だけに依存すると間違える。日本の学校教育で使われている世界史でも「ヨーロッパ史観」が幅をきかせている。日本の世界史の教科書では、アフリカの記述は少ないし、日本の新聞も雑誌もアフリカの記事は少ない。[2]

ある国の経済発展を考えるには、2つの要素を考えなくてはならない。一つは上で述べたその国特有の「歴史」と「類型的特徴（typological difference）」である。「類型的特徴」とは、熱帯にあるか温帯か、大国か小国かといった地理的特徴だ。もう一つの要素は、経済発展局面（段階）の違いだ。アフリカの歴史を考える上で、帝国主義・植民地主義のネガティブな影響はきわめて大きい。Acemoglu and Robinson（2012）の第9章のタイトルは「Reversing Development（経済発展の退行）」で「How European colonialism impoverished large parts of the world（ヨーロッパの植民地主義が世界を貧しくした）」というサブタイトルがついている。[3] 奴隷の「輸出」については、本書第3章で詳しく議論するが、Acemoglu and Robinson（2012, p. 252）の Map 15 は「Slave exports from Africa（アフリカからの奴隷「輸出」）」で、1400年の人口を基準として1400年から1900年までにどれくらいの人々が奴隷として「輸出」されたかを色分けしていて、いかに多くのアフリカ人が奴隷として「輸出」されたかがわかる。今の国名で言うと、アンゴラ、ベナン、ガーナ、トーゴでは、1400年の人口より多くの人々が奴隷として「輸出」されたらしい。

「白んぼ」に言わせれば、「黄色んぼ」であれ「黒んぼ」であれ、「未開」で「野蛮」で一段落ちる存在と思っているのかもしれない。[4] アメリカの白人警官による理解できない蛮行を見ると、その感を強くする。あれほど多くの「白人至上主義者」がいるアメリカも現実なのだ。

有色人種を「人間と思わない」という発想は、『アーロン収容所』でもヴィヴィッドに描かれている（会田 1962）。この本は歴史学者会田雄次が昭和20年（1945年）の終戦直後から昭和22年9月までビルマ（現ミャンマー）のアーロン収容所でイギリス軍の捕虜として生活したときの記録である。「強制労働の日々」という章の最初に出てくる「女兵舎の掃除」の所で、「私は部屋に入り掃除をしようとしておどろいた。一人の女が全裸で鏡の前に立って髪をすいていたからである。ドアの音にうしろをふりむいたが、日本兵であることを知るとそのまま何事もなかったようにまた髪をくしけずりはじめた。（中略）彼女たちからすれば、植民地人や有色人はあきらかに「人間」ではないのである。それは家畜にひとしいものだから、それに対し人間に対するような感覚を持つ必要はないのだ。どうしてもそうとしか思えない」と書いている。

1988年、ヨーロッパでEU統合の集大成としてマーストリヒト条約が交渉されていた頃、ベルギーのブリュージュにある the College of Europe においてイギリスのマーガレット・サッチャー首相はヨーロッパを自画自賛して、'We civilized the world'（我々が世界を文明化した）と演説した。本当にそうだろうか。しかし歴史をたどればヨーロッパのルネサンスはイスラムから来た文化のおかげであり、ヨーロッパが誇るゴチック建築も、化学も数学も、エジプトやイスラムから学んだものである。

帝国主義の時代、「白人優位」の意識が蔓延していたから、熱帯の国が発展するわけはない、と多くの欧米人が考えていたかもしれない。黄色い人間や黒い人間は、白人より劣っていると考えていたかもしれない。イギリス人として初めてノーベル文学賞を受賞したラドヤード・キプリング（Joseph Rudyard Kipling）は「The White Man's Burden（白人の責務）」という詩を書いた。キプリングは「帝国主義的思想」の持ち主で、有色人種差別論者であった。[5]

アフリカでもアジアでも中南米でも、植民地化された国の人々が、「独立したい」「国を豊かにしたい」という意思を持っていたことは疑う余地がない。宗主国は、植民地の人たちのそうした考えを危険視したことも間違いない。イギリスがインドのアヘンを中国に持って行ったのは、中国からの輸入をファイナンスするという「悪知恵」だけでなく、愚民化政策だったと思う。

ビル・イースタリーが *The White Man's Burden* という本を書いている（Easterly 2006）。邦訳タイトルを『傲慢な援助』としたことからもわかるように、著者はキプリング的発想に批判的だ。ちなみにこの本のサブタイトルは *Why the West's Efforts to Aid the Rest Have Done So Much Ill and So Little Good* である。

帝国主義の時代、植民地を見るヨーロッパ人の関心は、どうしたら自国の富を増やすことができるだろうかという視点だけだ。地下資源を掘って持ってくると儲かるかとか、綿花を輸入して綿布にして輸出すれば儲かるかといった関心だ。確かにイギリスはタンザン鉄道を建設したが、それは銅を運ぶための鉄道であって、タンザニアやザンビアの経済発展のためのインフラ建設ではなかったのである。

もし、地理的要因や民族性だけが経済発展を決めるなら、北朝鮮と韓国の違いは、どう説明すればいいのだろうか。朝鮮半島の夜の衛星写真を見たことがある読者も多いと思う。[6]「北」は真っ暗で、「南」は明るい。所得水準だけが経済発展のすべてではないが、北朝鮮の場合、経済統計は入手しにくく、特に国民所得統計はかなり推計値に依存せざるをえない。いろいろな推計があるが１９９０年の韓国の所得は、北朝鮮の２・５倍から５・４倍だと言う（Noland 2000, p. 79）。韓国銀行（中央銀行）の推計によれば、２０１４年の格差は21倍に広がっているという。[7] 朝鮮半島の北と南を比較すると、地理的要因や民族性だけが経済発展を規定しないことは明らかだ。

経済発展とは、「庶民」の暮らしがよくなることだ。[8] 韓国社会がいろいろな問題を抱えていることは事実だが、北朝鮮の人々より韓国の庶民の方が豊かであることは間違いない。北の為政者が北朝鮮の方が韓国より豊かであると自信を持って言うのなら、庶民が自由に韓国に遊びに行けるようにしたらいい。

発明・発見が必ずしも経済発展をもたらすわけではない。世界史の授業で習った読者もいると思うが、宋代の中国（10世紀から13世紀）で羅針盤や火薬が発明され、印刷術が普及していた（「世界の歴史」編集委員会 2009, p. 59）。

羅針盤がなければ「大航海時代」もないわけだが、羅針盤は中国の発明である。「大航海時代」の時期については、論者によって少し異なる。15世紀から17世紀にかけてのヨーロッパによるインド、アジア、アメリカ大陸に対する植民地的海外進出と言うことは共通している。増田義郎（2008）は、大航海時代の時間的範囲については議論があるがとしつつも、１４１５年のポルトガル人のセウタ攻略を起点とし、17世紀半ばまでとしている[9]（pp. 100–102）。一方、本村凌二（2013）は15世紀末に大航海時代が始まったとしている（p. 94）。

学校で習ったように、バルトロメウ・ディアスが喜望峰に到達したのが１４８８年、バスコ・ダ・ガマが喜望峰を回ってアラブ人の水先案内によってインド西南海岸のカリカット（現コジコーデ）に着いたのが１４９８年である（「世界の歴史」編集委員会 2009, p. 116）。コロンブスがアメリカを「発見」したのが１４９２年だ。

バスコ・ダ・ガマのずっと以前からインド洋を越えるような交易は盛んであった。ある論者は8世紀後半以降のアジア海洋世界は第一次「大航海時代」であるという。ムスリム商人が交易に用いた最大のダウ船は３００トンくらいで積める量は約１８０トン、逆風でも進むことができる三角帆を備えていた。１隻のダウ船は砂漠を６００頭のラクダが運ぶ量に匹敵する商品を輸送でき、ユーラシア規模の大量輸送時代が始まったとしている（宮崎正勝 1997, pp. 2-3）。

中国では１３６８年に元が滅び、明が興って１６４４年まで支配した。永楽帝（明の第3代皇帝：在位１４０２—24年）は鄭和に命じて大艦隊をインド洋に派遣した。鄭和は雲南出身のイスラム教徒で宦官である。鄭和の航海は１４０５年から１４３３年まで7次に及び、１４０７年にはカリカットに達した。鄭和艦隊の分遣隊はモガデシュなど東アフリカにまで達している。鄭和艦隊は60数隻の大型船からなり乗組員は3万人弱だったと言われる。最大の船は長さ１５０メートル、幅62メートルだったという（増田 2008, pp. 40-44; 宮崎 1997, 第六章）。

かつては、火薬、羅針盤、印刷術がルネサンス三大発明と言われていた。それは、上で書いたキプリングの「The White Man's Burden（白人の責務）」に象徴されるような偏見に満ちた「欧米史観」である。『世界を変えた火薬の歴史』（Ponting 2006）の書評で、川成洋法政大学名誉教授は、「火薬の発明は、羅針盤、印刷術と同様に、ルネサンスの三大発明である。これは、我々の揺るぎない世界史的常識であった。ところが、ほんの50年ほど前にこれに対する反証が挙げられた」と書いている（『日本経済新聞　朝刊』２０１３年6月30日）。日本の歴史の本も「欧米史観」に影響されたものが多かった。

「欧米史観」を脱したアフリカ史で言えば、『新書アフリカ史』などは読みやすいと思う（宮本・松田 1997）。

ある世界史の教科書は、ルネサンスが多くの点でイスラム文化の恩恵を受けていたことはよく知られており、「三大発明」と呼ばれるもののうち少なくとも羅針盤と火薬（火砲）は中国起源で、それがイスラム教徒を通じてヨーロッパに伝えられたと説明している（「世界の歴史」編集委員会 2009, p. 110）。問題はそれを改良して実用的な武器にしたのは中国でもイスラムでもなくヨーロッパだったということだ。それは大航海時代以降のヨーロッパのアジア・中南米進出と植民地化を見れば明らかである。

歴史は、言ってみれば戦争の歴史であって、鉄砲の実用化が、それまでの刀や槍の戦いを一変させたことは想像に難くない。Ponting（2006）の第9章のタイトルは「The New Gunpowder Weapons（火薬という武器）」であり、第10章は「How Gunpowder Made Modern Europe（火薬が近代ヨーロッパを形成したのだ）」である。日本の戦国時代を考えても織田信長の「革新」の意味は大きい。鉄砲隊という戦争技術の革新を支えたのは経済力であり、楽市楽座は重要な制度的革新であった。

18世紀初め江戸の人口が１００万人くらいで世界最大の都市の一つだったらしい。アンコール王朝最盛期の人口は50万人とも１００万人とも言われる。アンコール遺跡群は、9世紀から15世紀に栄えたアンコール王朝（クメール王朝）治下、石や煉瓦で建設された、大小のヒンズー寺院や祠堂、貯水池、橋梁などの膨大な数の遺跡群である。これだけの寺院などを建設する経済力・技術力を持ちインドシナ半島を支配した王朝が滅び、19世紀半ばに「発見」されるまで、ジャングルの中に埋もれていたのである。今でも巨樹が遺跡の壁を突き破ってそびえ立っていて、ジャングルに埋もれていた時代を彷彿とさせる。

アンコール王朝はなぜ滅びて何百年も「忘れられて」いたのだろうか。なぜ中国は「三大発明」を産み出し、鄭和のようにアフリカまで交易を拡大したにもかかわらず「大航海時代」のヨーロッパのように、世界に進出することなく国に閉じこもったのであろうか。アラブは中世のある時期世界の数学の中心だったのに、それがなぜ経済発展に結びつかなかったのであろうか。なぜ産業革命は中国でなくイングランドで起こったのだろうか。

こういう疑問が次々出てきたら、経済史の大家ランデスの"Why Europe and the West? Why Not China?"（Landes 2006）や経済学者と政治学者の共著である *Why Nations Fail: The Origins of Power, Prosperity, and Poverty*（Acemoglu and Robinson 2012）を読むと面白いだろう。Easterly（2013）も「East Versus West in Eurasia（ユーラシアの東と西）」という節で、

> China was famous for its precocious technological innovations（such as gunpowder and the compass）, which is consistent with the population and technology story. But the population story is of no help in explaining why Western edge of Eurasia would pull ahead beginning in the late 18th century and leave the Eastern edge far behind. Why did the West invent the steam engine and railroad, and not the East? We need something else.（火薬とか羅針盤といった中世の技術革新は、イングランドより中国が先行していたことはよく知られている。これは、経済成長の議論でよく

出てくる「人口と技術」のお話しの好例だ。[11] しかし、18世紀後半にユーラシアの西の端で産業革命が起こって中国を置き去りにしたという事実を「人口と技術」で説明することは難しい。なぜ西端のイングランドが蒸気機関や鉄道を発明して東の中国がそうできなかったかを説明するには、さらなる要因を考えなくてはならない。）

と言っている（pp. 285–286）。

経済発展を考える上で、民族や宗教の違いは避けて通ることはできない。「平和は黙っていれば達成・維持できるのではない。[12] 目に見える形で、あるいは見えないところでの不断の努力によって達成・維持できる」のだと思う。[13] ボスニア紛争では、アメリカやNATOが介入に逡巡したことも犠牲を大きくした一因だったろう。何度も言うが、平和は、黙っていれば、あるいは祈りさえすれば、ひとりでに天から降ってくるのではない。目に見える形で、あるいは目に見えないところで、不断の努力によって平和は維持されるのだ。こう書くと、確かに「バルカンでいろんな紛争があった」ことはわかる、「ヨーロッパの火薬庫」といったことも世界史で習った、でも、日本から遠い場所だし、ヨーロッパに任せておけばいいじゃないか、という意見の読者もいるかもしれない。マーシャル・プランで有名なアメリカのマーシャル国務長官は「遠く離れた人々の窮状が、私たちの安全を脅かし、世界の平和に悪影響を与える恐れがある」[14] と、国民に語ったと言う（戸田 2004）。

このような思いの丈でアフリカの歴史、社会、経済についてのナラティブ（物語）を書いてみた。私たちが考える「アフリカの真実」を楽しんで下さい。

第1章　私たちの知らないアフリカ

1　アフリカは私たちにとって未解か

1–1　アフリカ54か国と言うけれど

この本は、事実関係もさることながら、私たちの通念とか常識から一歩下がって考えていただくことを願って書かれたものである。例えばアフリカの政治を論ずるときに最近しばしば耳にするのは「民主化」という言葉である。しかもその定義は選挙が行われたか否かだけであるような印象を与える欧米人政治家の発言や欧米や日本のマスコミ報道も多い。しかし、有権者と言っても政党基盤が思想によるものではなく民族分布に依拠している多くの事例、当選した後の議員の情報面や知識面での支援体制（例えば日本における国会図書館などの類）が欠落していること、コンゴ民主共和国のロラン・カビラなど事実上独裁者に対する信任投票でも選挙さえ行えば民主主義なのか、などについてはどう考えるのだろうか。

また汚職と腐敗についてもしばしば耳にする。最近では故マンデラ元大統領が築いた新しい南アフリカ共和国で、現在のズマ大統領が私邸の改修に国の予算を使って最高裁が一部返還を求める判決を下したといった報道もあった。マンデラさんが天国から虹の国の現状をどう見ているだろうか。

他方、アフリカにおける富の取得と再配分のシステムをどう捉えるかについては見極める必要がある。古来アフリカの王は富を集中的に得てそれを再配分するメカニズムを有し、それが機能するための関税制度、その基となる度量衡も有していた。そして、再配分のメカニズムが崩れると国もばらばらになって滅んだ。日本のように国内税を徴収する国家の機構が確立している国では歳入と歳出についてのシステムが確立している（それでも有権者におもねる政治を続けた結果財政赤字は膨大なものになっているという別次元の問題はあるが）。しかし、アフリカの多くの国では、国家の機構――インスティテューション――が確立していないので、誰がいくら稼いだか、どの会社がいくら儲けたか、を政府が把握できていないことが多い。したがってモノの動きが目に見える国境で関税をかけて歳入確保を図り、また国内に天然資源があればそれを外国企業に開発させてロイヤリティーで稼ぐことにつながる。それが一握りの権力者と結びついたときに、必然と言ってよいほど富の独占志向が強まる。その上で再配分をしようとするときに、「国民」概念がない（多民族・多言語国家であることから国家の一体性が未成熟な）諸国では、「自分の出身部族」への再配分を優先せざるをえないというのも一つの事実である。このような課題を抱えながら生きていく諸国において、それを凌駕するための国家の機構とはどのようなものであろうか。「選挙による民主主義」という金太郎飴的な解決ばかりを語る欧米の政治家やメディアにのみ耳を傾けてよいのであろうか。

またアフリカを論じるときに、現在の独立国（北アフリカも含めて54か国）に依拠しての議論も多い。しかし、今の独立国はいわゆる「民族国家（nation state）」なのだろうか。なぜアフリカには独裁者が多かった、ないし多いのか。なぜアフリカには内戦が多いのか。アフリカ人がほかの民族よりも戦闘的だからなのか、あるいは開発が遅れているからなのだろうか。

このような問いに答えるにあたっては、アフリカにおける国家の一体性とは何か、いやそもそも国家のアイデンティティーとは何なのか、について一歩下がって考えることが重要である。特にアフリカの国家は400年にわたってヨーロッパという外部勢力による「歴史の中断」を余儀なくされたのであるからなおさらである。55年前の独立とともにアフリカ人は自分の手に国の歴史を取り戻し、そのことによって「歴史の流れ」が再開されたように見えるが、しかし多くの場合それは歴史が中断された以前とは違う、言語も歴史も異にする多民族の組み合わせで構成されている国家の新たな歴史の書き始めである。一部には、いや彼らは植民地時代という歴史を共用している、とのコメントを聞くこともあるが、それは少数民族、アウトカースト、あるいは一部伝統首長に特権を与えた冷酷な間接統治（英領）とか、片方の民族はセム系で他方の民族より優秀であるという事実無根の分断政策（ドイツ次いでベルギーによるルワンダ・ブルンディ）とかをおそらくは知らないか、あるいはヨーロッパ人の自己正当化思考を鵜呑みにしている者の発言であろう。また、同じ民族の居住地域の只中をヨーロッパ列強の植民地境界線が通ったために、独立後も民族が分断されたままの例が多い。そのような場合には、同じ民族が違う国に属しているがゆえに別々の歴史を書き始めているということを意味している。

では、アフリカ大陸をどのように概念するか、からお話を始めたい。

1-2 アフリカという大陸

(1) アフリカは大きい

地図が生む錯覚と偏見

飛行機でロンドンから南アフリカ最南端のケープタウンに飛ぶと11時間40分かかる。これは英国航空が営業で使っている時間であるが、実はその英国航空はロンドンから東京へも11時間40分で結んでいる。

私たちが見慣れている世界地図はおおかたメルカトール図法に端を発するミラー図法であるから、アフリカ大陸は随分と小さく描かれている。これは地球が球であることを忘れさせてしまう2次元の図法であって、世界中の人々の世界観はここから歪みが始まるといっても過言ではない。

もとより、メルカトール図法は西洋の航海士が世界進出するときに正しい方位を表すためのものであったから、そのためには大変有益であったわけだが、世界情勢を見るには不適切である。

多くの教室や事務所で**図1-1**のような地図を見慣れていると思うが、一つの点にすぎない北極や南極がこの地図の右から左までの長さに引き伸ばされていることの意味、また球状にカーブしている南北の線を直線で表している結果何が起きているかを考えていただきたい。

図 1-1　ミラー図法による世界地図

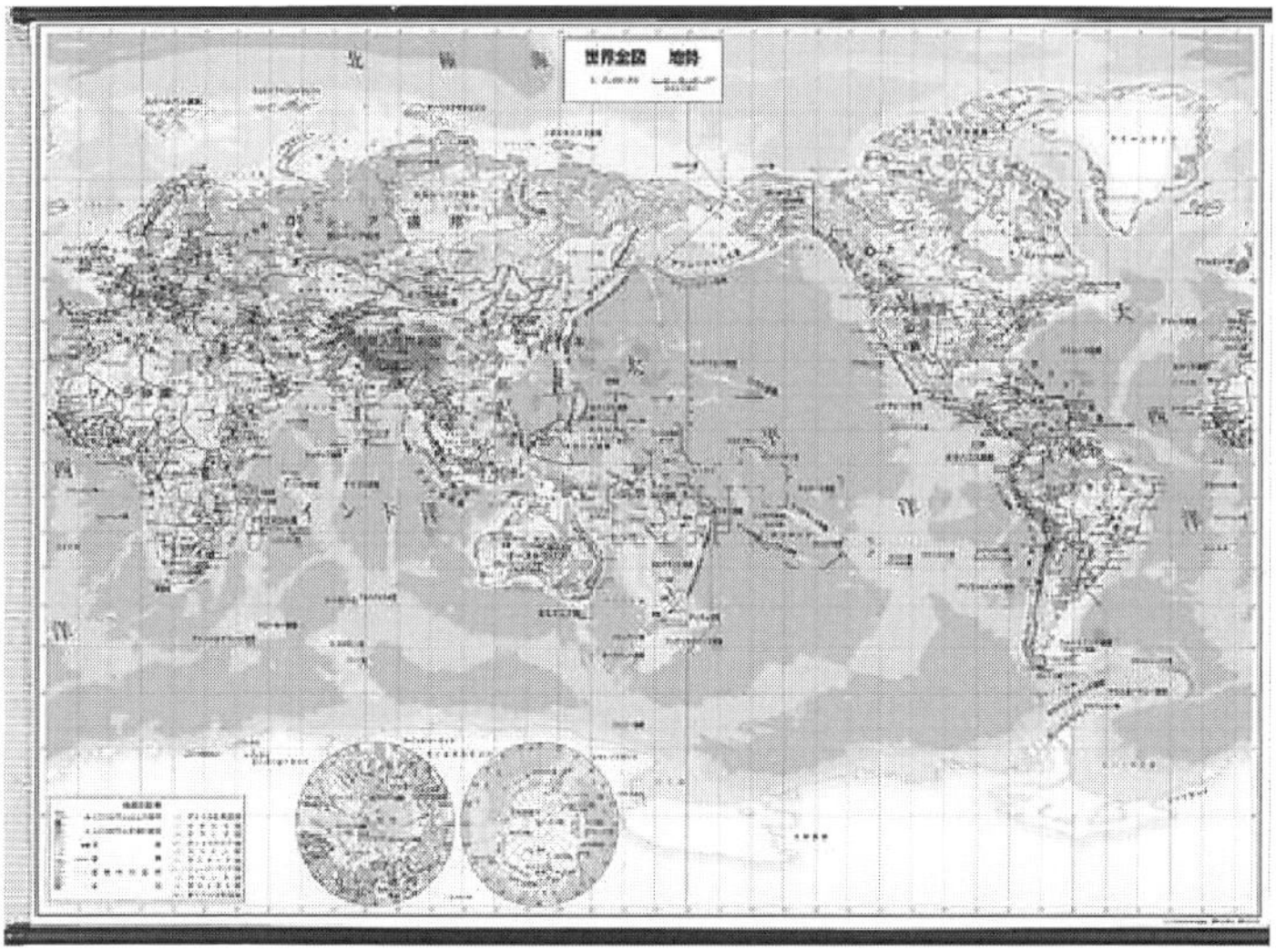

出典：https://www.teikokushoin.co.jp/materials/12_map/images/index04_img01.jpg

図 1-2　宇宙から見た地球

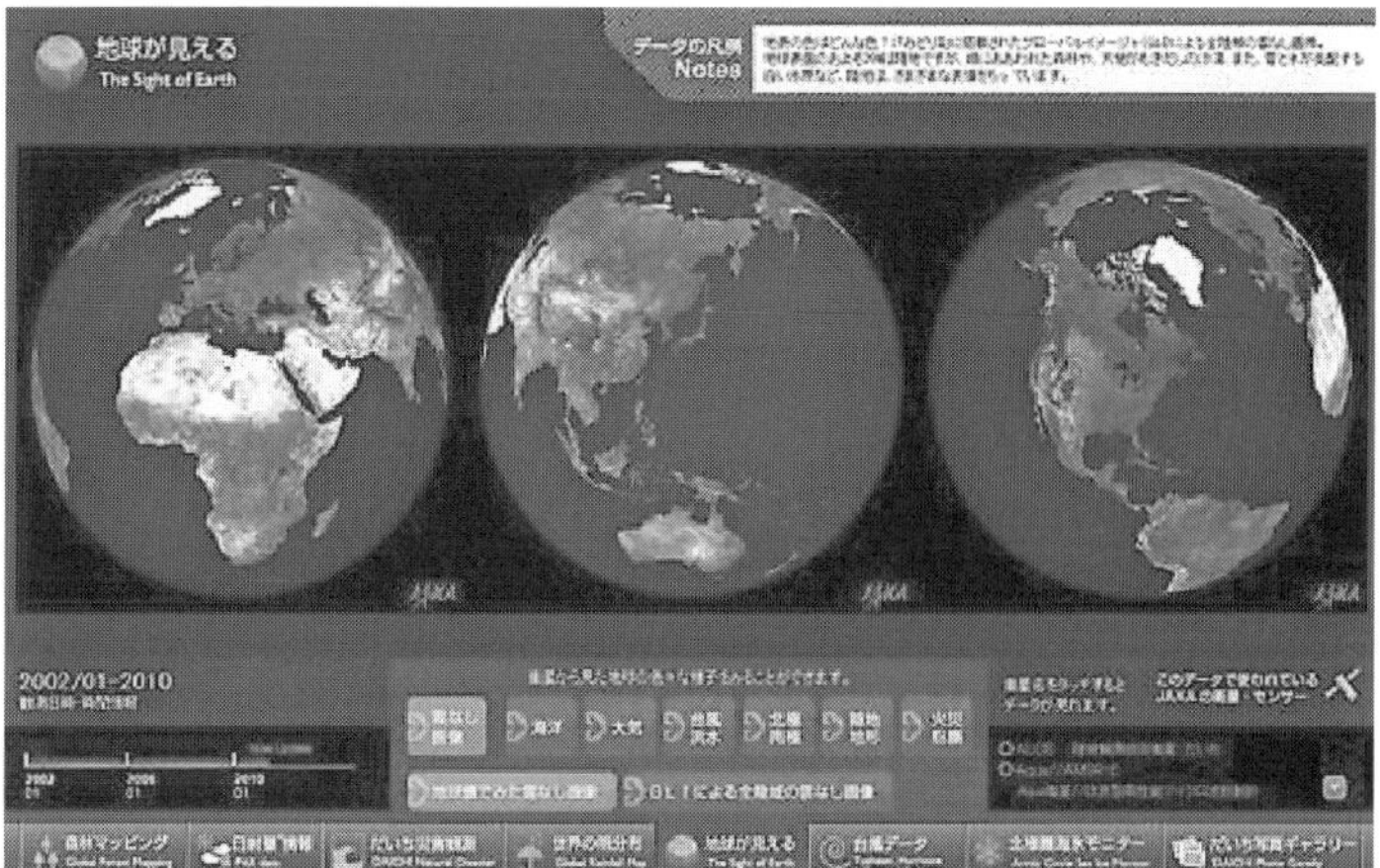

出典：筑波宇宙センター「EORC 観測情報閲覧システム」2011 年 1 月 17 日アクセス、
http://www.mt-planning.com/img2/eorc03.jpg

図1－1から、ロンドン―ケープタウン間とロンドン―東京間が同じ距離に見えるだろうか。地球は丸い球であって2次元ではないことを、アフリカを考えるときにはまず念頭に置いていただきたい。

この地図からは信じられないかもしれないが、アフリカ大陸の面積は３０３７万㎢、南北は８０００㎞、東西は７４００㎞である。そのアフリカ大陸に今日54の国がある。

さて、国の大きさと地図が与える印象の大きなゆがみについて、具体的な国の例で見てみよう。例えば赤道を跨いで広がるコンゴ民主共和国はこの地図で見る限りせいぜいフランスより少し大きい面積を想像する。しかし、実際は２３４万５０００㎢あり、西の大西洋岸から東の大地溝帯まで横断するのにジェット旅客機で3時間かかる。大まかに言えば、スペインのマドリッドからポーランドのワルシャワまで飛ぶのと同じ時間を要する。コンゴ民主共和国は、イギリス、フランス、ドイツ、イタリア、スペイン、ポーランド、アイルランド、デンマーク（各国面積については駐日ＥＵ代表部ホームページ http://eumag.jp/eufacts/member_countries/ 参照）を合わせた面積に匹敵する。ＪＡＸＡによる宇宙から見た地球の写真を見るとこのことは明らかである（図1－2）。

広い国土とたくさんの民族、たくさんの言語

さてコンゴ民主共和国はこれだけ広い地域に国土が広がっているので、そこに住む民族もさまざまである。言い換えれば、一つの国だというのに言葉は２００以上あり、絞り込んだグループ別でも、キコンゴ語、リンガラ語、チルバ語、スワヒリ語があり、公式言語はフランス語である。公式言語ないし「公用語」、この「公用語」という耳慣れない単語を記憶にとどめておいてほしい。日本で、私

たちの母語以外の言葉、例えばロシア語が「公用語」だと言われたら、何のことかさっぱりわからないと思うが、アフリカではそれがほとんどの国で起きていることである。

しばしばヨーロッパの開発論者や政治家、マスコミはアフリカの国家の一体性をめぐり、なぜアフリカ人は自分の国の「国家の一体性」を保てないのだ、とか、民主主義を早く導入すればよい、とかコメントする。あえてこのようなヨーロッパ人の指摘に対して皮肉を述べれば、同じ面積に広がるヨーロッパは「1000年の間30年ごとに殺しあってきた」ではないか、マーストリヒト条約でヨーロッパの一体性にたどり着いたのはその後だ、と言いたくもなる。なお、この「ヨーロッパは1000年の間30年ごとに殺しあってきた」とは、1992年5月2日ヘルムート・コール・ドイツ首相がボンの首相府において訪独中の宮澤喜一総理（当時）に述べた言葉であり、筆者（石川）はその訪独に同行していた。

そもそも、アフリカにおける国家の一体性を根底からひっくり返したのは、ヨーロッパの侵略とその結果起きたアフリカの分割である。

アフリカの多様性

他方、これだけ広い大陸であるから、アフリカは多様である。「アジア」とヨーロッパ人が名付けた地域には日本もインドもイランも含まれている。サッカーの「ドーハの悲劇」がなぜ起きたかといえば、ドーハがあるカタールも日本もアジアに分類されているからであるが、カタールやサウジアラビアやイランがアジアだと聞いて正直なところ極めて不思議な気がしないだろうか。

「アフリカは一つ」という考えは政治的には「パンアフリカ主義」が背景にあるが、しかし、実際は同じ「アジア」に属する日本とイランがとても異なっているように、アフリカにはとても異なる国が存在している。[1]

そもそも、「アジア」だの「アフリカ」だのの呼び名は西洋の歴史の中で生まれてきたものであった。近世以降における展開を考えると、世界を制覇した大英帝国で地理学が発展したこととも関係がある。ロンドン近郊にグリニッジという場所があってその町に古い天文台がある。天文台の横には帆船カティー・サーク号が停泊していて大英帝国全盛の時代を想起させるが、そのような時代に世界の時間の基準をグリニッジ標準時と定め、また世界の地点を規定する方法として東西に走る線を緯度、南北に走る線を経度と定め、そして世界の中心としてグリニッジ天文台を通過する北極から南極までの直線を0度とした。その上で、球状の地球を360度で規定し、グリニッジ天文台から東を東経、西を西経と定めた。その結果、日本の標準時の明石市は東経135度に存在し、グリニッジから東回りでも西回りでもちょうど180度になる太平洋の真ん中が東経180度かつ西経180度となり、そこで日付が変わるのである。日本が「極東（Far East）」にあると言われるのも同じ理由による。読者の皆さんが周知の事実をくどく書いた理由はここにある。すなわち、歴史のみならず、地理もある時点の勝者が書き、そのような観点からの判断が後世も続くということの典型例だからである。

この測り方でアフリカの位置を述べれば、アフリカは北緯37度から南緯34度、西経17度から東経51度に展開している。また大陸の東のインド洋上にはモーリシャス諸島（東経63度）が、西の大西洋上にはカーポ・ヴェルデ諸島（西経25度）がある。別の言い方をすれば東経西経0度はアフリカのアルジェリア、マリ、ブルキナファソ、ガーナをつき抜けている、すなわちヨーロッパの真下にある。カーポ・ヴェルデはリスボンから南下する航路の中継地としてちょうど都合の良い場所に位置し、セイシェルスはアフリカからそこそこ遠くてイギリスに逆らうアシャンティなどの王族を鎖につないで島流しにするのに格好の場所にあった。アフリカの歴史の不運はこの地理上の不運とも絡み合っていたのである。

(2) ヨーロッパに近かった不運

ポルトガルの南下

日本は大陸の東北端に位置していたことでいろいろな運をつかんだと思う。さまざまな文化の到達点であったこと、さまざまな民族の到達点であったこと、そして何よりも攻撃的なヨーロッパ人が大艦隊を派遣するには地理的に遠すぎたことである。これは世界90数か国を訪問した筆者(石川)の経験からの直感的印象である。他方、今述べたようにアフリカはヨーロッパのすぐ南隣に位置している。これはまことに不運なことであった。

ヨーロッパとアフリカの間に横たわる地中海(the Mediterranean Sea)とは土地(terrane)と土地の間(medi)という意味であり、文字通りヨーロッパとアフリカに挟まれている海という意味である。ローマ帝国がフェニキア人の通商帝国カルタゴを滅ぼしてからローマ帝国が栄えたが、7世紀からは次第にイスラムの海となり、長い間イスラムの繁栄と文化文明の海であった。イベリア半島はイスラム王朝のもとにあって、文化の栄華をきわめていた。それから数百年の時を経て、皮肉なことにイスラムの経済的繁栄に触れてヨーロッパ諸国の中でいち早く貨幣経済に入っていたポルトガルが逆に南下を始めて、地中海の西端は15世紀後半頃から次第にヨーロッパの勢力圏へと変わっていった。

しかし、ポルトガルは地中海には出ずにアフリカ大陸の西岸に沿って南下していった。それは新興国の勢いによる海外進出という側面に加えて、イスラムが抑えている地中海という正面を突破することは難しいと考えたポルトガルの王妃フェリパの信念もあって、アフリカをなんとか南下してイスラムの裏に回って伝説のキリスト教国、プレスター・ジョンの王国、と手を結ぶことを考えたからであった。十字軍の当時から、ヨーロッパではイスラム世界の向こう側にジョンという聖職者が治めるキリスト教の国があると広く信じられていたのである。

まずジブラルタルの対岸のセウタが1415年にイスラム側の油断もあってポルトガルの手に落ちた。それでもポルトガルの船乗りたちは1430年代まではモロッコ南部のナン岬（Cape Nun）より南には下ろうとしなかった。ましてやさらにその南にあるボジャドール岬（Cape Bojador）（現モロッコ／西サハラ）においておやである。ボジャドール岬以南のアフリカ大陸に近い海域ではほぼ年中北風が吹いていて、そこを越えたら二度と帰れなかったからである。それに、南の「闇の海」には魔物が住んでいるとも信じられていた。

ところが、航海術と帆船が発達して向かい風でも船が前に進む航海が可能となった。1434年にジル・イアネス（Gil Eanes）がボジャドール岬を越えた上でポルトガルに帰ってきた。これでつきものが落ち、そして一つ、また一つとアフリカの沿岸部の都市がポルトガルの手に落ちてその拠点となっていき、ついに1483年コンゴ川の河口に到達した（**図1－3**）。

図 1-3　ポルトガルの南下

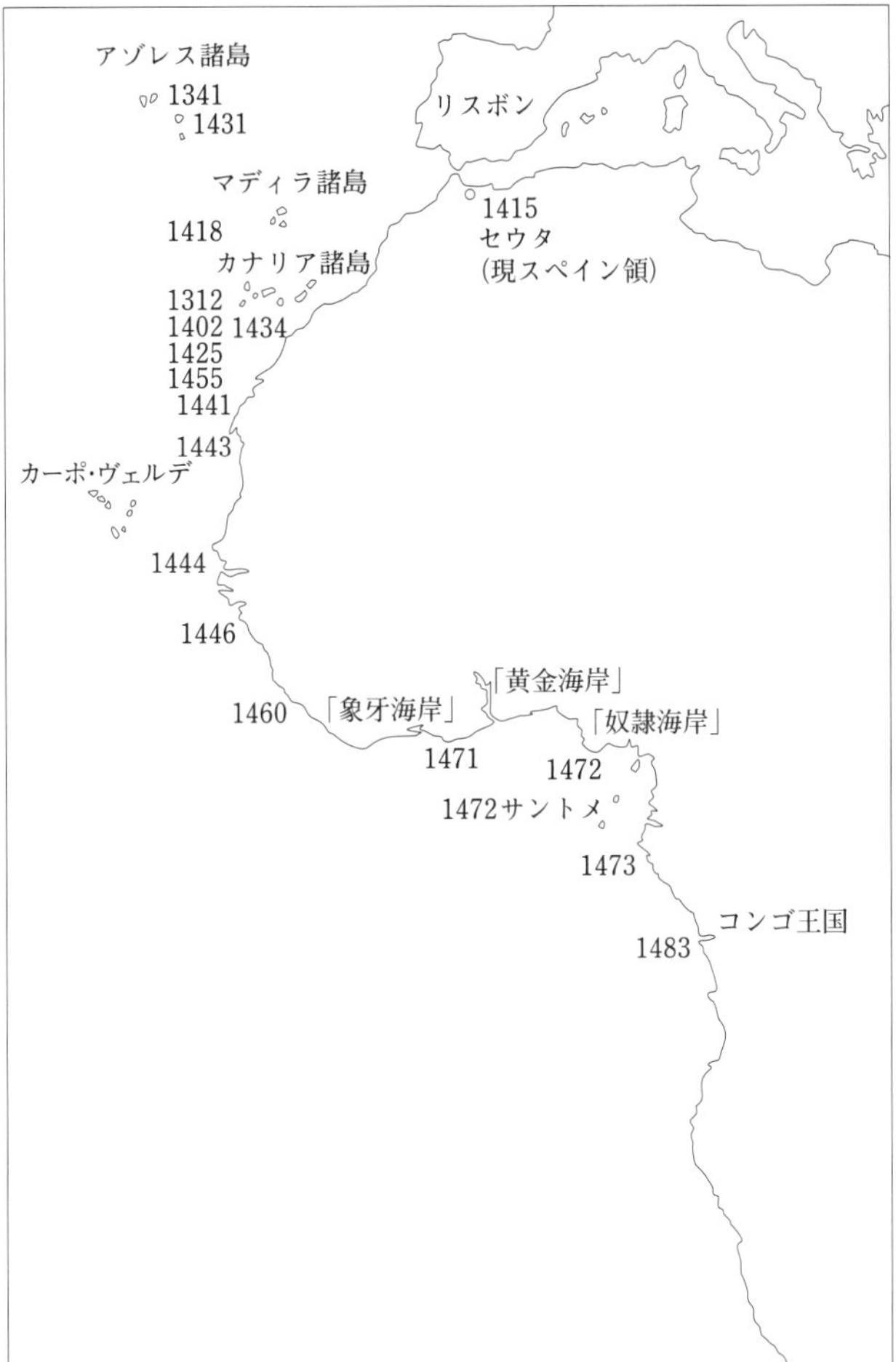

同時に、ポルトガルのアフリカ南下に際して忘れてならないのは大西洋の島々を次々と抑えていったことである。かつて1341年にポルトガルはカナリア諸島を探検していたが、同諸島は15世紀末にスペインが征服。ポルトガルの海洋進出、なかんずくアフリカ南下そしてその後の新大陸へのアフリカ人たちの拉致を中継基地として支えたのは、マディラ諸島（1418年）、アゾレス諸島（1431年）、カーボ・ヴェルデ諸島（1443年）、さらにサントメ島（1472年）の植民地化である。

1488年になるとポルトガル人バルトロメウ・ディアス（Bartolomeu Dias）がアフリカの最南端を回りインド洋に出た。ディアスが嵐の岬と呼んだこの最南端の岬は喜望峰と呼ばれるようになったが、それは誰にとっての喜びであったのかよく考える必要がある。私たちが学ぶ世界史、特にアフリカ史はヨーロッパ史観によっていることを常に忘れないようにしなければならない。

ポルトガル人がアフリカ東海岸で目にしたのは繁栄するスワヒリの通商都市国家であり、スワヒリやイスラムの商人たちによる活発な海洋貿易であった。例えばキルワ（現タンザニア南部）という街は、かの大旅行家イブン・バトゥータが最も美しい街とたたえたほどであった。彼がこの感想を記したのはすでにイスラム圏はもとより、中国やインドに旅した後のことであった。今日その廃墟は世界遺産に登録されているが、往時の堂々たる街並みを想像するに足るものが残されている。

ディアスの10年後バスコ・ダ・ガマ（Vasco da Gama）が3隻の船で「喜望峰」を回りマリンディ（現ケニヤ）までたどり着いたとき、イブン・マジードゥ（Ibn Majiid）というアラブ人の水先案内人に出遭い、その案内でインドに到達した。アフリカとアジアがヨーロッパ人の牙にかかる始まりであった。船に大砲を積むという発想を持ったポルトガル人たちの攻撃と略奪によって、多くの都市や王国が滅んでいき、そしてポルトガル人たちの後にスペイン、フランス、イギリスが続き、16世紀末からはオランダ、デンマーク、スウェーデン、ブランデンブルグ（プロイセン）がやって来たのである。

ヨーロッパ人の攻撃性

バスコ・ダ・ガマより80年前にマリンディに来航した珍客と言えば明の鄭和の艦隊であった。明にキリンを連れ帰ったとされる鄭和の艦隊（Niane 1984, p. 658）は、１５００トンという大型船からなり、インド洋には7回、そのうちアフリカには１４１７—19年と１４３１—33年に来ている。マリンディ、ブラヴァ、モガディシオが記録に言及されている（Davidson 1987, pp. 186–189）。ちなみにバスコ・ダ・ガマの船はわずか３００トンであった。

ヨーロッパ人たちがアフリカにやって来た頃のヨーロッパ人とアフリカ人の関係についてデヴィッドソン（Basil Davidson）は次のように指摘している（Davidson 1994, p. 56）。火器と遠洋航海用の船を除いては、アフリカ人の製造技術はヨーロッパとそれほど変わらないものであった。例えば西アフリカの染め物は当時のヨーロッパ製のものより優れていたのでヨーロッパの商人たちはそれをヨーロッパで売りさばいていたし、航海術についてもヨーロッパ人と同等で、インド洋では、スワヒリの船乗りたちはアラブ、インド、中国の羅針盤と星による船位測定技術を有しており、また風上に向かう術も心得ていた。１５０５年にポルトガルの提督ダルメイダ（d'Almeida）がキルワとモンバサを略奪したのは奇襲攻撃ということの他には2点しかポルトガル人はアフリカ人に対して優位を持っていなかった。一つは船に大砲を積む能力、もう一つはヨーロッパの典型的な歴史的産物であるところの攻撃性であった。デヴィッドソンは、このヨーロッパ人の攻撃性は東洋のいかなる地方におけるよりもはるかに強烈なものであったと指摘している。

イスラムの攻撃性を喧伝しようとしてヨーロッパ人は「コーランか剣か」という表現を流布したが、それはイスラム勃興時の勢いを表したのかもしれないが、元来イスラムは極めて寛容な宗教であり、キリスト教と違って魔女狩りも火あぶりもなかったし、西カリフ国すなわちイスラム教のもとにあったイベリア半島ではキリスト教徒もユダヤ教徒も信教の自由が認められていたが、キリスト教のスペイン時代には失われてイスラムは追われ（1492年グラナダの陥落）、ユダヤ教徒は2級市民とされたことにも留意しておく必要がある。ちなみに、イスラム時代多くのスペイン人は文化文明がはるかに上で栄えていたイスラム教徒となった。

イスラム教とユダヤ教の関係と言えばイスラエルとパレスチナの紛争が想起される。しかし、事実を淡々と見れば、第二次世界大戦中、ドイツ人のみならずフランス人のゲシュタポをはじめ、ポーランド人もオランダ人もユダヤ人を虐待したり密告したりしていた。例えばヒトラーに降伏したフランスは、1941年8月20日を期限としてユダヤ人に警察署への出頭と登録を命じ、またユダヤ人は、「この土地にはユダヤ人はふさわしくない」と大書したプラカードを背中にぶら下げて街に出なければならなかった。その上でアウシュビッツをはじめとする強制収容所のガス室に送り込んだのである。オランダについて触れれば、アムステルダムの屋根裏に隠れ住んでいたアンネ・フランク一家がオランダ人による密告なしに逮捕されたとは合理的には考えにくい。このようにユダヤ人を虐殺したのはヨーロッパ人であったが、戦争末期ヤルタ会談の帰路エジプトに回ったルーズベルト大統領は、スエズ運河のグレート・ビターレークに停泊させた軍艦で近隣国の王と会った。サウジアラビアのサウド王に対して、ルーズベルトはユダヤ人がひどい目に遭ったからイスラエルをパレスチナの地につくらなければならないと述べた。これに対してサウド王は「ならばドイツにイスラエルをつくればよいではないか」と応酬した。にもかかわらず、国際連合決議という大義を振りかざして、ヨーロッパとアメリカはヨーロッパ人による虐殺の付けをパレスチナ人に70年にわたって払い続けさせているのである。このようなヨーロッパの偽善を理解しないで中東やアフリカを理解することはできない。

欧米の贖罪としてのイスラエルの建国とそれに反発した近隣国との1948年戦争、そして特に1956年にイスラエル、イギリス、フランスが連合してエジプトに戦争を仕掛けるまでは、イスラム教徒もユダヤ教徒も中東では共存していたという事実がある。カイロ旧市街やダマスカス旧市街のつくりを見ても明らかなように、イスラム教徒、ユダヤ教徒はキリスト教徒も交えて市内に整然と住み、同じ学校に通って机を並べ、時には結婚もしていた。筆者（石川）の友人のエジプト財界人には母親がユダヤ系であると明言する人もいるし、1950年代までに生まれた知識階級の人々に話を聞けば、自分たちが若かった時代にはそもそも相手が何教徒であるかを気にしたことはない、そのような本来の寛容なイスラム社会だったという人が多い。その背景には、イスラム教徒も、キリスト教徒もユダヤ教徒も同じ神を信じているという、私たちが（そしておそらくは今日のユダヤ教徒、キリスト教徒、イスラム教徒も）気がつきにくい、ないし忘れてしまった原点がある。イベリア半島でも、エルサレムでも、イスラムが支配していたときにはユダヤ教徒もキリスト教徒も平穏に暮らしていたのである。

サブサハラ・アフリカのイスラム化については第4章で取り上げるが、11世紀のアルモラヴィドのガーナ王国攻撃（第2章3－1参照）を除いて、彼らは「剣」の力によって改宗させられたのではないことを知るべきである。ラクダとともに砂漠を越えてくるアラブの隊商による「静かな布教」と言われるが、要するにイスラム社会・経済・文化・文明の先進性と通商上の便益から、特に都市住民とエリート層がイスラム化していったのである。ただ国王はイスラム化したとはいえ、土着の伝統的宗教の不思議な力を持っていると信じられたから王権を維持できたのであり、その力が宿る笏を手にしていた。王は、都市のエリート層と地方の農民たちとのバランス、またそれに併行して外来文明と土着文化のバランスをとっていたのであるが、それが崩れたときに多くの王国が崩壊した。あえて現代世界に似た例を求めれば、イランのパーレビ国王の過度な西欧化がホメイニ革命を惹き起こしてイラン王朝を崩壊させたことを彷彿とさせる。

「剣」が暴れたのは、主に外部からの圧力によってイスラムが混乱したときであった。例えば、1492年のグラナダの陥落によりイベリア半島からイスラム教徒（および彼らと組んでいたスペイン人）が追放されて難民としてモロッコに流入した16世紀は、モロッコにとり難しい時代であった。彼らの不満を吸収することも一つの目的として、モロッコは金で栄えるイスラム帝国ソンガイに攻め込んだ（第2章3－4参照）。

こうした激変が西スーダン地域でおきていた頃、沿岸部ではポルトガルに始まるヨーロッパ諸国の脅威と危険が日に日に強まっていた。そうした時代背景の中で、素朴なイスラムのいわば原点に回帰しようと考えた僧侶たちが現れ、18世紀に入るとセネガルに起源を持ち西スーダン地域に広く展開していた遊牧民フルベ（フラニ）族が次々とイスラムを奉じ、イスラム法学者を指導者と仰ぐ国家をつくっていった。このフルベの聖戦は次第に東進し、ついに１８０４年にナイジェリア北部を落としてフラニ帝国を築くまでになった。このフラニの聖戦をイスラム革命と位置付けるのか、あるいはモロッコおよびヨーロッパによって西スーダン地域の秩序が崩壊していく中でイスラムに救いを求めようと考えたイスラム僧を民衆が支持した動きと位置付けるべきであろうか。

窮鼠は猫を噛むのか、あるいは自分よりさらに弱い鼠を噛むのか。現在起きていることを考えてみれば、片や強力な近代化・西洋化を進めたイランのパーレビ王朝を倒して神聖国家を打ち立てたホメイニ革命が想起され、他方ではイラクのフセイン大統領がアメリカによって排除されて生じた権力の空白と社会の大混乱の中で勝手にカリフを名乗る殺戮集団ＩＳが村人や市民たちを次々と非人道的に虐殺していく中東の混沌と悲惨が想起される。いずれもきっかけは、彼らが言うところの外部世界（欧米）からの圧力と脅威に対してどのように対峙すべきかについてのイスラム側の苦悩ないし反作用、ひいては極端な反応の中にあった色彩も強い。そこに、16世紀から19世紀の西スーダン地域のイスラム教徒の動きとどこか類似点があるとの印象をぬぐい切れない。

（3）外から見たアフリカ

サブサハラ・アフリカは外部社会にどのように知られていたのであろうか。例としてアジアとヨーロッパの地図に現れるアフリカを見てみたい。

まず、アジアがアフリカのことを知っていたことを示す15世紀初頭の地図である（**図１－３**）。こ

図 1-3 「混一疆理歴代国都之図」
（こんいつきょうりれきだいこくとのず）

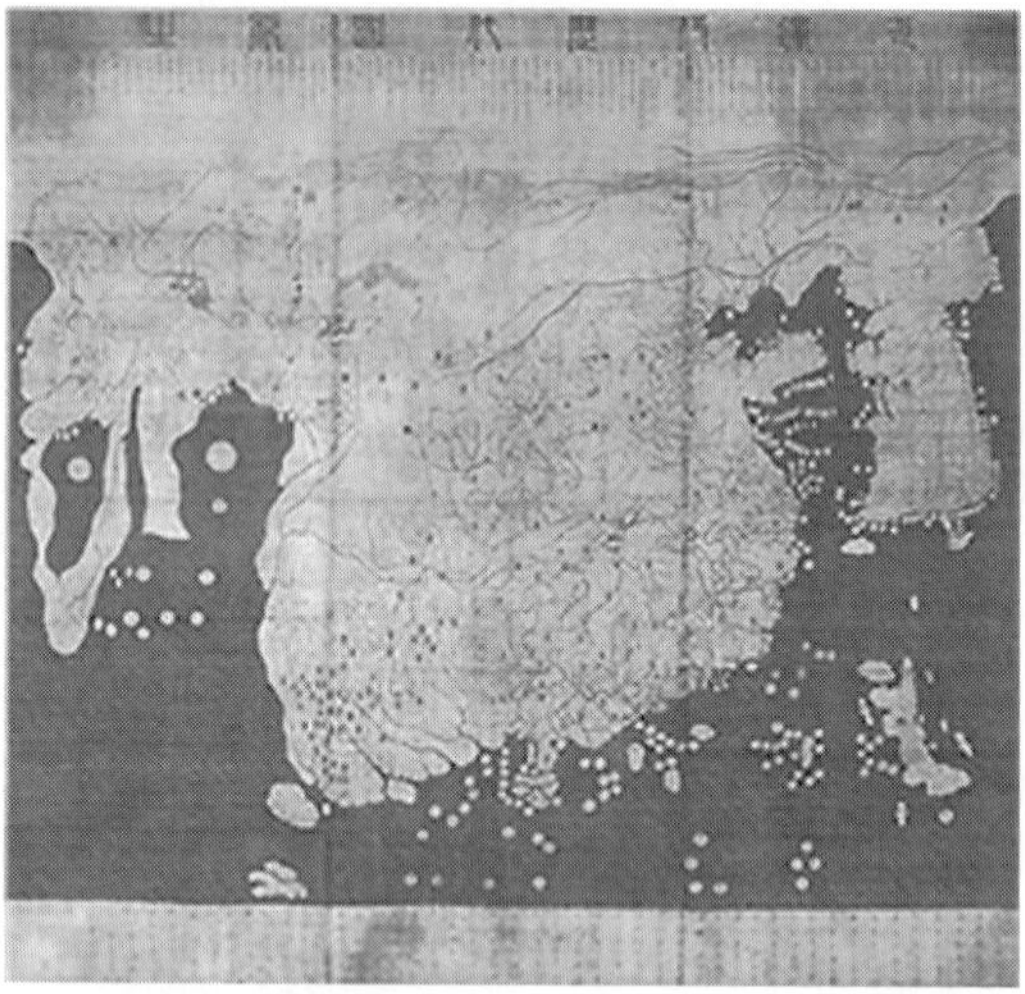

出典：龍谷大学大宮図書館蔵。

れは龍谷大学が所蔵する世界地図であり、李氏朝鮮でつくられたものである。

同大学のホームページはこう述べている。

「この地図は、明の建文4（1402）年、李氏朝鮮で作成されたもので、現存最古の世界地図だ。地図の下段に記される由来によると、朝鮮使として明に派遣された金士衡という官僚が、1399年に2種類の地図を国へ持ち帰った。それは李沢民の『声教広被図』と、仏僧である清濬の『混一疆理図』（こんいつきょうりず）で、それらを合わせ、さらに朝鮮と日本を描き加えたものである。」

アフリカ大陸にヴィクトリア湖が見られ、南アフリカ下院議長（当時）のフレネ・ジンワラ女史の肝いりで、この地図のレプリカの展示会が2002年に南アフリカで開かれた。そのきっかけは1998年の第2回アフリカ開発会議（TICAD2）であった。ジンワラ議長は、ナイル川やヴィクトリア湖が描かれている古い地図が日本にあると聞いていて、なんとかそれを南アフリカの議会で展示できないものだろうかと願っていたのだが、有名な龍谷大学の地図のことだと直感した筆

図 1-4　カタロニア地図

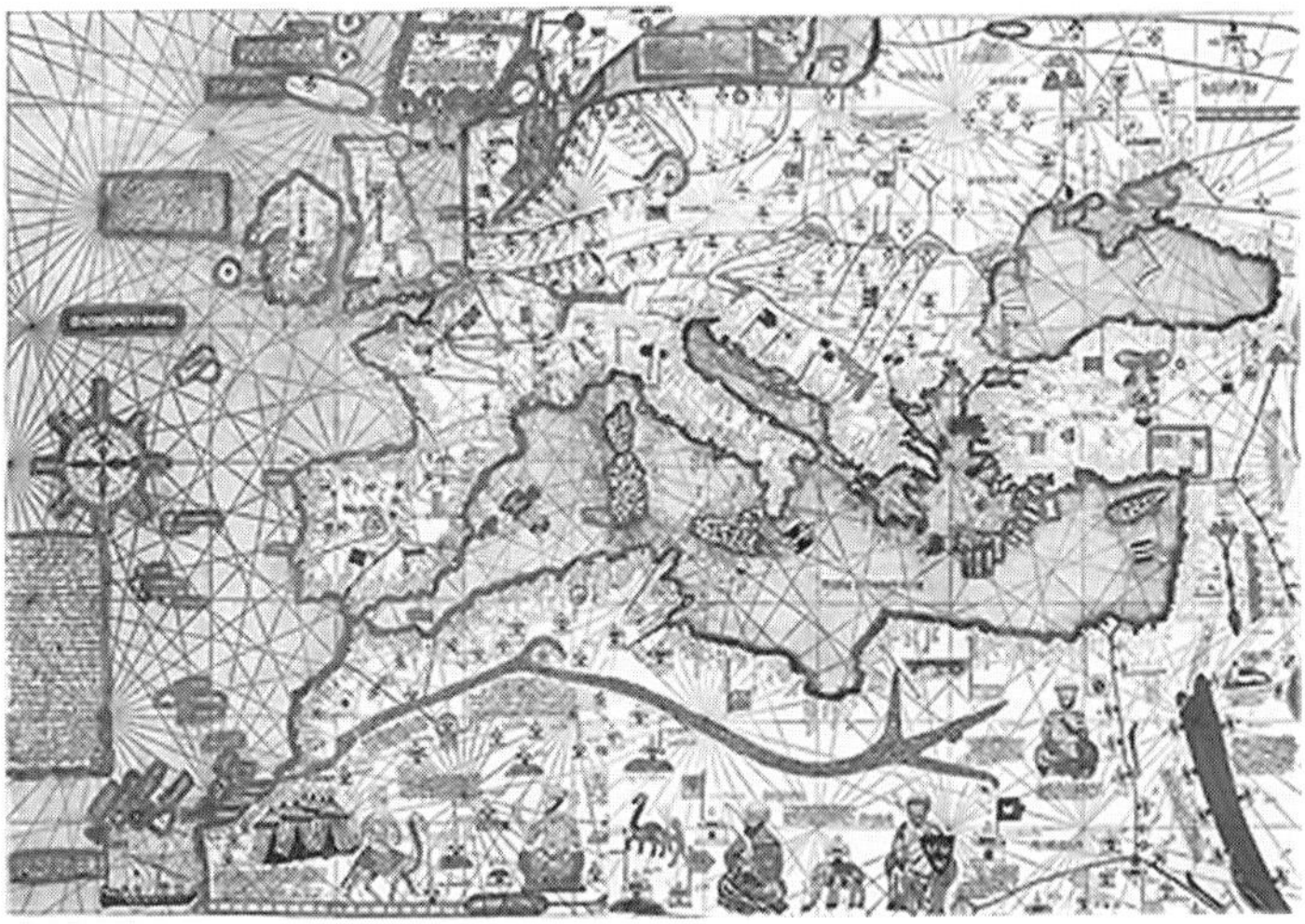

出典：http://ja.wikipedia.org/wiki/%E5%88%9D%E6%9C%9F%E3%81%AE%E4%B8%96%E7%95%8C%E5%9C%B0%E5%9B%B3#.E3.83.97.E3.83.88.E3.83.AC.E3.83.9E.E3.82.A4.E3.82.AA.E3.82.B9.E5.9B.B3_.282.E4.B8.96.E7.B4.80.29

者（石川）が取り継ぎをさせていただいた。この展示会はイギリス公共放送のＢＢＣでも取り上げられ、アフリカというものはヨーロッパ史観によるものではなく、アフリカ人自身の観点を培うべきであるとのジンワラ議長の主張とともに紹介されていた(http://news.bbc.co.uk/2/hi/africa/2446907.stm Tuesday, 12 November, 2002, 08:26 GMT Africa's oldest map unveiled)。

第2に、ヨーロッパで描かれたアフリカの栄華を示す地図がある（**図1－4**）。

中世のヨーロッパではサハラ砂漠の向こう側で栄えていた西スーダン地方の諸王国について知る由もなかった。第1にイスラムが栄華を誇っていたのに対してヨーロッパは暗く教養もない大陸であったこと、第2にシチリアを抑えたノルマン人、そしてやがてイタリアの都市国家がイスラムとの通商を始めて地中海の南岸に赴くようになっていったが、それは沿岸部の北アフリカまでであった。イスラム帝国は自分たちの商人がラクダの隊商を組んで交易を行っていたサハラ砂漠の向こうの西スーダンの諸王国へは、宗教上の理由と交易の利害から断固としてヨーロッパ人に足を踏み込ませなかったのである。

他方、ユダヤ人たちはサハラ砂漠の向こう側へも自由に通行を許されており、そうした中で14世紀になるとユダヤ人の地図の学校がマジョルカ島に設立された。そこで1375年にアブラハム・クレスク（Abraham Cresques）が、ヨーロッパからアフリカの西スーダン地方にいたるカタロニア語で著した地図をつくった。中世ヨーロッパで最も重要な「世界」地図とされるこの地図は「カタロニア地図」（'Catalan Map'）として知られる（Davidson 1987, p. 72）。そのアフリカ部分には砂漠と、その先にイスラムのラクダの隊商が描かれている。そして金の王冠を被り、金の笏と金の塊を持つ王が描かれている。この王こそはマンサ・ムーサ王であり、砂漠の向こうに黄金の帝国があるとヨーロッパに知らしめたのである（第2章3－2参照）。

2　アフリカと外部世界

2－1　文化とは何か

アフリカについてのイメージは最近でこそ変わって来ているようだが、一般論で言えば長い間「遅れた」、「未開の」、「暗黒大陸」との形容詞を付けて語られることが多かった。しかし、これらの形容詞は事実を反映しているだろうか。

アフリカ研究の先駆者、イギリスのデヴィッドソンが繰り返し指摘しているのは、ヨーロッパ人がアフリカを奴隷の供給基地とみなし始めた16世紀以来、ヨーロッパ人はアフリカ人が劣っているのだから奴隷にして当然であるとの発想を持つようになり、さらに19世紀にイギリスを中心としてナイル川の源流探しがブームになったことがこの「暗黒」という言葉を「野蛮」と結びつけることとなっていった、ということである。すなわち、宣教師のアフリカ内陸部への派遣が地図の作成と裏腹になっていったときに、まだ地図が描かれていない地域をdarkすなわち「未知の」地域と呼んだ。ところが、これが人種優越主義と結びついていって「野蛮な」「未開の」と同義語となっていったのであった。

未開とは文化がないということを示すのであるとすれば、それは人類発祥の地であるアフリカ大陸についての無知を示すものと言わざるをえない。アフリカに文化はあり、しかも一流の文化がエジプト以外にも何千年も存在してきた。

サハラ砂漠にある世界遺産の洞窟画についてTBSのホームページから引用してみる。

「サハラ砂漠の南に、およそ800㎞にわたって連なる黒い山脈――タッシリ・ナジェール。現地のトゥアレグ語で「水の台地」を意味する。砂漠の風と熱帯性の気候が、黒い岩山を奇妙な形に変えてきた。しかし、この風変わりで謎めき、月世界を想像させる地に、かつては緑があふれ、人々が生活していたとは、とても思えない。

今から8000年前に、ここに人類が暮らしていた証拠が、洞窟や岩山に無数に残された壁画だ。何千年ものあいだ、多くの民族が交代しながら、さまざまな壁画を描き続けてきた（図1－5）。

図 1-5　タッシリ・ナジェール（アルジェリア）

出典：Wikipedia Commons, File: Algerien50049.jpg by Gruban.

7000年前の古い壁画には、今、サハラ砂漠より南に生きるネグロイド系の人々が描かれている。この時代の画は、農耕や牧畜を知らない狩猟民が描いたものと考えられており、「狩猟民の時代」と呼ばれる。そこには、またキリンなども描かれ、かつてサハラに緑豊かな時代があったことを証している。[2]」

フランスのクスコーの洞窟画は世界的に有名だが、それを描いたネアンデルタール人はホモサピエンスの前に姿を消した。タッシリ・ナジェールの壁画を知れば、古来文化はさまざまなところで似たような形で存在したのではないかと想像したくなる。

ところで、その壁画を描いたネグロイド系の人々はどこに行ってしまったのだろうか。サハラ砂漠が干上がっていくにつれて、ある者は北へ、他のものは南に、一部のものは東に行ったと推測される。このサハラの乾燥による民族移動についてはなお研究されるべきことが多いが、バンツー系の人々が民族大移動によって次第に熱帯雨林地方に広がっていき、そして行きついた一つの土地がルワンダとブルンディであった。涼しく、そして水が豊かな美しい高原地帯であり、そこに南下してきたナイル系の民族と邂逅したと考えられる。[3]

さて画家モジリアーニのファンは日本にも多いが、彼の描いた人物像は首が長く、顔がラグビーボールのようで、鼻が長く、瞼は一重。実はこれはアフリカでしばしば見られる木彫りの人物像の様式である。モジリアーニの芸術がアフリカ芸術の影響を強く受けていることは今日よく知られるところとなっており、フランスではモジリアーニとアフリカ芸術というテーマで展覧会が開催されたりする。[4]

　おそらく日本の西洋芸術のファンにとってより驚きが大きいと思われるのは、ピカソの後期の作品である。顔があちらとこちらと同時に向いているような作品にもアフリカ芸術の影響を指摘する人が多い。[5]特に「アヴィニョンの乙女たち」に描かれている少女たちの中には明らかにアフリカの女性も描かれており、しかもその描き方はアフリカのお面を模したと見られている。

　ピカソやモジリアーニといった一流の芸術家がアフリカ芸術に魅せられたことが何を意味しているのか、深く考えてもよいと思う。

　モジリアーニは貧困の中に亡くなり、ピカソは存命中に名声を博したが、二人とも天才と見られている。二人は美を探究していく中で、美を描きだす方法としてアフリカの美の表現法に出遭った、少なくとも、アフリカの美の表現法に「も」出遭ったと考えてもよいのではないか。そう考えるためには、美というものは絶対的観念によるものではなく相対的なものでありうるということを理解すると同時に、美は大陸や文化を越えて人間の感性に訴える共通性を有していると認識することも大切なのではないだろうか。そして、そのような認識を持ちうるためには先入観というものを排除する必要がある。なぜなら先入観こそはその人が生まれ育った文化や環境の中で生まれるものだからであり、それ以外のものを排斥する排他性を備えているからである。

　アフリカの芸術には、それを生まれて初めて見る部外者にもストレートに美の感動を与えるものと、なかなかその美を理解しにくいものの双方がある。例えば伝統的宗教行事に使われたであろういくつかのお面は率直に言って部外者にはなじみにくい。

30年以上前にあるアメリカの大使がこれからアフリカのザイール（現コンゴ民主共和国）に赴任するという筆者（石川）にレクをして下さった。アフリカのシェラレオネ研究で博士号をとった白人の方である。第1回のレクの冒頭、彼がまず筆者に見せたのは最もおどろおどろしい（とそのときに私が感じた）アフリカのお面の写真であった。「これを美しいとある日感じられるようになると思うか?」とまず問いかけ、戸惑う筆者に「もしそう思わないならアフリカに行くことはないし、アフリカを学ぶこともない。」これがそのアメリカ大使による私に対するアフリカについてのレクの最初の言葉であった。現地のことを理解しない云々と批判されがちなアメリカ外交だが、このアフリカのレクの始まりは強烈な衝撃を私に与えた。

そこで何枚かの写真をお見せしたい（図1－6）。初めはアフリカの伝統的な宗教行事から発したお面である。いかにもおどろおどろしいと感じるかもしれない。

では、次の写真はどうだろうか。これは日本の秋田県男鹿半島に伝わる国の重要無形民俗文化財、なまはげの写真である。

このような写真を見て、こういったものは近代文明とは関係がないアフリカのような地域にしかないとか、日本のある特定の地方の郷土伝統にすぎない、と考えるべきだろうか。

ところが、実はヨーロッパにも似たようなお面がある。ドイツ南部のバイエルン地方やオーストリア、ハンガリーなどに伝わる風習で、おどろおどろしいお面をかぶった者がクリスマスの聖人セン

図 1-6　アフリカ・日本・ヨーロッパのお面

アフリカ

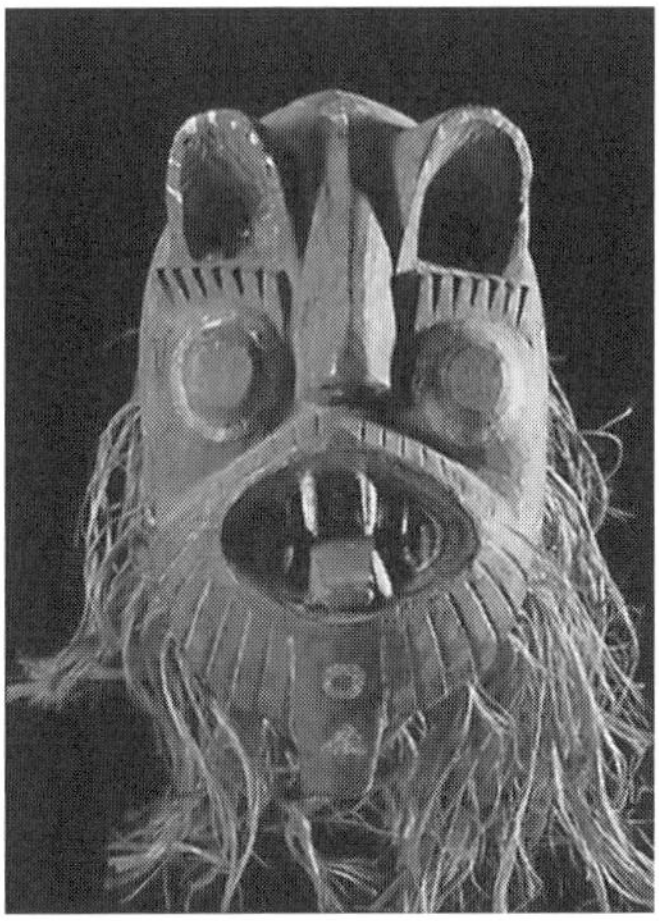

出典：http://bagjean.centerblog.net/rub-masques-afrique-dans-ses-traditions-.html

日本のなまはげ

出典：http://www.namahage.co.jp/namahagekan/exhibit.php（なまはげ館、男鹿真山伝承館ホームページより）

ドイツのクランプス

出典：http://ja.wikipedia.org/wiki/%E3%82%AF%E3%83%A9%E3%83%B3%E3%83%97%E3%82%B9

ト・ニコラスとともにクリスマスの街を歩いている。ドイツ観光局のホームページは「屋台の並ぶ小路では、クランプス（西洋版なまはげ）を従えた、教父の聖ニコラウスに出くわすかもしれません。これらは、500年来のアルプス地方の風習を、今に伝える存在です。」（http://www.germany.travel/jp/specials/christmas/christmas-market-in-munich.html）と紹介している。

2―2　野蛮とは何か

若い読者の皆さんは女優のオードリー・ヘップバーンをご存じだろうか。若い方はご両親やお祖父様、お祖母様に伺えばおそらくファンだとおっしゃる方が多いのではないだろうか。「ローマの休日」や「マイフェアレディ」、「戦争と平和」などが有名だが、晩年ユニセフその他の活動を応援して、アフリカなどの恵まれない子供たちのためにも大きな貢献をした方である。

日本ユニセフ協会のホームページから引用させていただく。

「わたしは、ユニセフが子どもにとって／どんな存在なのか、はっきり証言できます。なぜって、／私自身が第二次世界大戦の直後に、／食べ物や医療の援助を受けた／子どもの一人だったのですから」（日本ユニセフ協会ホームページ：「オードリー・ヘップバーンは、1989年にユニセフ親善大使に就任しました。亡くなるまでの4年間、当時最悪の食料危機に陥っていたエチオピアやソマリアをはじめ、世界十数か国をめぐり、子どもたちの声なき声を代弁し続けました。」http://www.unicef.or.jp/special/）

筆者（石川）もオードリー・ヘップバーンのファンとして彼女が主演した映画は随分見たが、その中で1本だけどうしても好きになれなかったものがあった。それは「尼僧物語」、1920年代にベルギーの良家のお嬢さんが出家して修道院に入りベルギー領コンゴ（現在のコンゴ民主共和国）の病院などで働きながら現地の人の医療にかかわる、そうした中第二次世界大戦が始まりドイツのベルギー攻撃によって父親が殺される、映画の主題は信仰と愛と憎しみとは何かなど非常に深いものがあると思う。ただ、そこでコンゴ人はいかにも「未開で野蛮な人」という扱いで描かれていた。

他方、実はコンゴは1904年までベルギー王レオポルド2世の私領であって、ベルギー国の植民地ではなかった。イギリスではSirに叙せられて英雄視されている一発屋のスタンレーがリビングストンを探し当てたと自己宣伝してイギリスに凱旋した後、再度中部アフリカに戻り、今日のルワンダ、ブルンディ、ウガンダを経て大河コンゴ川を下りきり、自分を王であると宣言した。誰に断って王となったかは誰も問わなかった摩訶不思議な話だが、スタンレーはヨーロッパに戻ってコンゴをイギリス王室に「売り渡そう」としたがイギリス王室はこれを断ったため、ベルギー王に話を持っていったところレオポルド2世が飛びついて購入した。すなわち、コンゴ人の知らないところで勝手に王となった男が、コンゴを新興国ベルギーの国王レオポルド2世に売り払い、国王は広大なアフリカの土地を私領としたのである。これに怒ったポルトガルがコンゴは自分のものだと文句を言い、それを見たプロイセンのビスマルクが調停をすれば新興国プロイセン（1871年に発足したドイツ帝国）の存在感を示す絶好の機会となると考えて開いたのが1884—85年のベルリン会議であった。その土地に住んでいる人は誰も出席していない会議で、アフリカの海岸線を抑えている白人の国はその奥地まで垂直に線を引いて勢力圏とすると合意した。そしてヨーロッパ諸国同士のアフリカでの勢力境界線は、アフリカの歴史、文化、民族分布、言語分布、王国の領土、自然の与える境界線などを一切無視したものであった。そのアフリカ分割会議でまんまとコンゴを自分のものとしたレオポルド2世。念のため再度述べるが、コンゴは国王の私領（「コンゴ自由国」という名前のもとで）とされたのであってベルギー王国の植民地になったのではない。何から何まで当事者を完全に無視した身勝手な話であるが、ヨーロッパ人はこれを不思議とは思わない。ベルリン会議から120年以上過ぎたある日、ポルトガル人の外交官と話していたときに平然と'They are primitive.'（彼らは野蛮人だ）と言われたときには、「野蛮な、暗黒な大陸」なのだからそのような連中の土地を奪うのは当然、と言うがごとき腐臭が21世紀になっても漂っているのを嗅いだ。

さて、スタンレーはコンゴの天然ゴムに目をつけて生産を強制したため、コンゴは世界有数の天然ゴムの産地となった。ところが、現地のベルギー人たちは村々にゴム生産のノルマを課し、やがてそれが異様な忠誠心競争へと展開していった。ノルマを果たせなかった村の男たちの手首を切り落とし、それを袋詰めにしてベルギーに送り始めたのである。やがてこのことに気づいたイギリスの副領事が本国に報告し、国際的な批判・非難が起きた結果1904年にベルギー国政府が国王からコンゴを引き取って、コンゴは私領からベルギーの植民地に変わったのである。

野蛮とは何であろうか。

そのコンゴに鉄道が建設された記念碑を訪れたことがあるが、その記念碑には、「この鉄道がコンゴに文明を開いた」、との記載があった。そうかもしれない。しかしコンゴには昔から文明がなかったのだろうか。あるいは何らかの原因で繁栄が衰退し、歴史が中断したのだろうか。今から500年前のコンゴ王国は貴族の子弟たちをローマやリスボンに対等な立場で留学させていたし、大使館も置いていたことを多くの人は知らないか、あるいは忘れてしまっている。

１９９２年、ヨーロッパでＥＵ統合の集大成としてマーストリヒト条約が結ばれた。そのための交渉が行われていた１９８８年、ベルギーのブリュージュにある the College of Europe でマーガレット・サッチャー・イギリス首相はヨーロッパを自画自賛して、the story of how Europeans explored and colonised, and yes, without apology, civilised much of the world is an extraordinary tale of talent, skill and courage.（ヨーロッパが世界のほとんどを探検して植民地化し、そうです謝罪なしに、そして文明化したのは、才能、技能、そして勇気の偉大な物語なのです）[6]、と言い放った。本当にそうだろうか。しかし歴史をたどればヨーロッパのルネサンスはイスラムから来た文化のおかげであり、ヨーロッパが誇るゴチック建築も、化学も数学も、エジプトやイスラムから学んだものである。スペインがイスラムだった頃、ヨーロッパの学生はグラナダに留学して学んだ。文学では詩で韻を踏むことをイスラムの詩から学び、科学では例えばナトリウムの語源はエジプトのエル・ナトゥルーン湖から来ている。その湖の塩で古代エジプト人はミイラをつくっていた。砂糖の sugar もアラビア語のスッカルから来ている（第３章コラム参照）。フランスのパティスリー、お菓子、を多くの方は好きだと思うが、フランスでは本来甘いお菓子のことを la vienoiserie といった。オーストリアの首都ウィーンのもの、という意味である。日本で言えば「京もの」とか「おさがり」と言ったところであろうか。それはオスマン・トルコがウィーン包囲の後攻略をあきらめて引き揚げたときに（１５２９年第１次包囲、１５３２年第２次包囲、１５３３年ハンガリーについてオスマン・トルコの優位をオーストリアに認めさせて和睦)、甘いお菓子や砂糖、そしてコーヒーを大量に放置し、そこからウィーンで菓子製造(およびコーヒー嗜好)が始まったことに由来する(第9章4参照)。

文化や文明は相身互い、一方が歴史のすべての期間を通じて他方より優れているということはない。サブサハラ・アフリカ由来のものでは例えばイソップ物語のたぐいの民話はガボンなど多くのアフリカ各地に存在する。アフリカの生きる知恵であるが、例えばフランスではそれをJean de la Fontaine(1621-95)による寓話(Fables)として扱っている。フランス語で紹介し世界に知らしめた功績は大きいと思うが、それはもともとはフランス人の生きる知恵ではなくてアフリカ人の生きる知恵であった。

2-3 自己責任

このように記してくると、アフリカはただただ素晴らしい、悪いのはヨーロッパをはじめとする外部勢力とその偏見、とも言いたくなるが、では本当にそれだけなのだろうか。

アフリカの外部世界との接触では16世紀に西からのポルトガル、そして17—19世紀に東からのオマーンがよく知られる。いずれも奴隷狩りをした外部勢力だが、奴隷狩りはポルトガルに続いて、北欧、オランダ、イギリス、フランス等のヨーロッパ列強がいずれも手を染めていた。奴隷狩りについては第3章で記すが、ヨーロッパ側の動機は砂糖や綿花等の新大陸での栽培労働力、本国での使役などであった。

しかし白人だけでは1000万人ないし3000万人と推計される奴隷狩りはできなかった(正確な数字は奴隷狩りに関与していたイエズス会宣教師が記録をつけていたルアンダから「積み出され

た」拉致被害者を除くとまとまった資料がなく詳らかにしない)。アフリカ側ではコンゴ王国内で王よりも力をつけようとした部族長やベニン王国(概ね現ベナン共和国)等が内陸国や隣国で奴隷狩りを行ってヨーロッパ人に売っていたことが知られている。アフリカ側の動機は鉄砲の輸入であった。ヨーロッパ人は鉄砲の代金として奴隷を要求していたのである。ただし、アフリカの王側の観点で言えば、自分たちが鉄砲で武装しない限り隣国に攻め込まれて自分たちが奴隷にされて売り飛ばされてしまう。すなわち、鉄砲の輸入は生存競争に不可欠なものであった。そこに付け込んだのがヨーロッパ人であって、「鉄砲が欲しければ奴隷を持って来い」と迫ったのである(第3章参照)。

この観点から述べれば、1543年の鉄砲伝来以後、日本では瞬く間に国内での鉄砲生産が鉄砲鍛冶によって始められたことは幸運であった。日本に奴隷制はなかったと考えられているが、安寿と厨子王の悲話はその昔(11世紀)は人買いが日本にもあったことを示している。万が一このような悪習が戦国時代にも続いていた場合、そして自分たちの手で鉄砲をつくることができなかった場合、戦国大名たちはどのようにして鉄砲を入手しようとし、そしてその結果何が起きえたであろうか。

もとより、アフリカの人的かつ物的搾取に狂奔したヨーロッパ諸国こそがアフリカの歴史の中断を招いた元凶である。したがって、鉄砲と奴隷の悪循環という一つの史実のみをもって、あたかもアフリカ側に歴史の中断の責任があるというのは公平を欠くので注意しなければならない。

現代のアフリカに目を向ければ、独立後東西冷戦に巻き込まれて cold war どころか hot war に巻き込まれてしまい、コンゴ動乱、アンゴラ内戦、モザンビーク内戦、エチオピア革命などで疲弊し、また社会主義的国家建設を行ったマリ、ギニア、タンザニア、革命後のエチオピアなどは経済建設が遅れた。当時ソ連の国営航空会社アエロフロートが寄航していたのは社会主義陣営に入ったアフリカ諸国であった。

他方、冷戦が終わった途端に西欧諸国は「援助疲れ（aid fatigue）」と称して、「いくら援助してもアフリカでは効果が上がらない、自分たちは疲れた」、とアフリカ人のせいにして対アフリカ支援を削減してしまった。実際の狙いは自国の安全を確実なものとするためであった。つまり、アフリカ支援に使っていた資金を、旧東欧の社会主義諸国に回してその民主化促進と西側、具体的にはＥＵおよびＮＡＴＯへの加盟を促進する、つまり東西冷戦期にひかれた鉄のカーテンを取り払った上でロシア国境近くまでをＥＵとＮＡＴＯ陣営にしてしまうという、自国の利害最優先の外交を展開した。もっとも、外交とは本来自国の利益を最優先するものであるから、「機を見るに敏」なヨーロッパ人がこのような外交をしたことは驚くに当たらないし、非難さえしていればよいというものではない。ただ、アフリカの視点からすれば、ヨーロッパ人というのはなんと勝手なのだろうと思ったのである。

他方、奴隷狩りによる人的資源の簒奪、植民地時代の富の収奪、列強分割による national identity（国としてのアイデンティティー）の空中分解、東西冷戦の身代わり戦争、そのような時代が去ったのが事実であるとすれば、アフリカ諸国は自分たちの手で再び歴史を書くことができる時代が来たと認識すべきではないだろうか。現に、アフリカの指導者たちもセネガルのオメガ計画、南アフリカのムベキ副大統領（当時、のちの大統領）の African Renaissance（アフリカの再生）等、自らの脚で立つ決意を次々と打ち出していった。本当に自分たちの脚で歩み、自分たちの手で nation building（国造り）を進めていけるのか、そこに真の自己責任が問われている、これもこの本の通奏低音である。

第2章　砂漠の向こうの王国

1　砂漠の向こうに生きる人々

1−1　「文明」からの「隔絶」

広大なサハラ砂漠とサバンナの野生動物、これがアフリカと言われて頭によぎるイメージではないだろうか。

地平線の向こうまでただただ砂が続く。サハラ砂漠は、東西5000km、南北1800kmに及び、アフリカ大陸の4分の1という広大な地域を占める。あえて比較すれば、南北は東京と沖ノ鳥島（1554km）よりも遠く、東西は東京からインドのコルカタやシンガポール（ともに5000km）に至る長い距離である。

1960年前後の独立後からも長い間、日本からサハラ砂漠以南のアフリカ――「サブサハラ・アフリカ」――に飛行機で行くには、まずヨーロッパに飛び、ロンドンやパリ、あるいはブラッセルで乗り換えて延々と南下するのが普通のルートであった。旧英領の国に行くにはロンドンで乗り換えてイギリスの航空会社、旧仏領はパリ乗換でフランスの航空会社、旧ベルギー領はブラッセル乗換でベルギーの航空会社に搭乗して「旧植民地」に向かうという次第である。日本からは三角形の二辺を行く長旅であるとともに、アフリカの歴史と現実を具体的に突き付けられる気の重い旅でもあった。現に、美しく碧く輝く地中海を越えてから目に入ってくる景色はどこまでも続く砂漠、そして大地のみならず飛行機を包み込んでいる大気までもが薄茶色に霞んで、いよいよ「文明の地」を後にしてはるか「未開の地」に向かうと言うがごとき「19世紀的刷り込み」が頭をよぎるのであった。

サハラ砂漠は、その北にあるヨーロッパや地中海「文明」と南の「未開の」地を分断し、サブサハラ・アフリカは世界から隔絶された遠い大陸だというイメージを生み出すもととなっているように思える。

他方、第1章で言及したように、サハラ砂漠の山中に残されている洞窟画には、多くの人間や動物が描かれていて、そこには狩猟している絵も見られる。この洞窟画はサハラ地方が緑なす大地であったことを示しているが、では、今日その人間や動物はどこにいるのだろうか。

紀元前2000年ないしそれ以前に始まったサハラの砂漠化（ただし「サハラ」というのは「砂漠」という意味だから「砂漠の砂漠化」というこの表現も妙だが）は、いうまでもなく水がなければ人も動物も生きられない事態を生み、ある者は北の地中海方面へ向かい、ある者は東のナイル川に向かい、またある者は南へと移動していったと推測されている。その結果一面の草原に展開していた人間は砂漠によって北アフリカの地中海沿岸地方と「サハラより下の」アフリカ、すなわち「サブサハラ」・アフリカに隔絶されることとなった。

こうしてサブサハラ・アフリカと現在呼んでいる地域の、世界ないし文明からの隔絶が始まった……と多くの人は信じてきた。古代文明はヨーロッパでも日本でも、文明発祥の地から徐々に伝播しながら広がってきたのであって、それはタンポポの種が飛ぶがごとく点々と散発的に広がったのではなく人々の接触によってつながりながら広がったのであるから、地理的に越えることが難しいと思える大自然を前にして、砂漠より向こうは隔絶されていると考えるのはむしろ自然である。

しかし、「サブサハラ」・アフリカについて完全にそう言いきれるであろうか。「サブサハラ」・アフリカと呼ばれる地域は、確かにヨーロッパから見れば文字通り「サハラより下」であろうが、アフリカ大陸は地中海のみならず、西は大西洋、東はインド洋に囲まれていることを忘れてはならない。そしてそれぞれの海が後世アフリカの運命を翻弄することになるのだが、長い間アフリカ東海岸地方はインド洋を通じてアジアとも交流があった。

今日、日本からアフリカに飛行機で行くには、もはやわざわざ日本からヨーロッパに向けて西に飛んでロンドンやパリで乗り換えてから南下する必要はなく、インド洋を斜めに南西方向に飛んでいけば足りるし、「旧宗主国」の航空会社に乗る必要もない。２０１６年からはエチオピア行きの直行便が就航した。シンガポール、マレーシア、香港などで乗り換えてそれぞれの国・地域の快適な航空機に乗ればヨーロッパ経由よりはるかに短時間で南部アフリカにも到着する。その間、機窓からインド洋を見下ろしながら、4世紀から千年にわたってインド洋貿易で活躍したスマトラ（現インドネシア）商人に思いをはせることもできる。スマトラ商人はザンジ（アフリカ南東部）の人々がつくる鍛鉄を海岸線の通商都市から仕入れてインドに売るという三角貿易で栄えた。今日マダガスカルの大統領などがアジア系なのはスマトラ商人の子孫がそこに住み続けてきたからである。それに、アフリカに第一の食糧革命をもたらしたバナナは、アジアから東海岸に到達したものが広がっていったという経緯もある。

イブン・バトゥータが記録したインド洋の島モルディブ産のコヤス貝は近世に至るまで通貨としてアフリカの広い地域で使われていた。コヤス貝のインド洋に近い地域での通貨としての価値と、地理的に遠い内陸部やさらに遠いコンゴ王国等の大西洋岸での通貨としての価値は大きく異なり、遠くなるにつれて次第に跳ね上がっていったが、そのことはインド洋からのコヤス貝の伝播・流通が海岸地方のみならず内陸の地まであったこと、また需要と供給で価格が決まるという私たちにとっていわば当然の経済原則が「サブサハラ」・アフリカでも当てはまっていたことも意味している。

「サブサハラ」・アフリカには日本からカタールのドーハ空港やアラブ首長国連邦のドバイ空港で乗り換えていくこともできる。このルートでアフリカに飛べば、7世紀にイスラムがアラビア半島で興きてから瞬く間に当時の世界最高水準の文化・文明・科学・経済が栄えた帝国を築いたことを思い起こすとともに、長い間インド洋はイスラム経済圏の交流の海であったこと、そして東アフリカがその中に組み込まれておおいに繁栄していたことも頭をよぎる。近世ではアラブ首長国連邦の東隣のオマーンはザンジバル（現タンザニア）に王宮を移したほどの大海洋「アフリカ」帝国であった。イスラムとバンツーの人々の長い交流の中で、やがてバンツー語を基本としながら多くのアラビア語からの外来語を取り入れたスワヒリ語が生まれていき、通商語としてコンゴ川上流域（現コンゴ民主共和国南東部）にまで広まっていったことも記憶にとどめなければならない（第4章2－4参照）。スワヒリ語はタンザニアのみならず、コンゴ民主共和国においても大西洋方面のキコンゴ語、内陸のチョルバ語、北部から広まったリンガラ語などとともに公用語の一つとなっている。タンザニアの首都ダル・エス・サラームはスワヒリ語で平和の地を意味するが、もとはアラブの人々がそう呼んだアラビア語であった。ちなみにアラビア語の挨拶はアッサラーム・アレイコム（あなたに平和を）であり、返す挨拶はワレイコム・アッサラーム（そしてあなたにも平和を）であり、別れの挨拶はマッサラーマ（あなたに平和を）である。

図2-1　インド洋を航海するアフリカ人

出典：Niane (1984), p. 657.

アフリカ人自身によるインド洋での活躍という観点からは、ポルトガルによる破壊の前まで、インドやアラブの商人・船乗りと並んでスワヒリの商人・船乗りも自ら羅針盤を駆使して船を操って活躍していたことが思い起こされる。

13世紀のイスラムの記録に描かれているインド洋を航海するアフリカ人の細密画が残されている（図2－1）。

このように、インド洋は攻撃的なポルトガルによってかきまわされ壊滅的な打撃を受けるまで広い交流と繁栄の海であった。アジア側から見ればインド洋に面している「サブサハラ」・アフリカは隔絶した大陸ではなかったし、地理的名称として「サハラ」が付かなければならないいわれもない。

1－2　サハラを越えて

それはそれとして、地中海側から見た「サブサハラ」・アフリカにもう一度目を向ければ、確かにサハラ砂漠を北側から見れば容易に超えられる障壁ではないとの印象を持つのがむしろ自然だと思われる。しかし、現実にはサハラ砂漠にはメスファ族、トアレグ族などの遊牧民が生活しており、また点在するオアシスを結んで北アフリカとサハラの南側がつながる隊商のルートが何本も走る交流の海でもあったことに気がつかされる。当時、世界最高の文化・文明と繁栄を誇っていたイスラム圏とサブサハラ・アフリカとの交流は前述のアフリカ東海岸にとどまらず、サハラ砂漠の「真下」の西スーダン地方においてもラクダという砂漠の船によって10世紀以前には盛んとなり、12世紀初めから16世紀にかけてが最盛期であった。その交流において、北アフリカの人々は隊商を組んで南下するいわば長期出張をするのみならず、サブサハラ・アフリカの通商都市に居住していたばかりか、多くのサブサハラの通商都市では北アフリカの人々の居住地区が建設されていた。逆にサブサハラのアフリカ人たちも南から北アフリカに行き、また北アフリカを経由してアラビアのメッカに巡礼に赴いていた。

カイロやトリポリにはアフリカの帝国が自国民のための宿泊施設や出先機関を置いていたことも忘れてはならない。ヨーロッパ人たちがサハラを隔絶の砂漠と思い込んだのは、地中海沿岸地方で圧倒的に強かったイスラム帝国を前にして、長い間ヨーロッパ人がサハラ砂漠の向こうには足を踏み入れることができなかっただけの話である。さらに付言すべきは、交流はアラブ・ベルベル人とサブサハラのアフリカ人との間にとどまらず、サブサハラ・アフリカ人同士の交流も通商路のネットワークおよびセネガル川やニジェール川などの水路を通じて盛んであったことである。

サハラ砂漠の南に行けば金や象牙を購入できる。古来北アフリカのベルベル人商人はそこに強い商いの動機を覚えていたし、逆に、サブサハラ・アフリカ側には、砂漠の北部からの岩塩を生きるために必要としていた。また地中海地方の象嵌細工、美しい刀剣や繊維製品、インドからの繊維製品やビーズ、中国からの陶器などへの需要もあった。

このように交易するための商品、動機、輸送手段が揃って、砂漠の隊商が点在するオアシスをつなぎながら「隔絶の」海を渡っていったのである。砂漠の通商を担ったのは、北アフリカからサハラ北部に展開していたベルベル人たちである。彼らはラクダが東から伝わるより以前に、馬とロバを使っておそらくは紀元前500年には今日のモロッコからセネガル川以南へのルートと、チュニジアからニジェール川中流域に至るルートを開拓していたものと推測されているが、ラクダが伝わってから通商路がさらに開拓されていった。サハラ西部を南北につなぐ主にガーナ時代のルートから、やがてその東側、サハラの中部を南北に走ってニジェール川中流デルタと地中海を結ぶルートが盛んとなっていった。またダルフール地方を抜けてナイル川にいたる東西の通商路も看過しえないものとなっていった。

主なサハラ砂漠越えのルートと所要日数としては例えば次のものがあげられる（Niane 1975, p. 201）。

北から南へとつなぐ西部ルート：モロッコのシジルメサ（Sidjilmessa）（サハラ砂漠の北端）からタデマイト高原（Tademayt）経由で現モーリタニアのアウダゴスト（Aoudaghost）まで、51日ないし2か月。

南から北へとつなぐ東部ルート：現マリのタドメッカ（Tadmekka）から現アルジェリアのウアルジア（Ouargia）経由で現チュニジアのケルアン（Kairouan）まで、50日。

南から北へとつなぐ東部ルート：現マリのタドメッカ（Tadmekka）から現リビアのゴダーミス（Ghadames）経由でトリポリ（Tripoli）まで、40日。

南から北東につなぐルート：現モーリタニアのアウダゴスト（Aoudaghost）から現チュニジアのケルアン（Kairouan）まで、110日。

砂漠を越えてこれほどの長旅をして無事に目的地に到達するためには、周到な準備、有能なガイド、中継地での水などの補給、道中の安全、チームとしての一体行動などが必要であり、そのことはイブン・バトゥータのマリへの旅の記録から垣間見ることができる。イブン・バトゥータはモロッコにおけるサハラ砂漠への入り口シジルメサから出発し、重要な塩田でまた塩の集散地であるテガザ（Teghaza）を経てマリ帝国の北端の町ワラタ（Walata）に2か月かけて到着、さらにマリ帝国の首都ニアニ（Niani）に向かった。

イブン・バトゥータは、まずシジルメサで複数のラクダを購入した上で4か月間飼料を与えて太ら

図 2-2　サハラ砂漠越えの交易ルート

せた。いよいよ出発のため隊商が組まれると隊長のもと全員が一体となって進む。はぐれることは死を意味したからである。25日かけて塩の集積地テガザに到着、同地で10日間休憩した後、ワラタを目指して出発した。ワラタまで10日の地点に達したときにメスファ族出身の使者が手紙を持ってワラタに向けて先発し、同地の取引先に宿泊の提供と、補給用の水を持ってワラタまで4日の地点まで隊商を迎えに来るようにとの連絡を行った。遊牧民のメスファ族はテガザの塩田からワラタにかけての地域を勢力範囲としていて砂漠を熟知、信頼できる隊商のガイドと使者であったが、万一この先行使者

がワラタにたどり着くのに失敗すれば隊商全体が危機に陥ることを意味したので、その報酬は極めて高く１００ミトゥカル（1ミトゥカルは金1オンスの8分の1、ただし時代により異なる（Davidson 1991, p. 91））だったとイブン・バトゥータは記録している。ワラタにはマリ帝国の知事が置かれ、そこで通関手続きが行われた。ワラタはベルベル人商人とアフリカ人の重要な商いの町であり、イブン・バトゥータは51日間同地に滞在、その後24日かけて首都のニアニに到着した。マリ国内の道中は安全であり、強盗や泥棒の心配はなかったと記している（Niane 1984, p. 154, pp. 615–616）。

サハラ砂漠を越える通商の規模については、イブン・ハルドゥーン（Ibn Khaldun, 1332–1406）によればホガール山脈（今日のアルジェリア南部）を行き来するラクダの数は１４００年頃には年間１万２千頭を下らなかったばかりか、ホガール山脈ルートはよく使われる砂漠越えルートの6本のうちの１本にすぎなかった。金、塩、銅、書籍等の主要な交易品に加え、マリは例えばエジプトからも絹、象嵌の施された刀剣、馬を大量に輸入していた。またサハラ内部においても例えば女性の衣類や染め物（マリの国境より東、現ナイジェリア北部のカノ（Kano）は有名な産地で、後世ヨーロッパ産に引けをとらなかったためヨーロッパにも輸出された）が交易されていた。活発な交易は地場の手工芸も起こし、トゥンブクトゥーの市場では麻や綿の衣類が大量に売られていた。このほかレオ・アフリカヌス（Leo Africanus）によれば、穀類、牛、牛乳、バターが多く生産されていた。特記すべきは、後述するようにマリの時代にサハラ砂漠を越えて輸入される最も重要でかつ利鞘が大きかった商品は書籍だったことである。

2　鉄器の広がり

2－1　火を使う人々

さて時代を戻して、サハラが砂漠化し始めたことにより住む土地を離れざるをえなくなった人々はどのようにして新天地を開拓していったのだろうか。

生きていくためには水は必要条件だが十分条件ではない。言うまでもなく、食料をどのように確保していくかが人類の発達、文明の起こりと進展に深くかかわってきた。私たちの先祖は採取や狩りなどで食料を得ていたが、やがて川のほとりでは定住が進み、川の恵みで食料を自らつくるという農業を営んだ。

農業を始めるとなると畑をつくる必要が生じるが、アフリカのナイル川沿いを含む世界の多くの地域では家畜化した動物に犂を曳かせて土をおこしてきた。今でも東南アジアやエジプトの村々でのんびりと牛が犂を引くのどかな田園風景を見ると私たちの郷愁を誘うけれども、サブサハラ・アフリカの農村地帯に行くと、家畜がいる地方といない地方がある。なぜだろうか。

それは、第7章で述べるように恐ろしい眠り病、トリパノゾマシスの汚染地域ではツェツェ蠅が宿主となって家畜を殺してしまうからであり、このことがそのような地方での家畜を使った農業の発展を阻害する要因となってきた。では、そのように家畜を農耕に使えない地方では、人間は土地をどうやって耕せばよいのだろうか。人類はその昔は石器を使用していたと考えられるが、大きな転換点は鉄器の登場であり、それはアフリカにおいても同様だった。

人間の特徴として火を恐れないことや道具を使うことと習ったが、その火と道具を組み合わせたところに人類の大きな発展のきっかけがあった。暖をとる、あるいは調理をすることを超えて、道具をつくるために火を活用して石器時代から青銅器時代に移行し、次いで現れた鉄器が大きなインパクトを与えた。ただ、サブサハラ・アフリカでは必ずしも青銅器時代を経ずにいきなり鉄器の使用が始まったと見られる地域が多く、それは紀元前５００年頃のことであったと推測されているが、トリパノゾマシス非汚染地域においても、ましてやトリパノゾマシス汚染地域においてはなおのこと鉄製の農具は人々が畑をおこすのに大変な威力を発揮した。砂漠化する地域を逃れてどんどん南下していった人々はこうして何とか食糧を得たと見られている。ところが、サバンナ地帯を越えてさらに南に進もうとしたときに彼らの前に立ちはだかったのは、異なる気候帯に広がる鬱蒼とした熱帯雨林であり、その城砦とも見まごうばかりの壁を超えて進むことはできなかった。

ところがある日、鉄製の斧が発明された。その瞬間、熱帯雨林は立ちはだかる城砦ではなくなり、人々は勇気を奮って前に進むことを選んだ。鉄製の斧は森林を切り開くのに威力を発揮し、バンツー系の人々は南へ、そして南東へとアフリカ中部の森林地帯に入り込んでいったのであった。現在のアフリカの民族分布に果たした鉄器の役割はこのように大きなものであった。

では、アフリカ人はどのようにして鉄器をつくり始めたのであろうか。

2－2　アフリカのバーミンガム

アフリカと言えば「後進性」の代名詞のように烙印されている観がある今日、とかく忘れられがちなのは人類が誕生したのはアフリカ大陸だということ、そして古代文明の一つもアフリカで生まれたという事実ではないだろうか。

ナイル川の畔で生まれたエジプト文明は今から6000年以上前から国家を形成し、またその宗教は一神教、死者の復活、審判など後世に影響を与えた。ヨーロッパ人が主張するところの文明の起源はギリシャだったというのは事実に反する。例えば、今日、裁判所や正義を表すのに天秤がロゴとして欧米諸国を中心に使われていて、「法の支配」の象徴のように言われることがあるが、正義を天秤で表すのは古代エジプトに始まったのであって、ヨーロッパ人の発明ではない。死者が死んでから神様を訪ねていくと、まず死者の心臓と正義の神様（鳥）の羽根一枚を天秤に載せて量る関門が待っている。心臓と羽根がバランスすれば死者は生前善人であったことが証明されて、黄泉の国に行くことを許され、そこでやがて来るべき復活を待つことができる。もしも、羽根の方が重くて天秤が傾くと、恐ろしい鰐の神様が来て心臓を食べてしまいその死者は復活の道を断たれてしまう。これが正義を天秤で表す始まりである。そして「復活」という宗教観の始まりでもある。

ここでエジプト文明の古さを実感するためにあえて一例を述べれば、私たちが遠い昔のことだと思っているクレオパトラの時代に現代からさかのぼるよりも、クレオパトラの時代からギザのピラミッドをつくったクフ王の時代にさかのぼる方が長い。クレオパトラは今から2000年前、クレオパトラからピラミッドが造られた時代まではさらに2500年さかのぼらなければならない。

ただ、偉大な古代エジプト文明は鉄器を知らなかったと見られる。おそらくは鉄鉱石が近隣になかったために、鉄製品はあまり出土していないし、また北東から攻め込んできたアッシリアに敗戦したのはアッシリアが鉄製の武器を使用したのに対しエジプト側は鉄製の武器を持っていなかったからだったと考えられている。

ナイル川の上流（今日のスーダン）にはクシュ（Kush）王国があった。紀元前11世紀にエジプトの支配を脱して独立の王国となって栄え、紀元前8世紀から7世紀にかけては逆にエジプトを支配して第25王朝（紀元前747—656年）を打ち建てた。同王朝は鉄製の武器を持ったアッシリアがエジプトに攻め込んできて敗れてしまい（紀元前656年）、クシュに戻ったが、その後も紀元4世紀まで長く存続した。このアフリカの王国では文化が栄え、文字は当初エジプトの象形文字を使っていたがやがてそれをもとにして独自の文字（メロエ文字）を使うようになり、また建築にもすぐれていた。また、古代繁栄した多くの国がそうであったように外国との通商も盛んで、東はインド洋に出てインドとの通商を、北はプトレマイオス朝（すなわちギリシャ）のエジプトと、クレオパトラ没後はローマ帝国領となったエジプトと、そして南はエチオピアとの通商を行っていた。

クシュ王国では紀元前500年頃に製鉄が始まったと推測されている。その規模は大きく、クシュ王国の後期の首都メロエ（Meroe）の遺跡を見たイギリスなどの歴史学者たちはメロエを「アフリカのバーミンガム」と呼んだほどであった。出土した大量のスラグ（鉱滓）や溶鉱炉の遺跡から、紀元前1世紀またはそれ以前には大規模な製鉄が行われていたと考えられている。

クシュ王国の繁栄を物語るエピソードの一つとして、エジプトがローマの支配下にあった紀元前25—24年にクシュはエジプト南部アスワン地方に攻め込み、ローマ皇帝アウグスツスの銅像を奪取し自国に持ち帰った。たび重なるローマからの返還要求をクシュは拒否したばかりか、首都メロエの「勝利の階段」の下に埋めて足蹴にし続け、ようやく1910年に考古学者によって発掘された。[1]
紀元300年頃クシュ王国は滅亡したが、デヴィッドソンはじめ研究者たちはクシュの人たちがどこに消えてしまったのだろうかと問うている。クシュの言葉が今日ダルフールの一部からさらに西のチャド地方でも話されていること、西方にあるチャドの伝承では先祖は大柄で知識のある人たちであったと語り継いできたこと、また他の西スーダン地域の王国では先祖は東あるいは北東から来たとの伝承もあることから、クシュの王族は西に逃れたとのではないかとも推測されている。
バクダッドに生まれ多くの旅行を行った歴史家・地理学者エル・マスーディ（El Masu'di, 896-956）はクシュの落人はナイル川から東西に逃れたとした上で、「多くのクシュの子孫は日が沈む西へと向かって行った」と記述している（'Meadows of Gold and Mines of Gems,' 947〔Davidson 1987, p. 54〕）。誰が砂漠の中を西に逃げていくようなまねをするだろうかと思う人も多いと思われるが、中世にはナイル川と西のニジェール川の間に広がる広大な砂漠を東西に結ぶ砂漠隊商のルートが使われていたことから、それ以前にもダルフール越えのルートでの人の移動が可能であったことを示唆している。

2-3　西スーダンの鉄器の興り

西スーダン地方に目を向けてみると、現在のナイジェリア北部に紀元前600年頃から紀元300年頃にかけてノク（Nok）文明が栄えていた。1930年代に偶然発見された遺跡からは等身大の陶器製の人物像や壺とともに鉄製のブレスレット、鏃やナイフが出土した。ノクの鉄器は発見されたものでは西アフリカでは最古のものであり、出土品は当時のノクで製鉄が盛んであったことを示している。

ではノクの人々はどこから製鉄の知識を得たのだろうか。かつてはクシュから製鉄技術が伝播したのではないかとも考えられていたが、その後遺跡の発掘が進むにつれてむしろノクで独自に生まれた技術ではないかと考えられている。

今日のガーナ北部、マリ等では紀元前500年頃から鉄器の使用が見られる。また、鉄器の使用はアフリカ大陸に広がりを見せ、東南部のザンベジ川地域では紀元200年ないし300年頃から鉄器の使用が見られたと考えられている。

その技術の起源がどこであるにせよ、アフリカの人々が鉄器をかなり古い時代からつくり始めていたという事実、そして鉄器が広く普及していったということは大きなインパクトを与えた。生活面では農耕を盛んにし、すなわち食糧に余剰が生まれ、それから社会に分業が生まれていった。そして政治面では武器と権力に大きな影響を与えた。鉄を扱える人々は敬意を集め、また力も持った。例えば、15世紀末にポルトガル人がコンゴ王国に到達したときに見たところによれば、マニ・コンゴ（コンゴ王）は排他的な鉄の鍛冶屋のギルドのメンバーであった。

2－4　インド洋を渡って

アフリカの鉄を考えるときに、インド洋貿易に占める鉄の重要性にも言及する必要がある。

中部―南部アフリカにおける鉄器の使用はナイル川での製鉄から200―300年のうちに今日の

ザンビアに伝わり、エル・マスーディによれば10世紀にはザンベジ川下流域で鉄器文明が栄えていた。鉄鉱石もそれを溶かすための燃やす木材にも恵まれていたことに加え、鉄器への大きな需要が日常生活や武器を超えて存在したからである。

それは当時世界最高水準の鉄製品、とりわけ刀剣を製造していたインドが良質な鍛鉄（wrought iron）を必要としていたからであり、それをザンジ（Zanji）地域（今日のケニヤからタンザニアにかけての地域）の東海岸の通商都市から輸入していたのである。ザンジからの輸出品は鍛鉄、象牙、金などであり、輸入品はインドからの繊維、中国製の陶器などであった。

こうしてアフリカの東海岸は、後背地の産業と物品に恵まれ、インド洋という当時世界最大の国際貿易の海に面してイスラム世界の大交易圏の一員となることによって大いに栄えていた。スマトラ、アラブ、スワヒリの商人・船乗りがその交易を担っていた。イブン・バトゥータは、インドや中国を訪れたあと１３３１年にキルワ（Kilwa）を訪れたが、その美しさに感動し、キルワの建物は優雅で街は最も美しい街の一つであると記した。それから１７０年余り後にキルワはポルトガルの砲撃と略奪によって滅びたが、その遺跡は世界遺産に登録されていて、今なお往時をしのばせる立派なモスクや宮殿などが残っている。

また、先に触れた通貨としてのコヤス貝について、イブン・バトゥータはモルディブ諸島に関する下りで次のように記している[2]。

「ここ（モルディブ）の通貨はコヤス貝である。……人々はコヤス貝を通貨として商いを行っている。……モルディブの人たちはベンガルにコヤス貝を売り米と交換している。コヤス貝はベンガル国の人々によって使われている通貨でもある。……またスーダン人［黒人］が彼らの国で使っている硬貨でもある。自分はコヤス貝がマッリ（Malli、マリ帝国の首都ニアニ）とグル（Guru、ソンガイ（Songhay）の首都のガオ（Gao））で１１５０個当たり１ディナール金貨で売られているのを見た。」

このことは、インド洋から西スーダンに至る人やモノの交流が行われていたことを示している。

3　砂漠の向こうの帝国（飛鳥時代から関ヶ原まで栄えたアフリカの国々）

3－1　アフリカの誇りガーナ王国（8世紀—13世紀）

サブサハラ・アフリカの歴史は、アフリカのそれぞれの民族の伝承、アラブの歴史家や旅行者、そしてアラビア語で現地の学者が記した資料、15世紀以降はポルトガル人の記録などから知ることができる。また今日では考古学の発達によってさらに事実関係が明らかになってきている。このうちアラブ人の記録でサハラ砂漠と南の熱帯林の間の西スーダン地方に栄えていた王国の様子を伝えるのは、11世紀についてはコルドバ（当時はイスラムの後ウマイヤ朝）の学者アル・ベクリ（Al Bekri, 本名Abdallah Ibun Abdel Aziz, 1014–1094）、12世紀についてはセウタ出身の地理・地図学者ムハンマド・アル・イドリースィー（Muhammad al-Idrisi, 1100–1165）、14世紀のマリ帝国についてはチュニス出身の思想家イブン・ハルドゥーン（Ibn Khaldun, 1332–1406）、現地を見聞したタンジェ出身のベルベル人大旅行家のイブン・バトゥータ（Ibn Battuta, 1304–1369）などである。

ガーナ王国はサハラの南、ニジェール川が湾曲するより上流と西のセネガル川にはさまれた地域一帯に栄えていた。アラブ人は紀元8世紀に知ったが、伝承によればさらに古い起源を示唆しており、紀元前300年頃に鉄器の使用が開始されたとの推測もある。ガーナ王国の首都であったとされるクンビサレーの遺跡からは槍、刀剣、鏃、釘、さまざまな農具、はさみ等の鉄製品が出土している。ガーナの人々は鉄製の武器によって周辺の民族を圧倒し、王国を築いたと考えられている（Niane 1975, p. 81）。

アル・ベクリは1068年にガーナ王国やサハラを越える交易について詳細に記述している（'Kitab al-Masalik wa al-Mamalik'）。それによると王都は王たちが住んでいた城砦街区と、そこから10㎞ばかり離れたところにつくられた北から来たイスラムの商人たちが住む街区の2つからなっていた。王の街区には王宮のほかいくつかのドーム屋根の建物が並びそれぞれ城壁で囲まれ、王宮では貴族はもとより、金の装飾が施された剣や楯を持つ侍従、金の優雅な飾りをつけた馬や番犬が王を囲んでいた。王宮の周りにはやはりドーム屋根の建物のほか林や茂みがあり、古来の伝統宗教の祈祷師などが住んでいた。イスラム商人地区には12のモスクがあり、イスラムの聖職者やイスラム法学者たちも住んでいた。

ガーナ王国は、サハラ北部の塩の集散地テガザ（Teghaza）を抑え、また直接の自国領ではなかったようだが南方の森の民が掘り出す金を独占的に購入した。これが「北から南への塩」と「南から北への金」というサハラの交易の基本パターンとなった。ガーナ王国は金の相場の維持にも配慮して、金塊はすべて王のものとして供給量をコントロールしたが、金屑は国民の自由にさせた。ここにアフリカにおける富の集中と再分配の一つの形が見られる。すなわち、王は富を蓄積するが、王は富を配分する役割も担っており、この配分をうまく行うことが王の権力の一つの基盤になっていた。現代国家ではこの所得再配分の役割を国家が税制および社会福祉政策で担っているが、第1章で問題提起したようにその前提条件は国家の機構がしっかりとつくられ、かつ機能していることである。そのような前提条件を満たしている国は多くなく、国内の富の再配分をいかに行うのか、多くの途上国に内在する問題はここにあると思う。

さて、ガーナ王国における大きな財政基盤は通商およびそれにかける関税であった。通商品目は、北からの塩、南からの金、を柱として、イスラム世界から銅製品、綿製品、刀剣等、ベルベルとエジプトからの馬、南からの象牙、コーラの実、家事手伝いの奴隷などであった。

関税が王国の富と安定の源泉であった。王国に北から入る塩についてはロバ1頭の積み荷に対して1ディナールを課し、王国から南に出る塩については2ディナール（dinar、4・25グラムの金、ただし時代により推移）の金を課した。また、塩と金以外の通商品目については、銅の輸入について5ミトゥカル（mithcals）、商品には10ミトゥカルを課した。このような関税を正確に課し、そして徴収するためには強制力を伴う政治権力のみならず正確な度量衡が必要だが、王都クンビサレーの遺跡からは金を量るガラスの分銅が出土している。

このように見てくると、ガーナ王国の繁栄は第1に王を中心とする政治権力の確立、第2に通商とそれを支える行政機能と軍事力、例えば金の北への通商を独占できる力、通商路の安全を確保できる力、関税制度をつくりそして関税を徴収できる組織と力、第3に正確な度量衡、相場の維持への工夫などによると考えられる。

　ガーナ王国ではこの財政基盤によって、兵士、知事、職人、廷臣、歌手を擁しており、また紀元800年には「金の土地」としてアラブ世界に知られていた。

　こうして権力、領土、国民という国家の態をなし繁栄していたガーナ王国であったが、11世紀に入るとアフリカ北西部（今日のモーリタニア）のベルベル人が興隆し周囲を脅かし始めた。イスラム教を興したモハメッドがメディナを支配した10年間とその死後30年間を平等と正義が支配したユートピアと考えて修道僧として強くイスラムを奉じ、アルモラヴィド（Almoravids、修道する人たち）と呼ばれるようになった彼らは、1040年頃から運動を興し、やがて今日のモーリタニアからイベリア半島南部に至る帝国（1062―1147年）を打ち立てた。モロッコの旧都マラケシュは第3代エミールのユセフ・イブン・ハクフィンがアルモラヴィド帝国の首都と定めたことに起源を持つ。それより前の1052年頃ガーナ王国に戦いを挑み、1054年に重要な通商の中継都市アウダゴストゥ（Audaghost）を陥落させ、ついに1076年に首都クンビサレーを落とした。アルモラヴィドはガーナ人に人頭税を課し、朝貢を強要し、多くの国民をイスラム教に改宗させた。その占領期間は長くは続かなかったものの、ガーナは決定的な痛手を蒙り衰退の道をたどった。追い打ちをかけるように新たな金山がガーナの手の届かない南方のブレ（Bure）地方で発見されてアウダゴストを通らない隊商ルートが開拓されて、ガーナ王国はいよいよ衰退してしまった。これを見て、ガーナ王国の後継になろうとする民族ごとの小国が立ち始め、西アフリカは13世紀初めにかけて強固な基盤を有する統一政権を欠くこととなった。

3－2 ライオン・キングが建国したマリ帝国（13世紀―16世紀）

その混乱を収めてガーナ王国に次いで西スーダン地方を統一して栄えたのがマリ帝国である。13世紀前半に、スンディアタが率いるマンディンゴ族の連合軍がガーナ王国の後を襲っていたソソ族の王スマグルを「キリナの戦い」で打ち破り、マリ帝国を建国した。イブン・ハルドゥーンによれば、この建国の王はマリ・ディアタ（Mari-Diata）と呼ばれたが、マリは王、ディアタはライオンを意味する（Niane 1984, pp. 130–131）。

スンディアタは、ニジェール川上流の支流サンカラニ川沿い（今日のマリ共和国とギニア共和国の国境地帯）のニアニを首都と定めた。ニアニは脅威となりうるサハラ砂漠の遊牧民がいる地域から遠く、山に囲まれて守りやすく、サンカラニ川は季節にかかわらず航行可能であり、金・コーラの実・パーム油が豊かな南の森林地帯に接し、また交易に携わる商人が綿布や銅を売りに来る場所でもあった（Niane 1984, p. 136）。ニアニで足場を固めたマリはその後ニジェール川中流域にかけて急速に支配を広げていったが、ここでなぜニジェール川を中心としてマリやソンガイなどの帝国が成立したのかについて考えてみたい。

ニジェール川はギニア山中を水源として北東に流れて今日のマリ共和国に入り、トゥンブクトゥーのあたりで大きく湾曲し始めてやがて南東に方向を変えて今日のニジェール共和国を経てナイジェリア連邦共和国に至りギニア湾にそそぐ。全長４２００㎞あり、ナイル川とコンゴ川に次ぐアフリカ第3の大河である。多くの支流があり、上流からの堆積物がたまり、豊富な水と肥沃な土壌に恵まれるため農業に適している。農業に適しているということは人々の定住に適しているということであり、農業が始まればやがて余剰生産物が生まれ、そこから富が蓄積され、社会階層も生まれる。また食糧生産をする人々とそうでない人々の分業が生まれ、そこから都市の形成も始まり、権力も生まれる。

マリ帝国は後述する1324年のマンサ・ムーサ王の黄金のメッカ巡礼があまりに有名なために当初から金による帝国だったと考えられがちであるし、現に金を産するニジェール川上流域のブレ地方およびセネガル川上流域を擁していたが、そもそもの国の興りはニジェール川の恵みにあったと考えられる。大河は農業と漁業を育み、水路として交通を盛んにさせ、軍事力としての水軍も生んだ。その上で、マリは金や銅などの通商によってますます栄えた。

最盛期のマリの様子についてイブン・バトゥータのマリ旅行記から見てみたい。バトゥータはマリに行く前にインドや中国を旅行し広い見聞を持っており、その上でマリの王宮の様子などを観察したが、マリの治世の良さなどについて次の諸点をあげている（Collins 1990, pp. 22-23)。

①マリでは不正は数少なく、ネグロの人々は不正を最も忌み嫌い、スルタンは不正を決して許さない。

②マリ国内は全般的に完璧に安全である。旅人も住民も、強盗、泥棒、横領をまったく恐れる必要がない。

③マリで白人（注：ベルベル人などアラブ人のこと）が客死した場合、その白人が莫大な財産を保有している場合ですら黒人はその財産を没収しない。逆に、当該財産が正統に属すべき人が現れるまでの間、白人たちの中で信頼されている者にその財産を預ける。

④黒人たちは（イスラムの）祈りを正しく唱え、金曜日のモスクは早く行かないと祈る場所がない

ほど大勢の人が祈りに行く。

⑤金曜日には清潔な白い衣服を身にまとい、一張羅しか持っていない人は仮にそれが擦り切れたものでも必ず洗濯をして祈りの場に行く。等

マリの版図は、北はサハラ北部の塩の集散地テガザを抑え、南はブレを含む金の産地を含み、西は大西洋岸まで、東は銅鉱山とラクダの隊商の基地であったタケダ（Takedda）を抑え、ニジェール川流域にはジェンネ、トゥンブクトゥー、ガオなどの通商・文教都市を擁していた。域内のセネガル川、ガンビア川、ニジェール川の上流から湾曲部を過ぎるまでの中流域が果たした交通インフラとしての役割も大きい。

その繁栄は、通商で築かれたが、それはイブン・バトゥータが記述しているように通商路の安全を国が確保していたこと、すなわちそれを裏付ける軍事力を持っていたこと、経済活動に不正を恐れる必要がなかったこと、そしてイスラム法という秩序があったことなどによる。

マリは例えばカイロに出先機関を置くとともに、自国民のメッカへの巡礼者のための宿舎を設置していた。当時のイスラム世界はアジアからイベリア半島に至るまで一つの共同体であって、その中に所属することで大きな通商圏の一員になれるのみならず、域内の旅行など人の行き来も自由であった。

他の大陸においてもそうであったように、富は行政基盤を固め、そして文化を生む。マリ帝国が有名となったのは金などによる富のみならず、安寧で秩序ある社会およびモスクのマドラッサ（学校）を中心として「知」のセンターとなったからでもある。最盛期のトゥンブクトゥーには北アフリカからもイベリアからもイスラムの学徒が集まり、また地元からイスラム学者を輩出した。砂漠を越える

隊商ルートはマリに来訪するイスラム学者やマリからメッカへの巡礼者も多く通る道であり、これがマリの「知」を支える重要な要素であった。また、サハラ砂漠の隊商が行う交易の中で最も量が多く利鞘が大きかったのはカイロやグラナダから輸入されるイスラム関連の書籍であった。マリではアラビア文字を借用した表音文字アジャミ（Ajami）文字で自分たちの言葉を記述した。ヨーロッパによる侵略と植民地時代に教育はローマ字で行うとされたが、今日でも西アフリカのイスラム圏ではコーランの学習にとどまらず日常生活においてもアジャミ文字が使われている地域がある。[3]

何人かのマリの皇帝によるメッカ巡礼の中でも、マリ最盛期の王、マンサ・カンカン・ムーサ１世（Mansa Kankan Musa I、在位推定１３０７―１３３２年）の１３２４年のメッカ巡礼は特に有名である。往路の途次滞在したカイロで王の一行はマムルーク帝国側の受け入れ関係者にあまねく金（きん）を贈り、また金で大量の買い物をしたため、当時の世界で最も繁栄していた都市の一つであったカイロの金の相場が急落してしまった。それまで、1ミトゥカル（mithqal、４・２３３グラム）の金は25ディルハム（通貨単位）を下回ることはなかったのが、22ディルハムに下がり、このことを記述したアル・オマリ（Shihab al-Umari）がカイロを訪れた12年後の時点でも相場は元に戻っていなかった（Davidson 1991, pp. 92-93）。この出来事が広く伝わり、ヨーロッパでもマリは黄金の国として知られるようになった。ただし、西スーダン地方では「金がニンジンのように生える」（Ajani and Crowder 1985, p. 156）というアラブ世界での誇張された評判が、後世モロッコの野望と武力侵攻を招くことにつながったとも考えられている。

マンサ・ムーサ王のこの巡礼の留守中にマリの将軍がニジェール川湾曲部を下ったソンガイ帝国の

ガオ（Gao）を陥落させてマリの版図をさらに東に拡大した。喜んだマンサ・ムーサ王はメッカからの帰路ガオに立ち寄り、ソンガイ王から貢を受け取りソンガイをマリの朝貢国として版図を一層広げ（1325年）、マリ帝国の最盛期を迎えた。この王のガオへの立ち寄りは版図拡大という面のほか、サハラ砂漠のやや東寄りを縦断する隊商ルートをマリが確保したという意味もあった。

しかし、その後マリ帝国はゆっくりと勢いを失っていき、15世紀になってからジェンネとトゥンブクトゥーを相次いで奪われた。こうしてマリはかつての領土の東半分を失ったが、しかし首都ニアニから東のニジェール川上流域と西のセネガル川上流域から大西洋岸にかけて領土を保ち、ガンビア川沿いにストゥコ等の交易都市を持ち、引き続き豊かな国ではあった。ちょうど15世紀はポルトガルがアフリカ西海岸を南下し始めた時期でもあり、ポルトガル人が大西洋岸からガンビア川を遡ってきたのである。当時のマリは、往時に比べれば弱まったとはいえ、ポルトガル人の観察によれば、広大な農地に綿花と米を栽培し、ガンビア川河口の塩と内陸の金を交易し、そしてポルトガル人から馬、ワイン、布、ビーズなどを購入していた。当時のマリは堅牢な政治・経済・社会であったとポルトガル人は記録している（Niane 1984, pp. 184-185）。ポルトガルはマリの力を見て、マンサ・ムーサの孫であるマンサ・マハムド2世王の時代の15世紀末に2度にわたり外交使節を派遣した。ただし、ポルトガルのアフリカ侵略においてコンゴ王国等でも見られたように、海岸線の部族を取り込んだり下剋上をそそのかしたりという揺さぶりをかけてはいた。

その後、16世紀にテガザの塩田の領有等をめぐりソンガイ帝国がモロッコと激しく対立し、ついに1591年にモロッコ軍がソンガイ帝国に侵攻して打ち負かし、ジェンネがモロッコ領となった。これを見たマリ王マンサ・ムハマド4世は、マリ帝国の復活を夢見て1599年にジェンネに進軍しモロッコと戦ったが、一部アフリカ側の寝返りにあって敗戦、その後マリは小さな一王国へと転落していった。

3-3　蜜が流れるソンガイ帝国（11世紀―16世紀）

ニジェール川流域の栄枯盛衰の中で次に力を得ていったのが、湾曲部より下流の地域から現れたソンガイ帝国である。その出自はよくわかっていないが、おそらくはニジェール川の湾曲部をかなり下ったクキヤあたりの農耕と牧畜の民族であったのではないかと考えられている。1019年にコソイ（Kossoi）王がクキヤより上流のガオ（Gao）でイスラムに改宗したと伝承されており、またその改宗はガオの商人たちとの議論の結果であったと伝えられている。それが史実とすれば富と宗教が一緒にやってきたことを意味している。12世紀からは王の墓碑はアラビア語で彫られていた。

1325年にマリ帝国のマンサ・ムーサ王はソンガイ帝国をマリへの朝貢国とし、その都だったガオにモスクを建て、また知事を配置、通商を奨励した。ガオはタケダ経由でトリポリやカイロと、またトゥアトゥ地方経由でマグレブとの交易を行って豊かになっていき、14世紀半ばにイブン・バトゥータはガオについてスーダンで最も美しい町の一つだと述べ、また16世紀初めにレオ・アフリカヌスはガオには蜜が流れると評した。

ソンガイ帝国は次第に力をつけて14世紀末にはマリ帝国の朝貢国を脱し、逆にニジェール川を遡ってトゥンブクトゥーとジェンネを襲い、15世紀のスンニ・マダウ王の時代にはマリ帝国の首都ニアニを襲って略奪するに至った。こうしてニジェール川湾曲部の覇者となったソンガイ帝国だったが、帝国中興の祖とされるのはスンニ・マダウ王の息子のスンニ・アリ（Sonni Ali、在位1464―1492年）である。

スンニ・アリはそれまでの襲撃と略奪を繰り返すという国のあり方を変え、領土をベースとする国をつくり、ジェンネ、そして1468年にはトゥンブクトゥーを版図とした。さらに領土を北サハラの塩田と塩の集散地であるテガザまで広げ、西方ではイブン・バトゥータが滞在したマリ帝国の玄関口ワラタを抑え、その結果旧マリ帝国のおよそ東半分を領土とした。

ところがスンニ・アリが1492年に突然他界してしまい、その後の混乱を収めたタクルール地方出身のムハマド・トゥーレ（またはシラ）が王となり、アスキアのタイトルを冠した。アスキア・ムハマド（在位1493―1528年）は、イスラムによってまず力の正当化を確保し、その上で中央集権国家を打ち立てた（第4章2－3参照）。具体的には、官位など行政制度を整備、州を画定して知事を任命、常備軍を陸のみならず水軍でも整備、判事による法秩序の維持、交易が公正に行われるように査察と度量衡を整備、そして灌漑を含む農業を振興した。また領土を東に拡張し、綿布と染料で有名なカノを含むハウサ地方（現北ナイジェリア）を版図に組み入れ、今日風に言うならば産業基盤も整備した。このようにアスキア・ムハマドのソンガイ帝国は近代国家の要素が見られる国家であった。

アスキア・ムハマドは晩年失明し、息子たちのクーデターで失脚、長男から順次息子たちが王位を継いでいき、その中の一人アスキア・ダウード王（在位1549―83年）の治世には経済的にも知的にも最盛期を迎えた。しかし勢力が伸びれば後継問題も起きやすくなり、1580年代後半のソンガイ帝国は内戦状態となっていた。この国内状況とモロッコの来襲がソンガイの終焉をもたらすことになった。

3−4　サハラの向こうの繁栄と平和の終焉

ソンガイ帝国が繁栄をきわめていた頃、北のモロッコもまた富を貯えていた。モロッコは当時の世界の技術や哲学などの最先端地域であったイスラム世界の一員であったほか、サハラ砂漠横断交易の北の終点にあり、そこから地中海の対岸、イスラムのスペインやイタリアへのさらなる中継ぎ地点としてますます栄えていた。

ただ、15世紀にはポルトガルの南下が始まってモロッコは沿岸都市を失い始めており、さらに1492年のグラナダの陥落の結果、イスラムがヨーロッパ大陸からアフリカ大陸に放逐された中で、多くの難民が対岸のモロッコに流入していた。その人々は、何世紀にもわたってイベリア半島の支配階級であったイスラムの人々のみならず多くの「スペイン人」も含んでいた。16世紀のモロッコはこの政治的・社会的問題に直面していたが、そうした中でモロッコはソンガイ帝国の金（きん）の豊かさに目をつけて自ら金の産地を抑えようとの野望をいだくに至り、またテガザの塩田への触手も伸ばしてソンガイ帝国と激しく対立するに至った。

1585年に、モロッコは塩の集散地テガザをソンガイ帝国から奪ってその国力を削ぎ、さらに進軍して1591年にトゥンブクトゥーとガオを陥落させた。モロッコ兵はわずか4000人、迎え撃ったソンガイ軍ははるかに多い人数であったが、モロッコ軍は2500丁の火器で武装していた。これを迎え撃つソンガイ軍は火器を持っていなかった。また指揮官のジュダル以下その部隊の多くは元スペイン人であったことに留意する必要がある。１５９９年、ジュダルはモロッコに凱旋し、そのときには、ソンガイ王の王女たちを含む女性や奴隷にした男女を捕らえて連れており、また胡椒、染料の原料となる草木、そして精錬前の金塊をラクダ30頭に積んでいた。

モロッコはトゥンブクトゥーを占領行政の中心地としたが、ジェンネをはじめとしてソンガイ帝国側はその後も抵抗を続けた。モロッコは、奪おうと目論んだ金の産地を抑えることはできず、何よりも戦乱の混乱の中で森の民による金の産出は止まってしまっていた。結局モロッコは事実上ソンガイ帝国を打ち捨てるに至った。しかし、ソンガイ帝国は敗戦で疲弊しきって繁栄を取り戻すことはなく、戦乱で安全を確保できなくなったサハラ砂漠を南北に横断する隊商路も消え去った。さらにヨーロッパ人が新大陸を「発見」したこと、それとともに造船技術と航海術を進歩させて金などの大量輸送を始めたことは、西スーダン地域を決定的に打ちのめした。ラクダの輸送量と船の輸送量を比べれば、あえて自然条件が厳しい砂漠を越えてまで金を買いに行こうという動機そのものが萎えていったのである。

かつて砂漠という地理的なチャレンジを乗り越えて人々が交流しようという動機となった通商は、購入すべき商品の生産、隊商路という交通ネットワーク、それを支えた平和と安全を保障するガバナンス、そのいずれもが消えたことにより幕を閉じた。そして「サブサハラ」・アフリカの人々にとってさらに不運だったのは、ヨーロッパがイスラムから文化を吸収して南欧から「再生」（ルネサンス）し始めた頃、それに反比例するがごとくイスラム地域が次第に活力を失っていき、技術や哲学、文化のきらめきを失い始めていたことである。

こうしてソンガイ帝国とマリ帝国の滅亡とともに、西スーダン地域が輝いた時代は終わり、長い停滞のトンネルに埋没していった。日本の時代で言えば奈良時代、平安時代、鎌倉時代、室町時代そして安土桃山時代を通じて輝き続けた西スーダンは、関ヶ原とともに幕を閉じたのであった。

イスラムのモロッコが金と塩というサハラの交易の根幹をなしていた資源に目がくらみ、何世紀にもわたりその交易のパートナーであったサハラの向こう側の諸王国イスラムの繁栄および地域全体の平和を打ち壊してしまった。モロッコ側はその結果スーダンから北アフリカ一体に「モロッコの平和」をもたらしたと言うが、事実はそうではないことを示している。11世紀にガーナ王国を滅ぼしたアルモラヴィドはモロッコの始まりともされる修道僧の王朝であったし、16世紀末に西スーダン諸王国にとどめを刺したのは本来のイスラムに反する当時のモロッコの王族の野望であった。トゥンブクトゥーのイスラム学者たちはイスラムがイスラムを攻撃するというモロッコの反イスラム行動を強く批判した。北アフリカのイスラム世界でも有名だったトゥンブクトゥーのイスラム法学者アハマド・ババは一族とともに鎖につながれてモロッコに連行されてもその主張を曲げることはなかった。

その350年後にこの地域に一つの秩序をもたらしたのはフランスの侵略と植民地化であった（1884年ニジェール川に沿って西から攻撃開始、1894年トゥンブクトゥー陥落、1898年ガオ陥落、1900年に遊牧民のトワレグ族を掃討）。

歴史の皮肉と言うほかはない。

コラム　森の民との沈黙の交易——金の仕入れ方（Ajani and Crowder 1985, p. 156）

新大陸が発見されるまで、西スーダン産の金はイスラム世界のみならずヨーロッパにとっても枢要な供給源であった。

しかし、マリ帝国にしても自分たちで金を掘っていたわけではなく、実際に金を掘る森の民から金を購入し、それを独占的な仲介貿易で北アフリカに売却していたのである。アル・マスーディによれば森の民との交易方法は「沈黙の交易」と呼ばれた次のような方法で行われていた。まずマリの商人が産金地に赴き、そこの川岸に岩塩などの品物を置き、引き下がる。次いで、地元民が現れて置かれた商品に対してしかるべきと思う量の金を置いて、引き下がる。もしその金の量がバーターに適したものだとマリの商人が判断すれば金を持って引き上げる。その後地元民が現れて岩塩などの商品を持って帰る。すべての金の取引がこのような方法で行われていたとは考えられていないが、金を掘っていた森の民は直接マリの人々と接触することを好まなかったとされ、産金地の人々は生きるために塩をどうしても入手する必要があったので金を売っていたのではないかと考えられている。また、アル・オマリによれば、マリ側が産金地の人々にイスラムを押し付けようとすると金の量が減ったとマンサ・ムーサ王がカイロで語った。

第3章　四百年続いた拉致と社会の崩壊

1　なぜ奴隷が必要だったのか

1−1　新大陸で必要とされた技術

ヨーロッパが世界中に築いた帝国では、利益とそれを生み出す労働力が必要とされていた。ブラジルのリオのカーニバルでアフリカ系の人々が主役となるのはポルトガル海洋帝国を支えたのが黒人奴隷だったことの名残である。カリブ海の島々に住んでいたアジア系の原住民がスペイン人による虐殺と結核をうつされたことから滅亡したため、拉致されてきたアフリカ系の人々が代わって住民となっているのはスペイン帝国の名残。また、南太平洋のフィジーで多数派住民となって元来のフィジー人と対立して政治問題化したインド系住民や南アフリカのケープタウンに多いマレー系住民、そして何よりもアメリカ合衆国やジャマイカなどのカリブ海諸国のアフリカ系の国民は大英帝国の奴隷制の名残である。名残と書いたが、その実態はヨーロッパ人が人種的優越論と文明的優位性を発明して有色人種の奴隷を動産と位置付けて四百年にわたって実行し続けた拉致と搾取の結果である。

しかし、奴隷は人間であり、家畜でもなく文明的に劣等な人種でもなかった。

ヨーロッパ諸国の中で最初に海に漕ぎ出したポルトガル人によって次々と新大陸に拉致されていったコンゴ王国（今日のアンゴラおよびコンゴ民主共和国の一部）の人々のうち、過酷な船旅を生き延びた人たちがブラジルに着いてみると、そこには何もなく、食糧生産から始めなければならない状態であった。

コンゴ王国からは、後述するようにポルトガル人の奴隷として平民、貴族ひいては王族に至るまで連れ去られたが、特記すべきは当時のコンゴ人奴隷は多くのインテリや技能者を含んでいたという点である。そのコンゴ人たちがブラジルに到着して見出したのは、アフリカと同じ赤土、テラ・ロッサの大地であった。赤い土を見た彼らは鉄があるに違いないと考え、鉄鉱石を探し出して鉄を打ち、自分たちで農機具をつくっていったのである。他方、奴隷の「所有者」であったポルトガル人には、そのような鉱業に関する知識や能力はなかった。このことについて、例えば、ポルトガル政府によってブラジルで製鉄を興すように依頼されてミナス・ゲライス州を中心にその任にあたったドイツ出身の地質学者フォン・エシュウェゲ（von Eshwege, 1777–1855）は、鉄鉱石を活用することおよび鉄を鉄鉱石から取り出す能力を奴隷から最後まで学んでいたのはミナス・ゲライス州だったようだと記すとともに、自身が観察した１８００年頃まで同州で使われていたアフリカ式の小型炉での精錬について記述している（Davidson 1984, p. 58）。

奴隷たちが自分たちでつくった農機具で農業を興すことができたもう一つの理由は、ブラジルの植生がコンゴと同じ熱帯の植生だったので、コンゴでの熱帯農業の知識が役に立ったことである。

現代のブラジルは農業大国だが、その基礎を築いたのはポルトガル人ではなく、コンゴ人であった。

1－2　後の奴隷価格の高騰

この奴隷たちの熱帯農業および鉱業の知識が白人の主人たちよりすぐれているとの実態は、ナイジェリアからガーナにかけての海岸線（「奴隷海岸」―「黄金海岸」）からオランダ人やイギリス人などによって連れ去られたアフリカ人たちについても記録されている。カリブ海の諸島や新大陸における過酷な労働で熱帯農業と特に鉱業に秀でた奴隷たちが次々と死んでいく中、新たな奴隷を継続的に補給する需要がますます高まり、奴隷の価格は高騰した。18世紀になると、ブラジルから「黄金海岸」（現ガーナ）に奴隷を買いに来るポルトガル人は金（きん）を「黄金海岸」に持って来ない限り奴隷を買えないという事態にすらなった。イギリスの奴隷商人も事情は似ており、「黄金海岸」で働いていたイギリスの奴隷買い付け代理人からロンドンの役員宛に支払いを金（きん）で行わなければ奴隷を入手できないと、次のような報告が1771年になされている。

「今言えることは貿易は金（きん）次第だということである。少なくとも1人当たり1オンスの金なくしては奴隷を買えない。……かつては、船主たちは金（きん）を買うための積み荷と奴隷を買うための積み荷の2つの積み荷を持ってきていた。奴隷の価格が通常より高い場合には金を買うための積み荷を奴隷を買うためにまわして船が満杯になるようにした。奴隷の価格がリーゾナブルである場合には金を買うための積み荷で金と象牙を買い利鞘は30、40ないし50パーセントになったものだ。……今や事態は変な具合に逆転してしまい、買い付け船が平均して奴隷1人当たり18ないし20スターリング・ポンド相当の買い付け用の積み荷を持ってきても、奴隷で満杯にして出港することはほとんどない。[1]」

このことは後述する奴隷貿易廃止の一つの背景となっていく。では奴隷貿易はどのようにして始まったのであろうか。

2　奴隷狩りの始まりと奴隷の位置付け

2－1　奴隷狩りの始まり

ポルトガルがアフリカ大陸への反攻に出て（1415年セウタを奪取）からほどなく、1444年にセネガル北部からリスボンに最初の奴隷が連れてこられた。ポルトガルは西アフリカ沿岸の南下を続け、それにつれて本国に送る奴隷は増え続けた。土地によってはアフリカ人奴隷の方がポルトガル人よりも多かったと伝えられている（Davidson 1987, p. 131）。

拉致された人々の人数については、アンゴラのポルトガル拠点であるルアンダからだけでも1468年から1641年の間に138万9千人が新大陸に「船積み」された。ルアンダからの「船荷」は宣教師が記録をつけていたので具体的にわかる。国王フェリペ1世（スペイン王フェリペ2世がフェリペ1世としてポルトガル王を兼ねていた）への報告によれば、アンゴラからブラジルに１５７５年から１５９１年の間に5万２０２３人の奴隷が連れていかれた。ポルトガルが抑えていたアンゴラとモザンビークを併せると、１５８０年から１６８０年の１００年の間に約１００万人、すなわち年平均1万人が連れ去られた。奴隷は、北はセネガル川河口から南は今日のアンゴラの南端まで5千㎞にも及ぶ地域、さらに東海岸のモザンビークなどアフリカ各地から集められたので、以上の数字は氷山の一角でしかない（Davidson 1991, pp. 207–208, p. 219）。

スペインについて見ると、１４９２年にグラナダを陥落させるとともに、同年のコロンブスによるアメリカ「発見」から、スペインは新大陸で鉱山とプランテーションに手を付け始めた（Davidson 1991, pp. 207–208）。しかし、「インディアン」たちは鉱山技術を持たず、またスペイン人による過酷な使役によって絶滅寸前に追い込まれた。スペインが「発見」した当時、イスパニョラ島には１１３万人のインディアンがいたが、１５１８年には1万1千人以下となったと当時のスペイン人が記述している。そうした中、１５０５年にセビリアの船が新大陸に向けて17人のアフリカ人を鉱山設備とともに船積みした。１５１０年には王室がアフリカ人のアメリカ行きを公認、その6年後にはスペイン領のカリブ海諸島で奴隷が栽培した砂糖の最初の出荷がスペインに届いた。さらに2年後の１５１８年には、アフリカのギニア湾からスペイン領アメリカに向けて、アフリカ人奴隷を積んだスペイン船が直航するようになった。

ポルトガルに始まり、スペイン、オランダ、デンマークなどに続いて海洋進出して帝国を築いたイギリスは、奴隷貿易で大いに繁栄することとなった。シャーロット・ブロンテの名著の主人公ジェーン・エアは、ある晩階下の玄関ホールであわただしく人が出入りしている音を聞き、その人声の中に「ジャマイカ」と聞こえた（I heard Jamaica）。当時のイギリスのジェントリー層がジャマイカの荘園主と縁組して富を築いていたことをうかがわせる。ジャマイカは今でこそコーヒーの産地として知られるが、そもそもは砂糖農園で富を生み出し、その富が大英帝国にとって極めて重要な利益の源泉となっていたのであり、それこそはアフリカの黒人が奴隷として導入された大きな理由であった。

デヴィッドソン（Basil Davidson）は、奴隷貿易は１６５０年頃から猖獗をきわめるようになり、それに伴って極めて野蛮となっていったと指摘している（Davidson 1991, pp. 214-216）。人間の価値はアメリカでいくら現金になるかという基準だけで決められ、奴隷船の船長たちは奴隷を家畜と同じように扱うばかりか、反乱を恐れて鎖で数珠つなぎにしていた。その結果、船倉は当然極めて不潔となり、そのあまりの悪臭に初めて奴隷船に乗った船員は航海を嫌ったが、次第に慣れていったとされる。

このような奴隷運搬船の拠点港となったリヴァプールとブリストルは一気に富を蓄積していった。例えば、リヴァプール港では１７８３年から１７９３年の11年間で約９００回の奴隷運搬船の航海が行われて30万人以上の奴隷を運搬、その価格は１５００万ポンドに上り、そのうち純益は１２００万ポンド以上、すなわち毎年１００万ポンド以上の儲けをもたらした。

１９０７年にリヴァプール史を著したミュアー（R. Muir）は次のように指摘している。

「奴隷貿易はすべての産業を助け、港に金をもたらし、ランカシャーの工場を繁盛させ、そしてそれを活用した。リヴァプールを貧相な港から世界で最も豊かで繁栄する貿易センターの一つに押し上げたのは疑いもなく奴隷貿易であった。」（Shephard, Reid, and Shephard 1993, p. 44）

またブリストルについて1881年に歴史家ニコルス（J. F. Nicholls）は次のように記述した。「ブリストルには奴隷の血で固められていない煉瓦は一つもない。豪華な館や贅沢な生活は、ブリストルの商人が売買した奴隷の苦しみと呻き声でできている。」（Shephard, Reid, and Shephard 1993, p. 44）

歴史上の偉人もそのもとをたどれば奴隷で富を蓄積した例もある。例えばイギリス史上有名な首相となったグラッドストンの父親ジョン・グラッドストンは奴隷船と奴隷のプランテーションで富を築いた。また、英領北米植民地の反乱の首謀者（イギリスの見方）ないしアメリカ建国の英雄（アメリカの見方）であるジョージ・ワシントンは500人の奴隷の所有者であった。

2-2 「積み荷」という奴隷の位置付け

このようにヨーロッパに富をもたらした4世紀にわたる奴隷狩りと奴隷貿易であったが、アフリカから新大陸への移動中奴隷たちは「積み荷」として扱われた。大西洋の対岸に連れ去られたアフリカ人は少なく見積もって1000万人ないし1200万人に上ると推計されているが、故郷で拉致されてからヨーロッパ人の奴隷積み込み拠点まで歩かされている途中で、また船積み後大西洋上で死亡したアフリカ人は何百万にも上った。[2] 航海の途中に死亡したアフリカ人たちはそのまま海に捨てられたが、「積み荷」が劣化する、すなわちカリブ海やアメリカの植民地に到着する時点で奴隷が病気になっていると売りさばけないために、途中で海に捨ててしまうこともあった。

1781年のゾング号（ZONG）事件として知られる裁判がある。アフリカから17人の船員と440人の奴隷を乗せてジャマイカに向かっていたゾング号では航海中に7人の船員と60人の奴隷が死亡し、さらに多くの奴隷が病気になった。これではジャマイカの奴隷市で奴隷を買う人がいないばかりでなく、積み荷として奴隷に掛けられていた保険金も支払われないことが予想された。なぜなら、奴隷が自然死した場合には保険金は支払われないこととなっていたからである。この状況下で、船長はジャマイカ入港直前に船を大西洋に戻し、白人の船員たちに対して、病気の奴隷たちを海に捨て、その理由として飲み水が底をつきかけたので健康な奴隷を救うためだったということにしようと提案した。協議の結果船員たちもこの案に賛成し、数日のうちに133人の病気の奴隷が生きたまま海に捨てられた。抵抗した者は鎖につながれて海に放り込まれ、ある者は捨てられて殺されるよりは自ら死を選び海に飛び込んだ。ただ、42人目を放り込んだところで終日大雨が降り、ジャマイカに入港したときには船には420ガロンの水があった。このため、自分たちで考えたにシナリオ通り荷主が保険金を請求したのに対して、保険会社は支払いを拒否し、案件は裁判に持ち込まれた。その裁判において、裁判長のマンスフィールド卿は、「奴隷たちの案件は、馬が船外に放り込まれた案件と同じである」と発言し、荷主側弁護人は、「人間が船から放り投げられたとの話はいったい何だ？　これはモノ（goods）の案件なのである。これはモノの投棄の案件である。彼らはモノであり財産である。」(Shephard, Reid, and Shephard 1993, p. 70)

ヨーロッパ人は、奴隷は人間ではなく動産であるとの法的位置付けを行い、そのため売買も自由、なればこそ奴隷商人たちは自分の持ち物であることを示すために家畜にするのと同様、赤く熱した鉄ごてを奴隷に押し付けて烙印をつけた。また、多くの奴隷市では最も残酷なことに意を用いた。すなわち、同じ部族、同じ家族を一緒に買わないようにしたのであった。それは奴隷たちが相互にコミュニケーションをして反乱などを目論まないようにするためであり、結果としてきちんと学ぶ機会もないまま所有者の言語を見よう見まねで話さざるをえなくなった。ヨーロッパ人たちは拉致したアフリカ人から人間が人間たるゆえんである言語を奪ったばかりか、所有者の言語をきちんと話せないことをもってさらに見下したのである。

また、モノであるからその扱いは消耗品と同じであった。過酷な労働条件のもと、多くの奴隷は若死にし、平均寿命は26歳であった（Shephard, Reid, and Shephard 1993, p. 73）。このことは、次から次に代替品をアフリカから調達することを必要とさせた。１８００年まで、奴隷たちの死亡率があまりに高いために数年ごとに奴隷たちはすっかり入れ替える必要があったほどである（Davidson 1991, p. 218）。

3　奴隷貿易のアフリカへのインパクト

3－1　コンゴ王アフォンソ1世の予言

ディオゴ・カオが率いるポルトガル船が１４８３年に初めてコンゴ川の河口に到達し、コンゴ王国に入ったとき、国王を頂点とし、宮廷官僚、貴族、自由民、州知事など国家の統治機構があること、また首都ムバンザ・コンゴの王宮では王宮儀礼が確立していることを見て驚き、アフリカに文明国があると本国に報告した。当時のコンゴ国王（マニ・コンゴ）ンジンガ・ンクウはポルトガルとの通商関係に入り、また１４９１年にキリスト教徒（洗礼名ジョアン1世）となって、両国は使節の交換を行うなど対等かつ友好的な関係に入った。息子のンジンガ・ムベンバ王（洗礼名アフォンソ1世、1460―1542年、在位1506ないし09―1542年）は、ポルトガル語を学び、1509年から1541年にかけて数多くの書簡をポルトガル王などと交換、またローマ法王にも書簡を送っていたことで知られる。特にポルトガル王ジョアン3世（在位1521―1557年）とは双方の書簡において相互に兄弟王と呼び合うなど当初は懇切かつ友好的な関係が打ち立てられた。

アフォンソ1世はポルトガル式の国家機構を模し、また宣教師のみならず石工などの技術者をポルトガルから派遣してもらい、首都ムバンバ・コンゴに石造りの建物を建て、コンゴ川を見下ろす丘にそびえる首都をサン・サルヴァドルと改名した。人づくりにも意を用いて王子と貴族の子弟をリスボンやローマに留学させ、中でもローマでキリスト教義を学んでいた王子ヘンリケ・キヌ・ア・ムヴェンバは1520年にカトリックの司祭に叙せられた。コンゴ王国がポルトガルの制度を模したものの一つとして公爵や伯爵などの貴族制度が導入されたが、これは「文明開化」の掛け声のもと明治政府が大急ぎで西洋の国家機構を模し、その中で聖徳太子の603年以来の伝統を脇においてイギリスの5段階の貴族制度を導入して、公爵や伯爵などの爵位によって新政権の権威づけに利用したことを彷彿とさせる。

ポルトガルとの交易でコンゴ王国が輸出していたものは銅、象牙、奴隷だったが、やがて国王はポルトガル商人が非正規な奴隷狩りと奴隷の輸出にかかわっていることに気づき、海外への奴隷輸出を禁止した。その上で、ポルトガル王にも書簡を繰り返し送りポルトガル商人の奴隷買いをやめさせてほしいと要請したが効果はまったくなかった。事態が改善しない中でローマ法王にも書簡で直訴したが、暖簾に腕押しであった。

　アフォンソ1世の数多あるポルトガル国王ジョアン3世宛の書簡の中で、1526年10月18日付の書簡は次のように善処を求めている。

「わが国がさまざまなことによって消え去りつつあり、しかるべき是正が必要であることを陛下にはご承知おきいただきたく存じます。と申しますのは、貴国の代理人と官吏が商人に過剰な自由を与えたため、商人たちはコンゴ王国に店を構えて当王国で禁止されている商品やさまざまなモノをあまりに多く持ち込み国内に広めています。そのため、多くのわが臣下は自分よりも多くのモノを持つに至り、服従しなくなっているからであります。これまでは、これらのモノを与えることによって彼らを満足させ、主従関係と法体系に服させてまいりました。このように、以上のことは神に仕えるうえで害を及ぼすのみならず、わが王国と所領の安全と平和にも害を及ぼしているのです。

　そして我々はその害がどれほどのものか評価することもできません。と申しますのは、前述した商人たちは毎日わが国民、祖国の息子たちを連れ去り、貴族、家臣および王族の息子たちをも連れ去っているのです。盗人と邪悪な者たちはわが王国内で狙っているモノを手に入れようとして彼らを捕らえて売り、また腐敗と放蕩があまりに大きく、わが国では完全に人口がなくなりつつあります。陛下におかれては、このようなことが陛下のためになされているとは同意も受け入れもなされないに違いありません。こうしたことを避けるために、自分はポルトガルには何人かの司祭と学校への数人の人およびミサのための葡萄酒しか求めません。本件について陛下の助力をぜひお願いいたします。ポルトガル商人たちは商品や物品を当国に送ってはならないこと、なぜなら当国では一切の奴隷貿易も国外搬送もあってはならないと決意しているからだということについて、陛下が同意されるよう懇請いたします。なぜなら、さもなければこのような明白な危害を修復することはできないからであります。神の御慈悲のもとに陛下が守られ永遠に神に仕えられるようにお祈りください。陛下の手にいくたびも接吻します。[3]（後略）」

書簡はさらに、野望に駆られたコンゴ人が自由民ばかりか貴族、ひいては王族まで誘拐し、夜陰に乗じて連れ去って白人に売り渡していること、その白人は直ちに熱した鉄で烙印を押して、コンゴ官憲が彼らを発見して解放しようとすると正当に購入したものだと主張することなどを指摘している。その上で、コンゴに入国したポルトガル人商人はすべて登録すべきであるとして登録責任者の名前も具体的に示している。

この書簡でコンゴ王アフォンソ1世（ンジンガ・ムベンバ）が予言したことが悲しくも現実となった。すなわち、国民、領土、権力という国家の3要素のうちまず奪われていったのが国民であり、そしてそれと並行して権力が崩れていったのである。

書簡で王が指摘している商品とはヨーロッパ製のビーズや金属製品、酒類のほか、何よりも鉄砲と火薬である。ポルトガル商人たちは、コンゴの部族長などに下剋上をささやきつつ鉄砲を欲しければ奴隷で支払えと強要した。ある村ないし部族がこのような方法で鉄砲を入手するということは、近隣の村ないし部族にとっては自分たちが襲われて奴隷に売られるという大きなリスクを意味する。そのため後者も鉄砲と火薬を入手しようとしてポルトガル人商人に接触する。ポルトガル商人は金や象牙では鉄砲を売らずに、ブラジルの開拓やプランテーションに必要な奴隷を持って来させる。この悪循環はその後アフリカに進出していったオランダ、イギリス、デンマーク、ブランデンブルグ（プロイセン）ほかのヨーロッパ諸国にも引き継がれていった。

1701年にエルミナ（現ガーナ）駐在のオランダ人商人は、アフリカ人が銃を大変上手に操ると述べつつ、売り手のヨーロッパ商人同士のアフリカ諸王への火薬と銃の売り込み競争がいかに激しいか、また、火薬と銃がヨーロッパからアフリカへの主たる輸出商品であるので、もしこれらの売り込みがなければアフリカとの貿易は貧相なものとなっていたであろうと書いている（Davidson 1991, p. 223）。

このように、売り手、買い手双方の事情から、アフリカ人による近隣の王国からの奴隷の拉致とヨーロッパ人による奴隷を対価とする銃の売り込みは一つのシステムとして確立し、この悪循環の上に400年にわたって奴隷貿易が続いていった。

3-2　奴隷貿易の経済的インパクト

ヨーロッパの奴隷貿易商人たちはアフリカでの船積み前の奴隷たちを入念に検査し、病人や35歳以上の者は積み込まなかった。新大陸に着くなり奴隷市で売れることを確実にするためである。奴隷たちは奴隷市で買われると、直ちに砂糖やたばこのプランテーションに連れて行かれ、そこで労働力として酷使されていった。

このことをアフリカ側から見ると、本来彼らの祖国における労働力として農業、金、銅などの採掘、あるいは交易などの経済活動を担うべき健康かつ屈強な若者たちが、少なくとも1千万人、推計によっては3千万人、[4]すっぽり抜け落ちたことを意味する。すなわち、セネガルからアンゴラに至る沿岸地方の奴隷を狩られた地域においては、労働力がなくなってしまったがゆえに経済活動が停滞してしまった。体にたとえれば、いつまでも出血が止まらない状態が４００年続いたからである。これこそがアフリカにおける奴隷狩りの最大の経済的インパクトである。

逆に、ヨーロッパにとってはこの奴隷の労働力こそが先に見たように巨大な富の源泉であり、イギリス人自身がそのことを認識していた。例えば１７２９年イギリスの貿易商人クリー（Joshua Cree）は、次のように書いている。[5]

「我々のアフリカとの貿易はわが国にとって一般に非常に利益が大きい。我々のプランテーションに黒人を供給することは我々にとってとてつもなく有利であり、砂糖とタバコの栽培、およびかの地で貿易を遂行することは、彼らなしには維持できない。王国（筆者注：イギリス）の富の膨大な増加のすべては何よりも黒人のプランテーションでの労働によるものである。」

巨大な富をもたらした三角貿易を担った貿易船は、その三辺のいずれにおいても積み荷は満杯であった。ロンドン、ブリストルないしリヴァプールを出港するときには銃、火薬、繊維製品、ビーズ、ろうそく、砂糖、タバコ、酒などの商品を満載してアフリカに向かい、アフリカで奴隷と交換する。アフリカからカリブ海向けの航海は奴隷で満杯となり、ジャマイカなどで砂糖、香料、ラム酒、タバコ、コーヒーなどと交換される。カリブからイギリスへの帰路はこれらの商品を満載し、イギリスで売りさばく。

貿易の規模の一端を示すものとして、ジャマイカに売られた奴隷の数は１７００年から１７８６年の間に61万人、サン・ドマングは１６８０年から１７７６年の間に80万人であった。奴隷船の船主はしばしば1回の航海で５０００ポンド以上の利益をあげていた。また西インド諸島は、１７８０年当時イギリスが輸入していた綿花の3分の2を供給していた。そして１７７０年当時で見ると、マンチェスターの繊維製品の3分の1はアフリカに輸出され、半分は西インド諸島に売られて奴隷の毛布と着物に使われた。１７８８年には、年間20万ポンド相当の商品がアフリカに送られ、そのうち18万ポンド相当の商品は奴隷を買うために使われた（Shephard, Reid, and Shephard 1993, p. 43）。

こうして確立していったイギリス、アフリカ、カリブ・アメリカの三角貿易システムは、アフリカの産業にも負のインパクトを与えていくこととなった。すなわち、イギリスで産業革命が起きると、イギリスからアフリカ向けの積み荷は機械生産による綿布や金属製品となり、これが現地製の綿製品や古来の日用の鉄製品を駆逐していった。かつて16世紀には、ポルトガルが西アフリカ産の綿布をヨーロッパに輸出していたほどであったのだが、三角貿易の中で流れが逆転した。こうして奴隷貿易ネットワークに組み込まれたアフリカ沿岸諸王国における家内繊維産業が近代産業に転化する芽を摘んでいった（Davidson 1991, p. 221）。元来、アフリカの繊維産業は決して侮るべきものではない。例えば、内陸に位置していたことが幸いして三角貿易の埒外にあったカノ（現北部ナイジェリアの町）は中世以来綿製品と藍染めで有名であり、19世紀半ばにカノに滞在したハインリッヒ・バルト[6]は、カノにはセネガルからチャド湖に至る西スーダン地方の綿製品需要を賄うに十分な綿産業と呼べる水準に達している家内産業の隆盛があったと記録している（Davidson 1991, p. 221）。

１９５０年代にガーナ独立を勝ち取ったエンクルマは、アフリカ人は未成熟であるので資本主義経済は無理だと考えてソ連型計画経済を採用した。しかし、それはアフリカ人が未成熟だったからではなく、家内工業が資本主義に転化する流れを摘まれてしまったことが原因であり、アフリカ人に企業家精神がないためではない。エンクルマはこのことを理解していなかった。現に、18世紀にはアフリカ諸王国は次第に奴隷を売るのをやめてヤシのプランテーション経営に乗り出し、その貿易のために海運にも進出し始めた。ヨーロッパにおける石鹸の需要増大に伴ってヤシ油への需要が伸びたことに呼応したものである。ところが、この資本主義への転換の動きも、アフリカ分割と植民地化で息の根を止められてしまった（Davidson 1991, p. 221）。

4　奴隷の禁止

4－1　なぜ奴隷制の禁止ではなく奴隷貿易の禁止だったのか

奴隷制廃止の戦いと言われる1860年から64年のアメリカの南北戦争。これは日本で言えば明治維新の直前まで奴隷制の上にアメリカは富を築いていたという事実を示している。ただ、筆者（石川）がカイロで話し合ったカナダのピアソン平和センター副所長（当時）のリビングストン女史（アメリカ南部出身、かのスコットランド出身の宣教師リビングストンの縁者）は、次のように筆者に語った。

「奴隷制が廃止されたことで、実は黒人コミュニティーの崩壊ということが起きた。奴隷制のもとで黒人の人々は奴隷であったかもしれないが、その多くは家族そろってプランテーションで生活しており、そこには大農園主を含むコミュニティーがあった。奴隷解放は、黒人たちが自活しなければならなくなったことを意味した。その結果、女性が家政婦として働きにで、男性は北部の街へ労働者として出稼ぎに行った。こうして家庭の崩壊さらにはコミュニティーの崩壊が起きた。そして都市に出た黒人はスラムに住み、貧困層となっていった。この奴隷解放の哀しい側面を北部の人は語らない。」

イギリスで奴隷制廃止の議論が生じたのはアフリカからの奴隷狩りが始まってから3世紀後の18世紀後半であった。結局1807年に奴隷貿易が廃止され、1833年にイギリス本国と大英帝国領内での奴隷制が議会によって廃止された。なぜ奴隷貿易が廃止されてから奴隷制の廃止までさらに26年、言わば一世代を要したのか。逆に言えば、奴隷制ではなく、なぜ奴隷貿易を廃止したのか。

それは、奴隷貿易が成立しなくなったからである。その一つの理由は、ジャマイカの砂糖産業がキューバやアメリカの大プランテーションの前に競争力を失い、キングストンの奴隷市では奴隷を買う人がいなくなっていったことである。アフリカから奴隷をキングストンに運ぶ経済的メリットが消滅したのである。2つ目の理由は、産業革命によってイギリスの経済構造が大きく変わり、植民地の大プランテーション依存から国内の製造業依存に移行していったからである。極めて労働集約性が高い大規模プランテーションに富を依存している限り、その労働力を大量かつ不断に供給する必要があった。すなわち、すでに見たとおり過酷な労働条件のもと奴隷が次々と死ぬのでアフリカから大勢の人を拉致して連れて行き続ける必要があったが、国内の製造業に富の源泉が移ったことによって、労働力確保の関心はアフリカからの奴隷ではなく、エンクロージャーで農村を追われて都会に流れ込んだイギリス人労働者たちに向いたのである。

4−2　奴隷制の廃止

このような経済的動機の一方、社会的な活動もあった。陶器製造で有名なウェッジウッドの創業者ジョサイア・ウェッジウッド（1730―1793年）は、'AM I NOT A MAN AND A BROTHER ?'（「自分は人間ではないのか、兄弟ではないのか?」）とのキャプションのもとに鎖につながれて跪き祈っている黒人奴隷を浮き彫りにしたメダリオン（丸い小さな陶板）を大量につくり、イギリス国内はもとよりアメリカにも送付した。アメリカで受け取った者の中には、晩年奴隷制廃止運動を指導し、議会に対しても廃止を主張したベンジャミン・フランクリンがおり、フランクリンはこれを多くの人に配った[7]。

また、自分で自由を購入したオラウダ・エキアノは、現ナイジェリアの故郷の村で誘拐されてからの半生を自伝に著して1789年に出版し、イギリスの世論に影響を与えた。当時イギリスで奴隷制廃止運動を指導していたのはグランヴィル・シャープ（Granville Sharp, 1735-1813）であった。シャープは訴訟を巧みに活用して奴隷たちを救い、1772年には、ひとたびイギリス本国に入った奴隷をその所有者は植民地に戻すことはできないとの画期的な判例を勝ち取った（1772年、マンスフィールド主席判事判決（Lord Chief Justice William Mansfield)[8]）。

奴隷側とて、400年もの間、手をこまねいていたわけではない。17世紀を通じてブラジル東北部アラゴアス州内に存在したパルマレス共和国[9]はその一例である。ポルトガル人の砂糖プランテーションから逃れたアフリカ人奴隷たちは1605年頃から海岸線から60㎞ほどの地域に10の共同体（キロンボないしモカンボと呼ばれる）をつくり、それらが集まって1630年からパルマレス共和国をつくった。首長（大殿を意味するガンガ・ズンバと呼んだ）を選んでそのもとにアフリカの統治・社会システムを模した社会を形成していた[10]。首長は要塞化したマココに住み、たび重なるポルトガルおよび1630年代から1650年代半ばまでその地域東北ブラジルを支配したオランダの攻撃に耐えて、1694年についにポルトガルに敗れるまで持ちこたえた。その間のカンガ・ズンバは5代を数え、また1690年の人口は約2万人であった。パルマレスの名は同地に多くのヤシの木が生えていたことに由来するが、黒人たちは灌漑された農地にさまざまな種類の作物を作り、砂糖きびの単一作物を主体とするポルトガル人農業と様相を異にしていた。

自由と平等を標榜する1789年のフランス革命はサン・ドマング植民地に大きな影響を及ぼした。1781年黒人奴隷は反乱を起こし、ついに1804年に独立を宣言した。ハイチ共和国の誕生である。トゥサン・ルヴェルテュールが率いる反乱奴隷たちはイギリス軍、フランス軍、スペイン軍を破り、自分たちの力で独立を勝ち取ったのであった。

コラム　砂糖とキャッサバ

1　ヨーロッパ人への砂糖の伝播

奴隷貿易はヨーロッパ人による砂糖のプランテーションと切っても切れない関係にあった。ヨーロッパ人はどのように砂糖およびその栽培を知ったのであろうか。

砂糖[11]をポルトガル語ではアスーカール（açúcar）、スペイン語ではアスーカル（azúcar）、フランス語ではスュークル（sucre）、英語ではシュガー（sugar）、いずれもアラビア語のスッカルから来ている。サトウキビは東南アジアないしインドを原産として中国とペルシャに伝播、次いでイスラム世界に広がった。今日でも中近東の菓子は砂糖漬けかと思えるほど甘く、エジプトの田園地帯に行けば人の背丈を優に超えるサトウキビ畑が広がっている。エジプトは8世紀以来サトウキビの産地となり、12世紀頃からはイスラム世界随一の砂糖生産国であった。

7世紀にモハメッドがイスラム教を興しその帝国の勢いと版図が増す中で、地中海南岸からイベリア半島、そしてキプロス、クレタ、シチリアなど地中海の島々もイスラムの勢力下に入っていった。このうち、シチリアは1072年にノルマン人が征服し、アラブによる砂糖生産が受け継がれた。北アフリカでは11世紀にはチュニジアが砂糖をマグリブ諸国に輸出しており、12－13世紀になると今日のモロッコおよびイベリア半島での砂糖生産が記録されている。そのイベリア半島は15世紀にポルトガルとスペインの手に墜ちた。

サトウキビ栽培と砂糖の生産の知識はこうしてヨーロッパ人の手中に入り、これがアフリカ人の運命を暗転させる大きな経済的動機となったのである。

佐藤はこう記している：

「十五世紀の半ば頃、ムスリムから砂糖きびの栽培法と精糖技術を学んだポルトガル人は、西アフリカ沿岸のマデイラ諸島、アゾーレス諸島で砂糖きびの栽培に着手し、ついでスペイン人はカナリア諸島で同じく砂糖きび栽培と砂糖生産を開始した。その後、砂糖きびは、一四九三年、二回目の航海のときに、コロンブスによって新世界にもたらされたといわれる。その結果、十六世紀はじめ頃から、カリブ海諸島やブラジルで、黒人の奴隷労働による大規模な砂糖きびプランテーションが開始されたのである。」（佐藤

2008, p. 40)

ジェーン・エアに社会的背景として登場するイギリス領ジャマイカのみならず、カリブ海諸島の砂糖生産はヨーロッパのほかの国にとっても大きな経済力の源泉であった。18世紀にフランスが、フレンチ・インディアン戦争（1755−63年）でイギリスに敗れた後の交渉で、カナダを寒くて雪ばかりで経済的価値がないとしてあっさりとイギリスに譲る一方で、カリブ海のマルティニクやグアドループを断固譲らなかったのは、アフリカ人奴隷を使う砂糖プランテーションの経済的価値が大きかったからである。ちなみにナポレオンの最初の妻ジョセフィーヌはマルティニクの出身、彼女の〝R〟の発音がマルティニク訛りの喉から発する発音だったために、今日のフランス語の〝R〟の発音は喉から発するものとなった。それまでのフランス語の〝R〟の発音は、今日ブルゴーニュ訛りの〝R〟とされる巻き舌であった。

2　キャッサバ[12]の食糧革命

人間を動産、すなわちモノと同じ法的位置付けにしたヨーロッパ人たちがおそらくアフリカにもたらした唯一の良いことは、ポルトガル人がキャッサバをブラジルからアフリカ大陸にもたらしたことである。

キャッサバはタピオカの原料として知られるが、アフリカでは粉状にして餅のようなフフを作り今日では広い範囲で主食となっている。南米を原産とし、マヤはじめ古来中南米、カリブで主食とされていた。ただ、青酸を含むので、そのまま食すると有毒であり、スタンレー隊が多くの犠牲者を出したことでも知られる。そのため、皮をむき、芯を抜き、蒸かす、あるいはスライスに切ってから水にさらすことによって毒を抜くという調理の知識と共に広まる必要があった。

ブラジルの植民を始めたポルトガル人は、現地の人々が栽培して食べていたキャッサバと出会い、自らも栽培し始めた。そしてブラジルのキャッサバをコンゴ王国に来ていたポルトガル人が栽培し、調理法とともにコンゴの人々に伝えたとされる。

16世紀のコンゴ王国と内地の諸王国を結んでいたのはいくつもの支流が広範な地域に広がるザイール川（現コンゴ川）を遡る交易ルートであった。このコンゴ川の交易網を通じてキャッサバは交易品として内陸に伝えられていき、18世紀には主食となっていった。これとは別にポルトガルの拠点ルアンダからサバンナを東に抜けて内陸のクバ王国およびルバ王国に伝えられた（児玉谷編 1993, pp. 28-30）。その過程においては飢饉対策として作付けを命じた19世紀の賢王の知恵や、茎を土に挿しておけば容易に根付いて地中の茎の周りにイモが付くので栽培が容易であること、青酸を含むがゆえにキャッサバがバッタに襲われないことを見抜いた農民の知恵が大いに活かされた。また、植民地化されてからは、都市住民の主食として近郊農民が換金作物として栽培を拡大したこともその普及に拍車をかけた。

アフリカでは、作物がバッタに襲われないことは極めて重要である。バッタが異常発生すると、空が一瞬にして真っ暗になるほどの規模の大群となって襲いかかり、畑は文字通り丸裸となる。今日でも蝗害は国連が緊急対策を呼び掛ける必要が生じるほどの規模の天災である。最近では２０１２年に始まったマダガスカルの蝗害が知られる。バッタはマダガスカルの主食の稲や牧草を襲い１３００万人の食糧安全保障を脅かす大災害となり、国連食糧農業機関（ＦＡＯ）が３７００万ドルの資金で２０１６年まで三次にわたるバッタ対策を講じる緊急事態となった。

さて、キャッサバはこうしてアフリカの広範な地域で主食の地位を占めるに至り、それまではヤムイモ、ヒエ、モロコシ、プランテンなどが主な食料であったアフリカの食糧事情を一変させた。今日ではナイジェリアが世界最大の生産国、次いでタイ、インドネシア、ブラジルと続いた後アンゴラ、ガーナ、コンゴ民主共和国などアフリカ諸国が並ぶ[13]。

コラム　赤土の大地の農業開発と日本――セラード高原

コンゴ奴隷が連れてこられたブラジルでは、まったく異なる時代と背景のもとでブラジルの赤土（テラ・ロッサ）をめぐるもう一つのエピソードがあった。

現在ブラジルの一大農業生産地帯となっているセラード高原は日系ブラジル人入植者の大変な努力と日本の技術協力によって不毛の赤土の大地を農地に変換したものである。当初ブラジル当局の関係者は、セラードのような「不毛な大地」を農地に変えようとの日系人の考えと日本の後押しを一顧だにしなかったと伝えられている。ポルトガル系人は今も昔も変わらないということか。ＪＩＣＡのホームページは次のように記述している。[14]

「ブラジルの不毛の大地「セラード」開発の奇跡

不毛の土地とされていた熱帯サバンナ地域セラードが、世界有数の農業地帯へと変貌を遂げるには、事業計画の段階から資金、技術の両面による日本の協力があった。１９７４年、田中角栄首相（当時）がブラジルを訪問し、セラードの開発支援を表明。ＪＩＣＡは、日本の民間企業と共同で「日伯セラード農業開発協力事業」のための出資会社を創設し、ブラジルの出資会社と共に同事業の調整役を担う合弁会社を設立、１９７９年に農地造成事業を開始した。

一方、技術協力は先行して１９７７年から開始され、強酸性で、作物の生育を妨げる高濃度のアルミニウムを含む土壌を改良し、さらに、大豆の熱帯性品種の育種や、多様な作物の栽培技術の改良に貢献した。セラード地域には21の開発拠点が設けられ、協力事業は２００１年まで続いた。

結果、ブラジルの内陸部に位置し、40年前まで農業に適さないとされていた広大な熱帯サバンナ地域は一大穀倉地帯に変貌し、大豆の生産量は、43万トン（１９７５年）から、４０００万トン（２０１０年）

と、飛躍的に増加した。セラードで生産される農作物も大豆にとどまらず、トウモロコシ、野菜、果物、畜産物、綿花、コーヒーなどに広がっている。また、営農形態も多様化し、熱帯地域での持続的農業に関する知見が蓄積され、セラード開発の成果は「農学史上20世紀最大の偉業」、あるいは「奇跡」とさえ評価されている。」

第4章　神々の大陸アフリカ

1　雨と豊作を乞い、先祖や偉人を祀り、森や山には神が宿る

1－1　古来の宗教（Niane 1975, pp. 255–257）

アフリカは神々の大陸でもある。その多くは農業の守り神ともいうべく、雨の神や豊作の神を多くの部族が祀ってきた。西アフリカに例をとれば、農期の始まりには大きな祭りがとり行われ、また刈り入れごとに祭りと踊りが催され、フォニオ（コメ科の穀物）の祭り、コメの祭りなどがある。穀類以外にも祭りは行われ、ギニアのバロ湖での漁猟の解禁に伴う祭りは観光的に有名となったようだ。神官の合図とともに善男善女がいっせいに湖に入り、彼ら彼女らが獲えた魚の量がその年の漁獲高を占うとされている。このバロ湖にはまた子宝の女神クダバがおわし、願掛けに多くの女性が訪れ、子

宝を授かれば翌年お礼に行くという習慣が続いている。

アフリカには職能に関連する神も多い。鉄の神オゴンは特に知られる。ナイジェリアの鉄瓶などの鉄器づくりはイギリスの砲艦外交によるイギリス産鉄瓶などの押し付けで滅んでしまったが、鉄の神オゴンはたいへんに強い神なのできっとまだどこかにいるように思える。鉄の神様は西アフリカの広い範囲で異なる名前で祀られ畏怖の念を抱かれ続けてきている。人間でも、鍛冶は聖なる職とされ、かつてのコンゴ王のように特権階級でもあった。

このような神々は森や湖や山々にいると信じられ、アフリカの人々は生きとし生けるものに畏怖をいだき、万物に霊が宿ると考えていた。民族によってはさらに万能の神を信じ、そのいわばスーパー神の恵みを得る方法を知る神官が人々との仲立ちを行ってきた。

死については、アフリカの人はむしろ現世が仮の住まいであると考え、例えば西アフリカのマンディング族は故人について「あの人は出身地に帰った（'a bara so sai-ke'）」との言い方をする。死者の霊は生きている者を守ると考えられ、伝統宗教は先祖を祀る。過去の偉人を神として祀ることもあり、ソンガイ帝国のアスキア王などがその好例である。

アル・ベクリは現地の伝統宗教によるガーナ王国の国王の葬儀について次のように記している。国王が他界したときには、大きな木製のドームを作り、その中に絨毯を敷いて長椅子とクッションを置き、故人の装飾品、武器、食器類、食事と飲み物を用意する。女王と何人かの料理人と飲み物係が殉死し、その後ドームをゴザで覆ったのち民衆が土で覆って丘を形作る。丘ができると周りに濠を掘って1か所だけアクセスを残す。

国王はこれまでの地上の生活とほとんど変わらない新たな生を受けて目覚めると考えられていたことを物語っている。

1－2　伝来宗教と伝統宗教の混淆

今日のアフリカでは後述するようにイスラム教とキリスト教という同じ神を奉じる2つの宗教が地域的に勢力範囲を二分しているが、人々の日常生活には古い宗教も混淆している。それは廃仏毀釈という極めて政治的な宗教破壊と混乱を除けば、神社にもお寺にもお参りに行く私たちには理解しうる習慣ないし行動ではないだろうか。

具体例を一つあげれば、筆者（石川）がキンシャサ（現コンゴ民主共和国）に住んでいたときに自宅で雇用していた庭師兼ガードマンの20歳の青年がある日重病となった。知り合いのベルギー人医師に頼みこんで入院させてもらったが、数日後彼の先輩同僚が筆者に次のように語った。「旦那のしていることは正しいと思う。しかし、彼の病は重く間もなく死んでしまうと思う。もしこのまま祈祷師のところに行く機会を与えないままに彼が亡くなった場合には、旦那は彼の奥さんはじめ家族から呪われることになってしまう。ついては病院から出して、家族が彼を祈禱師のところに連れて行けるようにした方がよいのではないだろうか。」そのアドバイスに従って夫人とともに祈祷師のところに行くようにすることができたが、先輩の見通しどおり残念なことにその青年は発症後2週間で亡くなってしまった。葬儀は雇用主が費用等を負担するとの現地の決まりに従う中で、青年がキリスト教の洗礼名を持っていたので筆者は夫人に葬儀はキリスト教で行ってはどうかと話し、葬儀に神父にも来ていただいた。真っ青な空から赤道の太陽が照りつける墓地での葬儀はたいへんに悲しいものであったが、故人の知り合いたちがア・カペラで合唱するアフリカ式の讃美歌は実に美しく、安らぎを与えるものであった。その青年の死は熱帯病が蔓延する地における人々にとっては生の中に死が日常的にあるという現実をつきつけるとともに、重い病にかかった本人の心のケアと家族の安寧に大切なものとは何かについて深く考えさせられるものであった。

伝来宗教と古来の宗教の混淆については政治権力やエリート層でも見られてきた。次節に述べるように、マリ帝国とソンガイ帝国は中央集権化と通商にイスラム教を活用し、それによって繁栄ももたらしたが、16世紀になってもイスラム教徒の国王たちは例えば地べたにひれ伏して頭に灰をかぶるといった古来の宗教に則った神事を実践していた。国王がこれを行うことについてイスラム教の聖職者が狂っていると非難したときに、国王は、自分は狂っていないが狂っている臣民の上で統治しているのだと答えたとされるが、後述するように国王は古来の宗教とイスラム教の混淆を国内の政治的なバランスをとるために行っていたのである。

もっとも、実はイスラム教を信仰していたジェンネやトゥンブクトゥー等の通商で栄えていたイスラム都市の知識階層もまた、古来の宗教のように先祖を祀り、また「お守り」を信じて身につけていた。14世紀にマリを訪れたイブン・バトゥータが慨嘆したのは、マリの大店のおかみさんたちがイスラム教徒であるにもかかわらず夫への来客を夫とともにもてなしたり、自由に他家の男性を訪問する、などの地元の風習に従って生活していたことであった。

2 イスラム教の興りとアフリカへの伝播

2-1 アッラーとゴッドは同じ神

イスラム教によれば、モハメッドは大天使ガブリエルとともに白馬でエルサレムから天国に昇って行ったとされている。

こう聞けば、大天使ガブリエルとはあのキリスト教の大天使ガブリエルのことかと耳を疑う、あるいは怒る欧米人も多いと思う。しかし、そうなのである。そして、アッラーとゴッドは同じ神である。「アッラー・アクバル、神は偉大なり」とテロリストが叫んで攻撃した云々との欧米の報道やその線に沿って記載されているように読める日本の報道が多い中で留意すべきことは、世の中にはアッラーという名前の神はいないのであって、アッラーとは単にゴッドという意味だということである。

欧米人が驚愕して「オーマイ・ゴッド！」と言う、アメリカ合衆国の大統領が演説の末尾に「ゴッド・ブレス・ユー、神様のお恵みがありますように」と言って締めくくる、あるいは大統領就任式で聖書に手を置いて誓う相手であるところのゴッド。また、イギリスの女王の戴冠式は教会でゴッドに祈りながらとり行われ、そもそもイギリス女王は英国国教会の頂点にいる。そのゴッドも神という単語であって、ゴッドという名前の神様はいないのと同じである。

仮にどこかのイスラム圏の国の大統領がコーランに手を置いて宣誓する、またどこかの国の国王がモスクで戴冠式を行った場合には、やれ原理主義だ、やれ野蛮だ、やれ親テロではないかというたぐいの批判をする欧米人がいることも容易に想像されるが、彼らは上記のアメリカ合衆国やイギリス元首の戴冠式でのキリスト教の神への言及についてはどのように考えるのだろうか。寛容を説くローマ法王などを除いては、そもそも大半の人は問題意識すら持っていないが、仮に問われたときにそれはキリスト教というのは文明そのものなのだから当然であると答えつつ、片やイスラム原理主義だの親テロだと答えるとすれば、その欧米人は自己矛盾に気がついていないか、あるいは自分は常に正しいと思っているかのどちらかである。デンマークにおけるモハメッドの風刺画をヨーロッパ人が「表現の自由だ」と称しつつ支持しているのはその一端でしかない。16世紀にポルトガルの要塞ルアンダ（現アンゴラの首都）で奴隷を「船積み」する際に、イエズス会の宣教師たちが奴隷の記録をつけ、船積み前に水をかけて洗礼して「救っていた」ことと根は通じている。

ちなみに、キリスト教の信者でもないのにクリスマスに浮かれたりしている人々は信仰というものをどのように考えているのだろうかという疑問もわく。

イスラム教の世界では、ユダヤ教徒、キリスト教徒、イスラム教徒はいずれも「聖典の民（People of the Book）」と位置付けられている。そしてそれ以外、例えば仏教徒は不浄の民である。それが具体的に意味することの一例をあげれば、エジプトやパキスタンなどのイスラム教の国で仏教徒が客死したときに困るのは、「不浄の民」は大地を不浄にするので埋葬を認めてくれないことである。これは事柄の性格上あまり公言されないが、イスラム圏に駐在する仏教徒が多いアジアの国の大使館が実は苦労している実話である。例えば仏教徒だったある東南アジア人がイスラムの国で客死したときに、筆者（石川）はその人の出身国の大使からそっと相談を受けたことがある。筆者の経験上、現地で市民墓地に埋葬を許された仏教徒の日本人の例があるが、その故人は長年現地に住み多くの尊敬を集めていた人で特に許可を申請し例外中の例外として認められたものであり、通例は本国にご遺体を送るほかに方法はない。

2-2 イスラムの興りと地中海沿岸のイスラム化

7世紀に、モハメッドが天使の声を岩屋で聴き、アラビア半島にイスラム教が興った。そして瞬く間に広がっていった。エジプトに侵攻（640―642年）、チュニジア征服（670年）、大西洋に到達（683年）の後、711年にはスペインに渡り、732年にポワティエの戦いで敗れるまで進軍を続けた。

デヴィッドソン（Basil Davidson）は、騎馬隊の進軍で実現したイスラムの支配は、宗教で統一された人々が、学問と哲学を発展させ、アフリカ、スペイン、アジアにわたり、政治的安定と経済的復興をもたらしたと指摘した上で、「貧しく、偏狭で、ほとんど非識字だったヨーロッパが戦闘や混乱に明け暮れていた何世紀もの間、寛容と社会的進歩の光をかざしていた」と述べている。[1] そもそもイスラム教は民族や国籍によるのではなく同じ神を信じるということによる共同体を形づくってきた。イスラムによって征服された者は被征服者も敗者という側面のほかに、新たな広いコミュニティーに参加することが約束されてきたのである。イスラムではウンマ（umma）と呼んでいるこのコミュニティーは異質な人々や悩める人々を包み込んでいった。デヴィッドソンはここに近世のヨーロッパ帝国主義との違いがあると指摘し、ヨーロッパ人はあくまでも外国の押し付けであったのに対し、イスラムは被征服側の慣習等を吸収していき、被征服者を包摂したと指摘している。

ウンマについて小杉泰は次のように述べている（小杉 1994, p. 153）。

「アラビア語で言うウンマは宗教共同体のことであるが、イメージとしてはそれぞれの預言者に率いられた集団として描かれる。預言者モーセを先頭に天国に入るのがユダヤ教徒、預言者イエス・キリストを先頭に天国に入るのがキリスト教徒、そしてムハンマドを先頭に天国に入るのが自分たちムスリム、というイメージである。そのような信徒の集団をそれぞれウンマという。」

さて、モハメッドの娘ファティマの夫で第4代カリフのアリの時代にダマスカスの知事が対抗勢力として力をつけ、657年にシーア派（アリを正当とする）とスンニ派が分裂し、スンニ派はダマスカスにウマイヤ朝（661―750年）を興した。その後ウマイヤ朝を倒したアッバース朝（750―1258年）の都バクダッドは人口150万人と推定され、長年世界で最大の都市であり、化学、数学、哲学、天文学、経済（小切手、複式簿記など）、製紙（中国からの捕虜が紙すきを伝播）などが栄えた。イスラム教の地域ではコーランを覚えることを通じてアラビア語を解する人が多く、またシャーリア法による法の支配、すなわち為政者の恣意によらず是非が決まる世界があった。

こうしてイスラム世界は栄華を謳歌していたが、砂漠の中で生まれた本来のイスラムを追憶しつつ都会の連中は堕落してしまったと考えるグループが西アフリカのオアシスに生まれ、やがて影響力を持ち始めた。こうして10世紀にベルベル人が今日のチュニジアにシーア派のファティマ朝を興して、かつてのイスラム軍の進軍方向とは逆に西から東に進撃し、969年にエジプトを攻め落としてカイロ（al-Khaira）を建設した。今ではカイロはスンニ派の最高権威アズハルを擁しスンニ派はイスラムの多数派であるが、ファティマ朝の統治下の200年間ほどはシーア派の都であった。ファティマ朝は後述するようにヌビア地方（ナイル川上流域）のキリスト教国とは通商などの交流のみならず、奴隷兵士の供給を受けて政権中枢を守るなど良好な関係を築いていた。

2-3 サブサハラ・アフリカのイスラム化と「知」の世界の誕生

サブサハラ・アフリカの非イスラム教の世界へのイスラム教の広がりを見ると、サブサハラ・アフリカで最初に栄えたと考えられている異教のガーナ王国へのアルモラヴィドの攻撃（11世紀半ば）を除くと、いわゆる「コーランか剣か」という布教は見当たらない。サブサハラ・アフリカのイスラム化は剣によるものではなく、砂漠の隊商による「静かな布教」によるものであった。ベルベル人の商人たちが何世紀にもわたり隊商を組んで砂漠を越えて西スーダンの人々と交易していた中で、10世紀頃からガーナ王国の住民や重臣を含めてサブサハラ・アフリカの都市や交易の中心地の住民たちにゆっくりとイスラム教が広まっていき、やがて通商路のネットワークで結ばれている砂漠地方からニジェール川流域にかけてイスラム教のコミュニティーが広がっていった。

1020年にはソンガイ帝国のガオが、また1086年にはカネム=ボルヌ帝国がイスラム化し、そのいずれも通商上の便宜、中央集権化への活用ということを考えてのことであったと見られている。ただ、この時期のイスラムは為政者や都市エリートの宗教であり、地方には広がらず、また都市においても伝統宗教との混淆があったことは先に見たところである。

11世紀にアルモラヴィドの攻撃によりガーナ王国が揺らぎ、帝国内は混乱に陥った（第2章3-1

参照)。13世紀にキリナの戦いでソソ国と雌雄を決したスンディアタ・ケイタ(在位1235—55年?)がマリ帝国の初代国王となったと伝承およびイブン・ハルドゥーンは伝えている。スンディアタ自身がイスラム教に改宗したとされるが、その長子マンサ・ワリ(在位1260—77年)のメッカ巡礼が知られている。やがて第8代国王のマンサ・ムーサ(在位1307—32年)の治世に、先に見たようにマリは最盛期を迎え、マンサ・ムーサは1324年のこのメッカ巡礼(第2章3-2参照)の機会にメッカの太守から「西アフリカのカリフ」という称号を与えられた。

マリ帝国や、その後16世紀になってマリの朝貢国を脱して西スーダンの大半を包含する大帝国を築いたソンガイ帝国の為政者から見てイスラム教のメリットは大きかった。

第1に、アラビア文字を輸入して自国語も文字を使って文書化することにより、文書による行政を行い、王宮の官僚たちのみならず地方に知事を任命して報告と命令を文書で行えた。

第2に、北アフリカのイスラム教の大国と外交や通商を行った。イスラム教徒として同じ共同体ウンマに属することから、商人が広大な域内を円滑に旅することができた。マリのこうした商人たちはデュラと呼ばれて各地に赴き大いに収益をあげるとともに、最先端の商慣習、クレジット手続などを身につけることも可能となった。

第3に、そして何よりも、西スーダンで地方ごとに異なる伝統宗教をバラバラに信じていた民族をイスラム教という横串でひとまとめにし、その頂点に立つことで中央集権化を可能にした。マンサ・ムーサ王が「西アフリカのカリフ」との名称を与えられたことにも見られるように、イスラム教は権威と権力の源泉ともなった。

第4に、いわば文明開化の風に乗って、イスラム教義の大学がトゥンブクトゥー、ニアニ、ジェンネをはじめとする都市に設立され、その後300年にわたってイスラム帝国各地からの学者や学生が集まって、「知」が栄え続けたのである。地元出身のエリートはカイロのアズハルなどに留学し、またイスラムの著作を著した。中でもトゥンブクトゥーでの教育はイスラム神学に限らず、法学、論理学、天文学、歴史、地理など幅広いものであった（Niane 1984, pp. 208-209）。

ここで権力とイスラム教という観点からソンガイ帝国（第2章3－3参照）についてあらためて述べれば、1464年ソンガイの王位についたスンニ・アリは初めて中央集権政権を打ち立てた。州を確定し各州に知事を任命、指揮命令系統を多くの行政官を長期任命することで確立し、さらに常備陸軍、およびニジェール川に常備水軍を設置し、経済面ではトゥンブクトゥーをしっかりと支配下に置いた上でトゥンブクトゥーと組んで通商ネットワークを抑え、また灌漑農業地帯の拡大を指揮した。

ただ、富の源泉となる都市はイスラム教であったが、地方すなわち農民は伝統宗教であった。王国の版図にこれら2つの宗教と階層を抱えるため、どこに権力基盤のバランスを置くかが国家の安定にとって重要な要素であった。都市が繁栄して強いときにはイスラム教の裕福な商人・都市住民と組んだ富が王国の権力を強固なものとしたが、逆に都市が弱体化すると農民およびその部族長たちはたちまちにして王国から離反するという脆弱性が内在していた。スンニ・アリは権力の源泉として都市のイスラムに偏ることなく、地方すなわち農民の伝統宗教とのバランスを考えむしろ伝統宗教に軸足を置いていた。このことにより、都市・イスラムへの依存に起因する国家の脆弱性を防ごうとした。こうしたことを背景に、トゥンブクトゥーのイスラム聖職者の間ではスンニ・アリは残酷な暴君として記憶されていた。

他方、その後継者となったアスキア・ムハマド・トゥーレは、ますます栄えてきた都市すなわちイスラムに権力の軸足をシフトし、さらに１４９６—97年にメッカに巡礼した際メッカの太守から「スーダンのカリフ」の称号を与えられて、権力の正当性を確保した。帰国後はカリフとしての権威と威光をもとに東西南北に軍を派遣して領土を拡張した。さらに、カノ（現在の北ナイジェリアに位置する都市。繊維や染料の手工業で知られる）を占領後は、恒常的に貢租が入るために徴税官たる知事を設置した。

また、イスラム法によりイスラム商人との通商路ネットワークにおける法と秩序を堅牢なものとし、西スーダンの草原地帯一体にイスラムを柱とした法と秩序を確立した。マリ帝国以来、西スーダンの王たちにとどまらず一般人もメッカに巡礼し、また学徒がカイロやフェズなどに留学し、多くの北アフリカのイスラム学者がトゥンブクトゥー大学などに来ることができた大きな前提条件は、なによりも道中が無事だったこと、そして「外国」に行ってもそこは同じイスラムの共同体のメンバーの住む町であったので「外国」のようで「外国」ではなかったことである。

アスキア・ムハマド治世下のトゥンブクトゥーの様子についてレオ・アフリカヌスはこう記している。「トゥンブクトゥーには、数多くの判事、博士、イスラムの聖職者がおり、国王が彼らに高給を与えている。国王は知識人に敬意を払っている。現地では北アフリカからの書籍がたいへん売れており、書籍は他のいかなる商品よりも利益の大きい商いである。」

モロッコを厳しく糾弾したイスラム法学者アハマド・ババは50冊を下らない多くのイスラムに関す

る著作を著すなど代表的な法学者であった。またアスキア・ムハマド王のメッカ巡礼に同行し、王の側近でもあったマハムド・カティおよびその孫のアブデルラーマン・エッサディは歴史家として知られている。アラブの旅行者や地理学者の記録があるとはいえ、私たちが1519年から1750年にかけてのニジェール川中流域の歴史を現地目線で知ることができるのは、この祖父・孫コンビが著したタリーク・アル・フェタシュおよびタリーク・アル・スーダンという2冊の歴史書に負うところが大きい。

マリ帝国でもソンガイ帝国でも特にトゥンブクトゥーなど都市部の親たちは子どもたちの教育に熱心で、コーランの暗誦ができないと鎖でつないででも覚えさせる教育パパもいたとイブン・バトゥータは書いている。ソンガイ帝国時代の16世紀のトゥンブクトゥーには150ないし180のコーランの学校があったとタリーク・アル・フェタシュには書かれており、地元のみならずスーダンとサヘル地方から数千人の学生が留学していた（Niane 1984, p. 209）。

子どもたちの基礎教育は2年ないし3年の基礎教育学校ではコーランを読んで暗記すること、また基本的な読み書きと道徳を教えることに主眼が置かれた。中等教育は3年ないし4年の期間で、文法および文章解釈が中心であった。これに合格して初めてモスクの大学に進むことができた。それまで言わばコーランの暗唱という形でしか理解していなかったアラビア語を大学で学び、流暢にアラビア語を話しまた書くことができるようになった。村での教育は財政的理由などで大学を終えられなかった学生が教師としてコーランを現地の言葉で教えることが多かった。

では教育費はいくらぐらいかかったのだろうか。時代と場所によって異なったとされるが、16世紀のトゥンブクトゥーでは初等教育では子ども1人当たり5コヤス貝、中等教育では10コヤス貝であった。マハムド・カティはアリ・タカリアという学校教師は123人の生徒を抱えて1725コヤス貝の収入を得ていたと書いている（Niane 1975, p. 223）。レオ・アフリカヌスによれば、トゥンブクトゥーでは高額な商いは金で取引され少額の商いはコヤス貝で行われ、400コヤス貝が1デュカト金貨（金3・44グラム）に相当した。

また、商家の子どもたちは商いも覚えなければならない。商いを実地に習得するためにトゥンブクトゥーなどのマリの子どもたちは近郊の野生の果物を摘みに行きそれを市場で売るという訓練を受けていた。

昨今のいわゆる「イスラム国」などの凄惨な殺戮などのため、「イスラム法」と聞くとおぞましく感じることも多いと思うが、テロリストはテロリストなのであってイスラムだからテロリストなのではない。現にイスラム国なるものの行動については、スンニ派最高権威のアズハルも、シーア派も、ともにイスラムではないとして否定している。

中世において世界で「法の支配」（'rule of law'）、すなわち権力者という人間の恣意でないものによって統治が行われていたのは、イスラム法による支配地であり、その法についての知識を分かちあう者の間ではお互いの行動規範について予見可能性が成立したことを認識する必要がある。予見可能性こそは、政治、社会、経済の活動において人々の意思決定の出発点となるものであり、安定性の前提となる要素である。

イスラム支配下のイベリア半島ではキリスト教徒もユダヤ教徒も共存していたが、レコンキスタとして半島を奪ったキリスト教徒のイザベラのもとでは共存は消えた。また、1099年にエルサレムを占領した十字軍のイギリスのリチャード獅子心王は住民などを虐殺したのに対し、1187年エルサレムを奪還・降伏させたイスラムのサラディンは身代金を払えたキリスト教徒も払えなかった者も殺害せずに退去させた。これが本来のイスラムである。

2−4　東アフリカ

アフリカ東海岸がインド洋という開けた海に面していたこと（第2章）から、さまざまな民族があるいは交易のために、あるいは移住のためにやってきた。古代エジプト時代のハトシェプスト女王（在位紀元前1503?—1482?年）（後述）がソマリアにあったと考えられているプント国と交易した様子はルクソールのハトシェプスト女王葬祭殿の壁面彫刻に明らかであるし、その後もギリシャ、アラビア、ペルシャ、インドなどの船乗りが活躍した。海岸線には、北は天正の遺欧使節が帰路寄港したモガデシュから、南はポルトガル人がその美しさと富に驚愕したキルワにいたる多くの通商都市が栄えた。海洋都市の特徴として異邦人も多く住んでいたし、ザンジバルのようにアラブの海洋帝国オマーンが遷都したところもあるが、研究者の多くは海岸都市の住人がアフリカ人であったと見ている。ポルトガルの砲撃と略奪の前に滅んでしまったために研究には難しいところがあるようだが、発掘される宋や明の陶器や硬貨（キルワが鋳造した硬貨を含む）などの調査が、イブン・バトゥータ、エル・マスーディ、イドリースィーなどの記録とともに、往時の繁栄の様子と、ザンジ人（黒人）の活躍を明らかにしつつある。

イスラム教は移住してきたイスラム商人たちを除けば、ザンジの人々は自分たちの宗教を奉じていたために少数であり、1300年のアラブ側の記録においても黒人の町モガデシュの宗教は伝統宗教であったと記録されている。このように東海岸においてのイスラム化は西スーダンと様相を異にしたが、それでもインド洋がイスラムの海であったこと、そこが一大通商圏であったことから、次第にイスラムへの改宗が沿岸部を中心に行われていった。また、イスラム商人たちは次第に地元と婚姻し、スワヒリ語に象徴される独自の文化も生まれていった。

3　聖家族はアフリカに避難していた

3－1　エジプトの「近代化」とヨーロッパ

エジプトのカイロ空港を出て市内に向かう空港道路は、ヘリオポリスという古くもあり新しくもある街を抜ける。広い中央分離帯には木が茂り、沿道には美しい洋館も目に入る。ヘリオポリスはエジプトの「近代化」の過程で生まれた街だが、人類最古の宗教（古代エジプトの太陽神ラー）のみならずキリスト教にも縁が深い。まずエジプトの「近代化」におけるヨーロッパとの関係について見てみたい。

エジプトが近代化にとりかかったのは、日本同様黒船の来襲による。日本の場合には何とかお引き取り願って大英帝国、フランス帝国、アメリカ合衆国、ロシア帝国のいずれの軍事占領も免れたものの国内体制は転覆し、かつ明治国家という大英帝国の強い影響下に置かれる国家となった。他方、エジプト（オスマン・トルコ領）には1798年ナポレオン[2]が襲い掛かり、軍事占領されてしまった。占領下でエジプト上流婦人たちは社交界を総動員してフランス軍将兵をもてなす等獅子奮迅の努力をして国民と国土をフランスの暴虐から守ろうとした。ところが革命の国フランスがエジプトに触手を伸ばしたことに反革命の雄たる大英帝国は強い警戒感を抱き、エジプトにいるフランス軍に攻め込み、両国の戦争が第三国であるエジプトの地で繰り広げられることとなった。爾来エジプトは大英帝国の帝国主義のターゲットとなり、のちの3C政策（カイロ―カルカッタ―ケープタウンを結ぶ三角地帯の英領植民地化）につながっていくことになった。

そうした中、オスマン・トルコの防衛隊長として派遣されたモハメッド・アリ（同じくオスマン・トルコ領であったアルバニアの出身）は力を蓄えて事実上の王朝を打ち立て（モハメッド・アリ朝、1805―1953年）、同王朝はエジプトの近代化を強力に推し進めていった。

ナポレオンの上陸から70余年が過ぎた1869年（明治2年）、エジプトではフランス人レセップスによって掘削されたスエズ運河が開通し、そのことが地理的にイギリスから英領インドへの距離を南アフリカの喜望峰周りからの距離に比べて圧倒的に圧縮してしまった（ロンドン―ボンベイ：喜望峰周りは1万2548マイル、スエズ経由は7028マイル）[3]。このことによって、不幸にもエジプトはますますイギリスに狙われることとなり（いよいよカイロ―カルカッタ―ケープタウンの3C政策が蠢動）、1882年にはエジプト国内の混乱に乗じたイギリスにアレキサンドリアを艦砲射撃で破壊しつくされた挙句に国を乗っ取られてしまった。にもかかわらず、文化的、社会的にはナポレオンのフランスの影響が色濃く残った。英仏両国がともにエジプトへの野望を推し進める中で、

1798年に攻め込んだナポレオンが帯同した学者たちの文化的影響がイギリスの砲艦による帝国主義支配にまさったのである。古代エジプトの象形文字ヒエログリフを解読したシャンポリオンはフランス人であったこと、他方彼が解読に成功したロゼッタで発見された石碑がフランスのルーブル博物館ではなくイギリスの大英博物館に持ち出されていることは、この文化と政治とヨーロッパ帝国主義のロンドを如実に物語っているように感じる。

さて、スエズ運河が開通したときのモハメッド・アリ朝3代目のイスマイル・パシャは「エジプトはヨーロッパである」と宣言し、ヨーロッパ側でも大英帝国、フランス、オーストリア・ハンガリー帝国、プロイセンと並んで「ヨーロッパの五帝国」の一つにエジプトを数えた。法的にはまだエジプトを抑えていたオスマン・トルコが「中東の」帝国と位置付けられたのに対し、エジプトは「ヨーロッパの」王国とみなされた。イスマイル・パシャは、ナポレオン3世のもとでパリを現在の形にしたオスマン男爵の建築家チームのメンバーやオーストリア人の建築家を招き、ウィーン風とパリ風が融合した新市街を建設した。当時カイロは「地中海の真珠」と呼ばれるほど美しい街となった。ヴェルディのオペラ「アイーダ」はカイロのオペラ座の柿落しのために発注されたものであり、そのオペラ座はスエズ運河開通記念のために作られた。開通記念式典にはフランスからナポレオン3世の妃ユージーヌ皇后はじめヨーロッパ列強の王族が参列した。オペラ座前の洋風の広場にはイスマイル・パシャの父親イブラヒム・パシャの騎馬像が今もあり、どこか東京の有栖川宮記念公園にある洋装軍服の有栖川宮の騎馬像に似ているような印象を与える。また、エジプトの洋館は写真で見る関東大震災以前の東京にあった洋館にどことなく似ているし、旧赤坂離宮（現迎賓館）に「エジプトの間」があるのは、ユーラシアの東と西にある日本とエジプト両国がほぼ同じ時期に「近代化」した名残ではないかとも感じられる。ちなみに、幕末の遣欧使節団はスエズからカイロへ鉄道に乗ってピラミッド見物に出かけ、1858年に開通したエジプトの鉄道の様子が絵日記風に残されている。

ただ、不幸にしてイスマイル・パシャが強力に推し進めた洋風化・「近代化」は莫大な対外債務を生み、1875年には彼が保有していたスエズ運河会社の株を40万スターリング・ポンドでディズレイリ政権のイギリス政府に売却せざるをえないように追い込まれた。さらに1879年にはイギリスの圧力のもと退位、前述のようにその3年後にはついにエジプトはイギリスに軍事的敗北を喫して事実上植民地化されることとなった。

イギリスの勢力下に入って引き続き「近代化」が進められる中、20世紀初頭になるとベルギー人実業家アンパン男爵がエジプト人貴族ヌバールとともにモダンな街、ヘリオポリスを砂漠の中に開発した。カイロ北郊10㎞に位置するヘリオポリスには広い並木道に沿って瀟洒な館やクラシックなアパートがヘリオポリス様式と呼ばれることになる西洋とエジプトの融合した建築様式で建ち並び、また広い並木道にはブラッセルを模して市電が縦横に走るモダンな街となった。ヨーロッパ人のみならず多くのエジプト人貴族たちが移り住み、緑あふれる公園、競馬場、スポーツクラブ、そして豪華なヘリオポリス・パレス・ホテルも開かれ華やかな社交の場となった。同ホテルは失脚したムバラク大統領がかつて大統領府に変えた壮麗な建物である。

20世紀後半、ファルーク国王をアメリカ主導で[4]退位に追い込み赤子のファアド王子を王位に据えたナギーブ革命（1952年）をへてナセルらの主導による王制廃止（1953年）によって時代が変わった。そして年率2パーセント以上のペースで増え続ける人口圧力と相まってヘリオポリスにも時代の波が襲った。瀟洒な館は今日でも残っているものの、一つ、また一つと現代風のマンションへと姿を変えていき、また新たなマンション街も開発されて、アッパーミドル・クラスが住む街へと変貌した。

3－2　エジプトに逃れた聖家族

このようにヘリオポリスは北アフリカのヨーロッパ化の一つの象徴となったが、その起源ははるかに古く、古代エジプトにさかのぼる。エジプトの古さを実感しうる一例をあげれば、私たちがはるか昔のことと思っている女王クレオパトラが毒を仰いだのは今から2000年以上昔のことだが、そのクレオパトラの時代からギザのピラミッドを築いたクフ王の時代まで戻ろうとすればさらに長い2500年という歳月を遡らなければならない。その時期がエジプト考古学の対象とされている。その長い間エジプトでは太陽神ラーという神を信じ続けたが、古代ヘリオポリスこそは太陽神ラーの神殿を擁する街であり、テーベおよびメンフィスと並んで古代エジプトの三大都市の一つであった。

古代のヘリオポリスは、位置的には今日のヘリオポリス空港道路からやや西に入ったアル・マタレイヤ地区にそびえ立つ「マサラ・オベリスク」の周辺に広がっていた。このマサラ・オベリスクは、南方（ナイル上流）のヌビア地方を版図に組み入れることに成功した第12王朝のセヌスレト1世（紀元前1971―1926年）が建てた太陽神ラーを祭る寺院の廃墟内にあり、高さ約21m、アスワン産の赤い花崗岩の堂々たるものである。ヘリオポリスとはギリシャ時代に太陽の町と名付けられたギリシャ語だが、古代エジプトではルヌまたはオヌと呼ばれていた。この寺院では第6王朝時代（紀元前2345―2181年）の高僧の墓も発掘されている。

その古代エジプトの遺跡の近くに、「聖母マリアの木」として知られる一本のエジプトイチジクの古木がある。ヘロデ王が嬰児殺害命令を出したことを告げられた養父ヨゼフは、聖母マリアと生まれたばかりのイエスをロバに乗せ、手綱を曳いてベツレヘムからエジプトを目指した。[5] 聖家族はまずガザに向かい、さらにあらゆる嬰児を探しだそうとしている兵士たちに見つからないように街道筋を避け、何日もかけてシナイ半島の荒れ地を通ってエル・アリーシュを抜け、東部砂漠からアル・マタレイヤにたどり着いた。コプト教（エジプト正教）の伝承によれば灼熱の太陽のもと聖家族はとある木陰に身を休めたとされる。それが「聖母マリアの木」である。現存する「聖母マリアの木」は1672年に植え替えられたものだが、聖母マリアはその木にショールをかけたとされ、その脇にはアル・マタレイヤ聖母マリア教会がある。また、近辺の泉の水がみな塩気を含んでいるのに対してその木の脇にある泉だけは真水で、地元ではイエスが湧き出させた泉と言い伝えられている。

図4-1　アル・マタレイヤ聖母マリア教会にある聖家族がエジプトに逃れた絵

出典：筆者（石川）撮影。

コプト教の法王テオフィルス（第23代アレキサンドリア総主教、384―412年）が記した記録によれば聖家族の旅はまだ続く。[6] アル・マタレイヤからナイル川のデルタ地方に向かい、ザガジグからエル・ナトルーン[7]などを経て再度現在のカイロ地域に戻り、現在のカイロ南郊のバビロンにしばらく滞在した。バビロンは今もその遺跡が残るローマの駐屯兵の要塞が置かれていた要衝であり、昼間養父ヨゼフが大工として働きに出ている間、聖母子は要塞の裏のとある地下に隠れていた。7世紀にその上にコプト教の教会ハンギング・チャーチ[8]が建てられ、教会に入ると一般人でもその地下に下りる階段口から下の様子を垣間見ることができる。

聖家族はさらにエジプト国内の旅を続け、その足跡には教会や修道院が多く現存している。今日、いわゆる「アラブの春」なるものや、それに続くイスラム原理主義者の政権などの報道等の影響で、エジプトはイスラム教一色の国だとの一般的概念が広まっているようだが、実はキリスト教徒は12―13世紀頃までは国民の半数、[9] 今日でも国民の1割を占めており、コプト教のアレキサンドリア総主教（コプト教会の法王（Pope））は極めて高い社会的地位を保持している。1971年に法王となり2012年に死亡するまでその座にあったシェヌーダ3世（第117代法王）には大統領も敬意を表していた。また閣僚にもコプト教徒[10]が含まれることが多い。そもそもエジプトではマムルーク朝の支配下になっても財務関係の行政の多くはコプト教徒が担っていた（Niane 1984, p. 387）。

4　アフリカのキリスト教王国

4－1　キリスト教時代の方がイスラム教時代より長かったスーダン

ヘロデ王が他界して聖家族が3年半のエジプト滞在を終えて故郷ナザレに帰り、イエスが成人してからの布教に従った使徒のうち、ペトロはローマに渡って今日のヴァチカンの礎を築き、マルコは紀元60年頃エジプトのアレキサンドリアに渡ってアレキサンドリア大聖堂を築き、その地で68年に殉教した。

ペトロの教会はサン・ピエトロ（ペトロ）教会としてヴァチカンにその威容を誇り、ヴァチカンを本拠とするカトリック教会とその頂点に立つローマ法王は長年ヨーロッパの最高の権威者かつ権力者であった。今日でもローマ法王を知らぬ者は少ない。

他方、マルコが礎を築いたアレキサンドリアの聖マルコ大聖堂はエジプト東方教会の頂点に立ち活動していたが、東ローマ帝国のコンスタンチノープル（ビザンチン）教会との勢力争い、そしてイエスをめぐる教義の対立を経て、ついに451年のカルケドン公会議でコンスタンチノープルとたもとを分かった。ビザンチン側はアレキサンドリア教会を異端と決めつけたが、アレキサンドリア大聖堂とエジプト正教（コプト教）は今日まで脈々と続いている。

アフリカにおけるキリスト教と聞くと、後述する16世紀のポルトガルや18、19世紀のイギリスおよびフランスの侵攻によるカトリックや英国国教会の布教を連想しがちだが、実際はこのようにイエス・キリストの愛弟子マルコの築いたアレキサンドリア大聖堂がアフリカ大陸におけるキリスト教の頂点に立っていた。また、アレキサンドリア大聖堂こそはキリスト教の教義を学ぶ神学校発祥の地であり、また修道院活動発祥の地でもある。マルコの流れをくむキリスト教の僧侶は砂漠の洞窟に修行に入って瞑想し、やがて修道院という瞑想と祈りの場を始めた人々である。すなわち、キリスト教の神学校および修行僧による瞑想と修道院活動は、私たちが思い込みがちなヨーロッパの産物ではなく、アフリカのエジプトで生まれたものである。今日でもエジプトには多くの修道院がありコプト僧たちが俗界から離れて祈りと瞑想の生活をしている。その好例が4世紀半ばに開かれ、カイロ南東330kmの紅海地方の砂漠の山中に現存する聖アントニー修道院である。聖アントニーは荒野の中に入って瞑想し、修道院活動の礎を築いた。

　こうしてアレキサンドリア大聖堂のもとにエジプトはキリスト教化し、さらにナイル川上流のヌビア地方のキリスト教の布教活動が進められた。布教はアレキサンドリア教会とビザンチン（コンスタンチノープル）教会が競争するようにして進められたが、543年に宣教師ジュリアン[11]がナイル川を遡り、今日ではアスワン・ハイダムの湖底に眠るノバティア王国に到達、急速にキリスト教化が進んだ。ノバティア王国はアスワンのナイル川第1カタラクトから第3カタラクトにかけての地域を版図とし、ファラスに都をおいた。今ではアスワン・ハイダムに水没してしまったそのカテドラルの遺跡にはイエス生誕と聖母を天使たちが見守るフレスコ画をはじめとするキリスト教絵画が残されていた。ファラスがアスワン・ハイダムに水没してしまうこととなって急きょ入った国際考古学者たちによってノバティア王国の遺跡は調査が進み、カテドラルのフレスコ画等は今ではスーダンの首都ハルツームの博物館に収められている。

　7世紀初めには、ノバティア王国、その南隣のマクリア王国（第3カタラクトから第5と第6カタラクトの半ばまで。都はドンゴラ）、さらにその南隣のアロディア王国（首都のソバは現在のハルツームから数キロ青ナイル川の上流に位置していた）のヌビア3王国はキリスト教国となっていた。

このうち、マクリア王国は8世紀初めにノバティア王国を吸収して一つの王国になり、その絶頂期は750年から1150年であった。この間エジプトは641年にアムル将軍率いるアラブ軍に占領されたが、将軍が建設した新都フスタットの脇には聖家族が隠れていたとされるハンギング・チャーチ（の前身の教会）が存続したし、エジプト人すべてがイスラム化したわけではない。またヌビア3王国は地理的にはキリスト教圏から隔絶したように見えるが、その教会の司祭はアレキサンドリア大聖堂が任命し続けていたし、15世紀になってもエルサレムでヌビアからの巡礼が見かけられた。マクリア王国はエジプトから南下して攻め込んできたイスラム勢力に屈することなくよく戦い、652年に両者は停戦協定を結び、その後交易が栄えた。イスラム王国とキリスト王国の2国間協定によって5世紀の間おおむね平和が保たれたのである。その間、909年にはチュニジア起源のシーア派のファティマ朝（909―1171年）がエジプトに興ったが、マクリア王国はファティマ朝とも良好な関係を築き、例えばマクリアから送られた奴隷部隊はファティマ朝の重要な戦力であったし、宮廷にはヌビアから送られた宦官が勢力を有していた。

エジプトのファティマ朝の系統が断絶した後、1171年にアユーブ朝（1171―1250年）を興したクルド人出身のサラディンはヌビア出身の奴隷部隊を殺戮、1172年にはサラディンの弟が率いる部隊がマクリア王国に攻め込んだ。マクリア側はそのときは反撃に成功したものの、すでに9世紀頃からマクリア北部で見られたエジプトからのアラブ・イスラム系住民の南下と現地住民との混血、遊牧民の攻撃、それに伴う社会の混乱もあり、次第に衰退の道をたどり、アレキサンドリアからの司祭任命も1235年に派遣されたのが最後となった。エジプトにはマムルーク朝（1250―1517年）が興り、1272年にマクリア王国のダウード王がエジプトの紅海の重要な商港アイダーブを奪ったことに対してエジプト側は報復を行い、1276年には首都ドンゴラがマムルーク朝の軍に略奪され、マクリア王国はキリスト教をかろうじて維持しえたもののついにエジプトへの朝貢国に堕してしまった。その後、1317年に最後の王が敗れてドンゴラに最初のイスラム教のモスクが建設された。ここにヌビア3王国のうち2王国のキリスト教の時代は終わることとなった。ただし、国家としてのキリスト教国が消滅したのちに直ちにキリスト教徒が消えたわけではなく、各地に教会が存続していたと伝承されている。

あえて比較すれば、日本の飛鳥時代に始まり、奈良時代、平安時代、鎌倉時代を通じて、アスワンからナイル川の第4カタラクトの一帯には豊かなキリスト教の王国が栄えていたのである。

他方、今日のスーダンの中心部、白ナイルと青ナイルが合流する地域に栄えたアロディア王国は580年にキリスト教化し、14世紀初めに北隣のマクリア王国が滅んだ後もよく持ちこたえ、1504年頃に新興のイスラムのフンジ王国によって滅ぼされるまで続いたとされる。ただし、アスワン・ハイダム建設で水没の運命となったがゆえに国際的な発掘調査が実現したノバティア王国と異なり、これまでのところアロディア王国については本格的な発掘調査等が進んでおらず、今後の解明が期待される。その中でアラブから10世紀後半に訪れたイブン・スレイムと13世紀に訪れたアブ・サリヒならびにイスラムの貿易商たちの記録からうかがえることは、王国は大変に栄えており、例えば首都のソバには広大なカテドラルを含む400に及ぶキリスト教の教会があった（Niane 1984, pp. 406-

407)、と記録されている。アロディア国は、北方ヌビアの王国同様アラブ・イスラム系住民の南下と地元住民との混血に加えて、南方からの圧力によって衰退し、ついに新興のイスラム教のフンジ王国に滅ぼされたが、その詳細については詳らかにしない。日本史年表と比較すれば、聖徳太子の時代から応仁の乱の後まで栄えたキリスト教国であった。

エジプトと異なり、今日のスーダンにキリスト教は残らなかったが、その歴史上900年以上がキリスト教の王国、その後今日に至る500年余がイスラム教の時代である。

4-2 エチオピアの興りと紅海という地政学的要衝

第二次世界大戦中の一時期を除き、アフリカで唯一独立を守り通した国として知られるエチオピアは、1974年にハイレセラシエ皇帝が革命によって倒れるまで2千年近い歴史を誇る帝国であった。イタリアのムッソリーニのエチオピアへの野望で破談となったが、1930年代に日本国内を沸かせた黒田子爵令嬢とエチオピアの王族アラヤ・アベベ王子の婚約は、当時の世界にほとんど存在しなかった非欧米の独立帝国同士の結びつきという現在の国際社会の状況から思えば空論めいた、しかしヨーロッパ列強の前になすすべもなく立ち尽くしていた当時の非欧米人には魅力的に感じられた思考[12]が背景にあったとみられる。

エチオピアの首都アディスアベバには、パンアフリカ主義を一つの背景として1963年に生まれたアフリカ統一機構(2002年アフリカ連合に改組)の本部が置かれている。これは当時ハイレセラシエ皇帝が、アフリカの長老たるリーダーであったことのみならず、アフリカの若い独立国にとって心の支えであったことを示唆している。例えば、現代アフリカ独立の父クワメ・エンクルマが旧英領黄金海岸（British Gold Coast）の独立を達成したときに、アフリカの2つの誇り、中世ガーナ王国とエチオピア帝国から新独立国の国名と国旗を借用したことは後で述べる（第5章参照）。

さて、エチオピア王朝は一系ではないが、紀元前1世紀に現在のエチオピアの北部にあるアクスムを中心に栄えたアクスム王国に端を発する。アラビア半島のイエメン北部からアフリカ側に渡って栄えたと見られるアクスム王国は、ヌビアのアロディア王国の東隣りに位置し、紅海沿岸から対岸のイエメン北部の沿岸部にまたがる領域を抑え、4世紀半ばにはヌビアのクシュ王国を倒したほどの強国であった。首都のアクスムには、高さ24ｍのエザナ王（4世紀）のものをはじめとする石柱群が現存しており、ユネスコの世界遺産にも登録されている。このエザナ王の石柱を１９３７年に侵略したイタリアが略取してイタリアに持ち去ったが、２００５年にエチオピアに返還された。

そのアクスム王国にキリスト教が当初たどり着いたのは、ヌビアの3王国と異なりアレキサンドリアないしビザンチンからの宣教師によるものではない。ローマ帝国の一部となっていたティルス（現在のレバノン南部）出身の哲学者メロピウスが紅海南部まで航海の途次アクスムの港に入港したところ、当時アクスムの人々はローマ帝国と紛争状態にあると考えていたためメロピウスを含む乗員・乗客を殺害してしまった。そのとき、メロピウスに同行していた親戚の少年エデシウスとフルメンティウスはたまたま上陸していて難を逃れ、アクスムの宮廷でエラ・アミダ王に仕えることとなった。このフルメンティウスこそは後にアレキサンドリアによって初代のアクスム司教に任じられた人物であり、シオンの聖母マリア教会を築いた開祖である。またキリスト教化してからは歴代アクスム王、さらに後の歴代エチオピア皇帝はアクスムのシオンの聖母マリア教会で即位することで正当な王・皇帝とされた。このようにアクスムのキリスト教化は王宮から始まったものであり、エラ・アミダ王を継いだエザナ王（在位320―360年）の時代[13]にキリスト教がアクスム王国の国教となった。301年に世界で最初にキリスト教を国教としたとされるアルメニア王国に次ぐ古さであり、爾来アクスムの司祭はアレキサンドリア大聖堂によって任命されていく。

シオンの聖母マリア教会に隣接して建つ現代のアクスムの大聖堂のフレスコ画には聖母子像が描かれているが、当然のことながら聖母子をはじめ描かれている天使や賢王の肌の色は褐色である。描かれた場所がエチオピアだからエチオピアの人々の肌の色を描いたのだろうと推測されるが、しかし、そもそも聖母子はパレスチナ人だったから肌の色は西洋人とは異なっていたと考えるのが自然である。すなわち、ラファエロが描いたような西洋人の肌の色ではなかったであろうし、ミケランジェロのピエタ像のような容姿でもなかったとの蓋然性が高いと考えるのが、本来自然ではないか。にもかかわらず、聖母子像が金髪碧眼であることが「当然」であり、そもそも聖母子の肌の色などという観点で考えられることすらほとんどないのはなぜだろうか。キリスト教のヨーロッパ化の結果と言えば簡単に聞こえるし、またキリスト教のヨーロッパ化は地中海東岸、南岸、西岸をイスラム教徒に抑えられた結果であるとも指摘しうる。ただ、神様は白いという発想は、船に大砲を積むという発想を持った西洋人の世界侵略およびその後の産業革命によってヨーロッパとイスラム圏の勢力および「文明」が逆転してからは、西洋人の優越意識とからむものとなっている。

キリスト教を国教としていたアクスム王国では貨幣に十字架が描かれていた。614年頃王位に就いたアルマー王の銀貨の裏面に金メッキされた十字架が浮き彫りにされており現存する。アクスム王国の繁栄は、古くから貨幣を鋳造していたことにも示される貨幣経済の導入と通商に負うところが多いが、アクスム王国の通商ルートは、東へは紅海沿いの港や対岸アラビア半島のアデンからインドやアフリカ東海岸との通商ルート、また北へは３つのルートでローマ帝国との交易を行っていた。一つめは、紅海南部にあるアビシニアの高地と沿岸部の低地を抑えていたアクスムの地の利により、対岸のアラビア半島ルートへのアクセスを確保してアデン、メッカ、そして映画「最後の聖戦」の舞台ともなったペトラを通じてローマ帝国と、また二つめは西のメロエからヌビアを抜けるナイル川ルートでテーベを経由して古代エジプト以来の重要都市メンフィスに出るルート、さらに三つめは紅海の西岸沿いに海路北上するルートを有していた。アクスム王国からエチオピアに至る歴史の中で、紅海沿岸の港湾を抑えていたときには繁栄がもたらされ、オスマン・トルコなどに奪われたときには苦難が国を襲ったが、この紅海へのアクセスの重要性は今日でも変わりはない。

　紅海は古代エジプト第18王朝のハトシェプスト女王（在位：紀元前１４７９年頃摂政、その後7年以内に「上下エジプトの女王」となり約22年在位。ただし終末については不明）がプント王国[14]などとの交易で栄えた時代以来重要な通商ルートであり、また地政学上の重要地域であった。中世には、イスラム圏の繁栄とともにイスラム商人が紅海からエチオピアに延びる平野部[15]に商館を構えてやがてそれが通商都市となり、それがイスラムがエチオピア低地部の内陸に広がる道ともなった。近世には、オスマン・トルコがアラビア半島に加えて西岸のエチオピアの平野部を抑え、大西洋とインド洋を抑えていた海洋帝国ポルトガルが何とか紅海に入り込もうとしても果たせなかった。さらに時代が下れば大英帝国が「インドへの道」として紅海を重要視してスエズ運河を獲り、またかつてアクスム王国が活用したアラビア半島の南西端アデンに1839年軍港を建設した。大英帝国に対抗するフランスは「インドへの道」ににらみを利かせようとして、1862年にジブチの一部を租借して橋頭保をつくり、フランスが抑えていた西アフリカおよび中部アフリカと東のジブチを結ぶ東西回廊を築こうとする中で、1898年にスーダン南部で英仏軍が衝突するファショダ事件が起きた。さらにイタリアが1885年エチオピアに戦争を仕掛けて1889年にエリトリアを奪った。現代では、1967年にエジプトのナセル大統領がイスラエルの紅海へのアクセスと断とうとしてアカバ湾南端のチラン海峡を封鎖、これが第3次中東戦争（「6日戦争」）を招いてナセルは敗北してシナイ半島を失い、また貴重な外貨獲得源のスエズ運河の閉鎖に追い込まれた。イスラエルはエイラト港からアカバ湾を抜けて紅海経由でインド洋へのアクセスを確保し続けることを死活的に重要だと考えていたのである。

昨今、紅海の地政学的重要性に着目して食指を伸ばしているのは中華人民共和国である。第二次世界大戦後エチオピア領に戻っていたエリトリアがエチオピアに戦争を仕掛けて分離独立をしたときに、エチオピアは内陸国になってしまった。エチオピアの「近代化」に取り組んだメネリク2世統治下の19世紀末から20世紀初めにかけて仏領ジブチ（当時）の港湾とエチオピアを結ぶ鉄道が建設されたが、維持管理の欠落、革命、戦争等で荒廃したまま放置されていた760㎞余りの鉄道を、2013年から中華人民共和国が事実上丸抱えで再建した。中華人民共和国はジブチでの中国海軍基地建設も敢行し、これらのこととスーダンをすでに事実上取り込んでいることと併せれば、中華人民共和国のアフリカ大陸の紅海西岸を勢力圏とした上で紅海を抑えるとの地政学的戦略は、これまでのところ地歩を固めたように見える。

5　エチオピアにおけるキリスト教とイスラム教

5－1　モーゼの十戒

さて、もともとはアラビア半島のイエメン北部から紅海を渡ってきたと考えられているアクスム王国はアラビア半島との交流が深かった。その一つが国の興りに関するものである。シバの女王がエルサレムにソロモン王を訪ねたときに子を宿し、生まれたのが初代のメネリック王であるとの伝承を信じてきた。後にメネリック王はモーゼがシナイ山で神と契約した「十戒」を刻み込んだ石板が入った聖櫃をエルサレムから持ち出し、それがアクスム王国のシオンの聖マリア教会で保管されていると信じられている。

アクスム王国とアラビア半島のつながりは、イスラム教とキリスト教の邂逅にも見られる。モハメッドが啓示を受けてメッカでイスラム教を興した当初、多神教を信じていたクライシュ族によって信者たちが迫害を受けたため、610年代にモハメッドの指示で数十名の信者が2度にわたりアクスム王国に庇護を求めたのである。アクスム王国に渡った人々の中にはモハメッドの次女ルカイヤとその夫ウスマン（後の第3代カリフ）も含まれていた。アクスム王国のアルマー王はウスマンたちの求めを受け入れ、メッカのクライシュ族の使節団が引き渡しを求めてきた際には双方の言い分を聴いた上でイスラム教の人々の滞在を許し、メッカの使節団の求めを断った。モハメッドはこれに感謝し、エチオピアを攻撃しないように指示したと言われている。イスラム側がエチオピアに武力侵攻したのは16世紀になってからであった。

エチオピアでは1270年にザグウェ朝からイクノ・アムラクが設立したソロモン朝への王朝の交代（ソロモン王の血を引くと主張したイクノ・アムラクによればソロモン朝の「復興」）があり、青ナイル上流地域、タナ湖からエチオピア高地の東端にかけて版図とした。当時その周囲には、テケゼ川より北には古来居住するファラシャ[16]（'Beta Esrael' いわゆるエチオピアのユダヤ人）が勢力を維持し、またショア高原には古くからのダモトゥ王国があり、そしてアフリカ大陸の大地溝帯の北の出口にあたる平野部にはイスラムの勢力が根を張っていた。当初は紅海沿岸にイスラム商人によって通商の館が築かれ、エチオピア高地、アフリカ東海岸、アデン湾、紅海の豊かな通商を担っていた。こうして13世紀にはイスラムは通商と富を通じて次第に平野部から上流に向かうアワシ川に沿って内陸部に浸透していき、イスラム教徒のコミュニティーおよび公国が形成されていた。沿岸の貿易拠点となった紅海のダフラク諸島、今日のジブチ、ソマリア地方のゼイラ、ソマリアのアデン湾沿岸地方のバーバラ、インド洋沿岸のモガデシュ、メルカ、ブラヴァが知られる。ただし、アフリカの角におけるイスラム圏の確立にはむしろ内陸のイスラム勢力が大きな役割を果たしたと見られている（Niane 1984, pp. 423–425）。

5－2 エチオピアとイスラム帝国との関係

そうした中で、紅海、特にゼイラ港からアワシ川沿いに高地まではイスラム系住民や商人が通商を担い、そこからさらに高地内部に進むにはキリスト教系住民が仲介貿易を担っていた。すなわち双方は互いに依存し、共通の利害を有していた。イクノ・アムラク帝はショア地方のキリスト教系社会のみならずイスラム系社会とも巧みな同盟関係を結び、エジプト・マムルーク朝のバイバルス（在位1260—77年）に送った書状によればその軍にはイスラム教徒の騎士を擁していた（Niane 1984, pp. 432-433）。この低地地域に展開するイスラム勢力を支配下に置いたのはイクノ・アムラクの孫アムデ・スィヨン帝（在位1314—44年）の代になってからであった。アラブの歴史家アル・ウマリはアムデ・スィヨンが高地の多くの国を支配下に入れるとともに、7つのイスラム系の国を朝貢国にしたと記述している。

ソロモン朝の創立当時、エチオピアはエジプトのマムルーク朝の力の前に下手に出て、アレキサンドリア大聖堂から新たな主教に赴任してもらう必要が生じたときには、奴隷や金などをマムルーク朝に贈っていた。しかし、エチオピアが次第に力をつけていくと、エチオピア教会も勢いを増し、13世紀には高地および平地に広がった版図には教区が設けられ、修道僧の人里離れた洞窟での瞑想、修道院活動が再び盛んになった。また教会と修道院ではキリスト教義の探究のみならず宗教画などの芸術が花開き、ゼラ・ヤコブ帝（1434—68年）のように神学に秀でた実績を残す王族も現れた。エチオピア教会の頂点にある主教はアレキサンドリア大聖堂から派遣されるエジプト人であり、キリスト教に帰依している歴代皇帝はエチオピア教会の主教を派遣してもらう必要があったが、他方で現場の教会や修道院の活動は必ずしも中央集権的に行われていたものではなく、各修道院は自立していた面が強かったとされる。

エチオピアについては、高地の上に孤立して外界と隔絶していたとのイメージが強いが、すでに述べたようにイスラム教のマムルーク朝をはじめとする諸外国との交易で栄えてきたし、マムルーク領内のパレスチナの聖地にはエチオピア教会の僧たちが巡礼に訪れ、そして主教はアレキサンドリアから派遣されて続けていたのである。念のため繰り返し述べるが、欧米で流布しているように見える「イスラム教は非寛容」とのイメージに反して、当時文化においても経済的繁栄においても軍事力においても世界の最高峰にあったマムルーク朝のお膝元でキリスト教のアレキサンドリア大聖堂が国際的に活動し、また信徒が信仰を実践できていたのみならず、アレキサンドリア大聖堂の末寺とも言いうる外国（エチオピア）の教会の僧侶がマムルーク朝の領土内を通過してその領土内にあるキリスト教の聖地に巡礼に行くことが認められていた。

なお、ユダヤ教徒との関係に関して、モハメッドがヘジラしたマディーナ（2つのアラブ部族とユダヤ教徒の部族がいた）で結んだ協定「マディーナ憲章」に次の下りがある。「(16) ユダヤ教徒でわれわれに従う者には援助と対等の扱いが与えられ、抑圧されることも、その敵に援助が与えられることもない。……(25) アウフ支族のユダヤ教徒は、信徒たちと共同体をなすが、ユダヤ教徒には彼らの宗教があり、ムスリムには彼らの宗教がある。」（小杉 1994, pp. 39–40）

他方、次第に自信をつけていったエチオピア帝国とその皇帝は、マムルーク朝に挑戦しようと試み始める。マムルーク朝側はエチオピア領内のイスラム教徒の利益を守るように要求してきていたが、14世紀にはエチオピア皇帝側もマムルーク朝に対してその領内でコプト教徒を抑圧せず、自由に信仰を実践できるように要求するようになった。さらにダウィド王（在位1380—1412年）はナイル上流のアスワン地方に攻め込み、次のユィシャク帝（在位１４１３―30年）はヨーロッパに密使を派遣した。しかし密使はその帰路、十字架が刺繍された大量の兵士の制服などとともにアレキサンドリアで拘束され、団長はカイロで公開絞首刑されたとアラブの歴史家イブン・タグリビルディ（１４０９―70年）は記している（Niane 1984, pp. 450-451）。訪欧団は次のゼラ・ヤコブ帝（１４３４―68年）の治世にも送られ無事にローマ往復を果たしたのではないかと考えられているが、一連のエチオピア側の攻勢はマムルーク側の態度の硬化を招くこととなった。ついに１４４８年にマムルーク朝の正式な許可なしにはアレキサンドリア大聖堂がエチオピアと接触することが禁じられた。さらに、１４５８年以前に死亡したアレキサンドリア大聖堂から派遣されていた主教の後任は30年余にわたり派遣されず、ゼラ・ヤコブ帝の孫が即位してマムルークに贈り物を送りつつ懇請してようやく１４８０年ないし81年に実現した。

5―3　キリスト教のポルトガルとの接触がもたらした混乱

16世紀に入ると、エチオピア皇帝の力が衰えていく中で混乱が生じた。イスラムとの関係、そしてカトリックのポルトガルとの関係双方で、エチオピアは試練の時代を迎える。

ジハード・聖戦を唱えるイスラム教のイマームを名乗っていたアハマド・アルガーズィに平野部から高地に攻め込まれ、時のレブナ・デンゲル帝（１５０８―40年）は１５２９年から敗北を重ねてついに１５３３年にはアクスムも占領されてしまった。シオンの聖母マリア教会も破壊され、住民たちはイスラムへの改宗を強制され、苛斂誅求に苦しむこととなった。１５４０年にデンゲル帝を継いだガラウデオス帝（1540―59年）のもとで形勢は逆転、さらにたまたまオスマン・トルコが覇権を握る紅海の様子を探るためにインドのゴアから派遣されたポルトガル艦隊がマサワに寄港した。それを見たエチオピアの知事がキリスト教国の生き残りのために支援をしてほしいとの手紙を持参し、ポルトガルは1541年400名の義勇兵を派遣した。指揮官はバスコ・ダ・ガマの息子のクリストファ・ダ・ガマであった。当初火器に勝るポルトガル軍はイスラム側を圧倒したが、次にアルガーズィがオスマン・トルコに援助を要請。クリストファ・ダ・ガマは捕虜となり、イスラムに改宗すれば助命すると言われたが拒否して処刑された。その後、ポルトガル軍とエチオピア軍が合流することに成功し、1543年にアルガーズィが戦死しイスラム軍は敗走した。

こうしてエチオピアは再びエチオピア教会のもとのキリスト教国となったが、この後暫時の神学と文化の隆盛ののち、皇帝相続問題がきっかけとなってキリスト教内の混乱が生じていく。プロテスタントの興隆に対抗して1540年に設立されたイエズス会は、フランシスコ・ザビエルをインド、中国そして日本（1549年来日）に派遣したことで私たちにもなじみがあるが、エチオピアに関しては事情を異にした。イエズス会は、451年にカルケドンの公会議で異端とされたエチオピア教会とローマのカトリック教会の統一、つまりアレキサンドリア大聖堂のもとにあったエチオピア正教のローマ・カトリックへの改宗を目指したのである。

1557年、ポルトガル出身のアンドレア・ダ・オヴィエド司教がエチオピアに派遣され、エチオピアの聖職者のみならずガロデオス帝とも神学論争を行った。その中で皇帝は、キリスト教の解釈においてどの民もどの国も自分の解釈だけが正しいと主張することはできないと指摘した。さらに皇帝はヨーロッパのキリスト教がヨーロッパの慣習を取り入れているように、エチオピア正教の慣習や伝統は「異教」でも「ユダヤ教」でもなく、土地の伝統に依拠しているものだと指摘した（Ogot 1992, p. 729）。

その後、イエズス会はサルツァ・デンゲル帝（1563―97年）から活動拠点を下賜され、1577年に死亡したダ・オヴィエド司教の後任として1603年に赴任したスペイン出身のペドロ・パエス司教は寛容な人柄であったと記録されている（当時紅海の港はオスマン・トルコに占拠されていたため後任の派遣が遅れた）。当時、エチオピア教会側もパエス司教との神学論争に刺激を受けて自分たちの議論も活性化し、またそれまでアクスム王国以来のゲーズ語が使われていた伝統を変えて市井の人々にアウトリーチするために地元のアムハラ語で神学を論じ、かつ記録した。エチオピアではこの時期に神学書と歴史書が多く書かれ、かつ文化も花開いていた。

他方、政治は混乱した。1597年にサルツァ・デンゲル帝が死亡した後、後継争いが起き、サルツァ帝の指名を受けて帝位に就いた甥のザ・デンゲル帝はポルトガル人とカトリック教会に支援を求めたため、エチオピア教会は皇帝を破門、内戦となった。10年後の1607年にスセンヨス帝が即位して内戦を収めて国を再興させたが、ペドロ・パエス司教は宮廷に近づき、ついに1630年皇帝はカトリックに改宗しかつカトリックを国教とした。ところがパエスはその後間もなく死亡、後任のアルフォンソ・メンデス司教はエチオピア教会を聖職者から教会の内装まで強引にヨーロッパ風に変えさせ、ひいてはすべてのエチオピア正教の信者に洗礼をやり直させ、暦もエチオピア暦からヨーロッパ暦に変えさせた。さらには人々に尊敬されていた聖職者の遺体を異端者は汚らわしいとして教会墓

図4-2　ハイレセラシエ皇帝

「来日中のハイレ・セラシエ・エチオピア皇帝は全線電化された東海道線を「つばめ」で西へ　1956年11月25日　東京・東京駅」
出典：毎日新聞社提供。

コラム　日本とエチオピア

２０１６年に、日本とアフリカの直行便をエチオピア航空が運航し始めた。日本とエチオピアの交流では、戦後のハイレセラシエ皇帝（当時）と皇室の交流が思い起こされる。１９５６年ハイレセラシエ皇帝は敗戦後の日本の皇室外交初期に来日し、全線電化されたばかりの東海道線で関西へ向かった。また１９７０年の再来日では、前年に完成したばかりの皇居新宮殿において昭和天皇から「石橋[17]の間」を直々に案内されたと聞いている。アフリカの獅子（当時のエチオピア国旗は皇帝の紋ライオンを中央に配していた）に敬意を表されたものと考えられる。

そもそも第二次世界大戦前に欧米に支配されていなかったのは、日本、中国、シャム（タイ）、ネパール、ペルシャ（イラン）、トルコ、エチオピア、リベリア、ハイチだけであった。

地から掘り起こし、エチオピアにはなかった魔女狩りを行い火あぶりの刑に処した。ことここに至って各地で反乱が発生、スセンヨス帝は鎮圧に狂奔したが、帝が殺害したのは忠実な家臣であったと皇太子から指摘されて目覚めて退位、その際エチオピア正教に国を戻すとの布告を発した。ほどなくスセンヨスは死亡、後継のファスィラダス帝はイエズス会を追放するとともに国内のカトリック勢力を一掃して国をエチオピア正教に戻し、さらに紅海の港サラワを支配していたイスラム教のオスマン・トルコの知事と協定を結び、対価を払うのでエチオピア国内に入ろうとするヨーロッパ人を殺害するように依頼した。

こうして、エチオピアではヨーロッパから来たキリスト教徒は「西から来た狼」と記憶されている（Ogot 1992, pp. 730–732）。「プレスター・ジョンの王国と組もう」というポルトガルのアフリカ南下の原点（第1章参照）はどこかに置き忘れられたと言わざるをえず、またガロデオス帝がイエズス会側に指摘した「どの民もどの国も自分の（キリスト教の）解釈だけが正しいと主張することはできない」との点は、今日においてもヨーロッパおよびアメリカとの交渉ごとで欧米人に向かって言うべきことであり続けているのは、キリスト教のなせる業か、あるいはデヴィッドソンの言うヨーロッパ人の攻撃性、あるいは「文明」という思い上がりのゆえであろうか。

6　東西に走るイスラム教とキリスト教の境界線

6－1　19世紀の悲惨

アフリカ大陸におけるイスラム教の伝播と今日の分布を今一度振り返れば、（ア）地中海地方は7世紀のイスラムの興りとその西進により、（イ）サブサハラの西スーダン地方は「隊商の静かな布教」により、（ウ）スーダンからアフリカの角にかけてはヌビアのキリスト教国の衰退と近隣イスラム国の侵入、そして（エ）インド洋に面した東海岸はイスラム商人たちの交易拠点を通じた伝播によるものであった。

他方、キリスト教は、第1に聖マルコが興したアレキサンドリア大聖堂の、エジプトからナイル川上流のヌビア、またアクスムに端を発するエチオピアにかけて連綿と続く活動については先に見たとおりである。第2に、ギニア湾からコンゴ王国にかけての海岸線（今日のシェラレオネからナイジェリア、ガボン、コンゴ、アンゴラにかけて）とモザンビーク以南の東海岸は16世紀以降のポルトガルおよびそれに続くヨーロッパ列強の進出が聖職者を伴っていたことによる伝播であった。16世紀のコンゴ王国のアフォンソ1世の長子がローマに留学してカトリックの司祭となり、今日のチュニジアに派遣されたのは、ヨーロッパとアフリカが当時は対等な関係にあったことを示唆するのみならず、アフリカ側もキリスト教を「征服者」の宗教と見ていたわけではないことを示している。

19世紀のヨーロッパのアフリカ「探検」熱は状況を大きく変えるきっかけであった。ナイル川の源流はどこか、ニジェール川とナイル川はつながっているのではないか、ニジェール川は東から西に流れているのかそれとも西から東へと流れているのか。かつて15世紀末にポルトガル人が河口にやって来たコンゴ川の「奥地」は暗黒のままであったし、ザンベジ川やリンポポ川も同様であった。

そうした中登場したのがリビングストンをはじめとする宣教師であった。彼らの布教活動とヨーロッパ帝国主義が結びつくことになったのは、リビングストンをはじめとする宣教師が宣教にとどまらず地図の作成を行ったことによる。彼らの「探検」によって地図が次第に沿岸部から内陸に向けて描かれていく中で、ヨーロッパでは白人による地図がまだない未知の部分を「未知の」、すなわち「dark」と呼んだ。これが、「未開の、野蛮な」大陸（「the darkest」continent）となっていったとデヴィッドソンが指摘したのは先に見たとおりである。

6−2　キリスト教の南スーダンの独立

リビングストンとスタンレーの祖国イギリスは、21世紀になってから南スーダンの独立という離業をアメリカとともにやってのけた。エンクルマが、そしてエンクルマとハイレセラシエ皇帝が苦労してつくったアフリカ統一機構（ＯＡＵ）が大原則とした、植民地時代の国境線はいじらない、国家の一体性を尊重するという大原則が破られたのであった。パンドラの箱を開けられたアフリカは、当然のように混乱した。なにしろ、スーダンがイスラムの野蛮なシャーリア法を適用していると非難して、キリスト教徒の黒人住民が住むスーダン南部を独立させたのである。まさに、１８８５年にチャールズ・ゴードン将軍がハルツームで戦死した後イギリスが10年の間スーダンから手を引き、その間に南にまわってカンパラにイギリス兵の駐屯地を建設し、その上で今日の南スーダンの黒人系の住民にキリスト教徒になったら金をやると言い、１８９５年にその南から北のハルツームを攻め落とした故事を思い起こしたのは筆者（石川）ばかりではあるまい。

筆者は南スーダンの独立に戦慄した。なぜなら、南スーダンの北側のスーダンとの国境線の緯度を西にたどっていけば、大西洋に至るまでイスラム教とキリスト教の分布の境界線だからである。国の北半分がイスラム教で南半分がキリスト教という国は（旧）スーダンに限らない。ナイジェリアでは、その北半分を占めるのはイスラム教の旧フラニ帝国や旧カネム・ボルヌ帝国であるのに対して、南にはキリスト教の旧ヨルバ王国などを抱えている。そしてこのようなキリスト教地域とイスラム教地域は湿潤な気候帯と半乾燥地帯という植生の違い、そしてそれに起因する農業をはじめとする経済実態の違いとも重なっている。すなわち、ヨーロッパに押し付けられた不自然な境界線を独立国家の国境線とせざるをえなかったアフリカでは、かつては敵対する王国であったイスラム教地域とキリスト教地域の微妙な均衡を保つことこそが、その国の安定に必要不可欠な要素であり続けたのである。英米主導の「国際世論」に後押しされた南スーダン独立は、このような「南北問題」を抱える多くのアフリカ諸国においてパンドラの箱をぶち壊してしまった。その結果、筆者が怖れたとおり、追い詰められたと感じたイスラム側地域にボコ・ハラムをはじめとする多くの武装過激派が生まれてしまった。南スーダンの独立こそは、21世紀においてもイギリスはアフリカに対して傲慢であり、そしてアメリカはアフリカについて無知であることを示したのではないだろうか。

7　イスラム圏における世俗国家の重要性

7－1　アメリカン・ロックで結婚披露

イスラム教の国というとテロと爆弾という報道が多いが、実態はいささかこれと異にしている。例えば、社会的に見ても、筆者（石川）が初めて滞在した1970年代半ばのカイロでは街中をミニスカートの女性たちが闊歩していた。2度目に滞在した2000年代では、アラビア半島への出稼ぎから帰国した人々がアラビア半島の風習を持ち帰った結果、目を除いて顔を覆う女性が多く、また街中など公共の場ではショールで頭部を覆う女性が圧倒的多数となっていた。ところが、結婚式の披露宴に呼ばれて驚いたのは、新郎新婦が洋装でアメリカン・ロックに乗って入場し、花嫁やその友人たちは日本でも流行している肩を出すドレス姿であり、それは社会の上層部の披露宴でも庶民の披露宴でもさほど変わらなかった。これを、西洋化＝近代化とされた時代の「残滓」と見るのか、時代の流れと見るのか、あるいは流行に敏感な若者と見るのか。いわゆる「アラブの春」およびムスリム同胞団なるものをアメリカ合衆国が後押しするまでは大統領夫人はじめ主要政治家の夫人も女性政治家もヴェールを着用しなかった。ちなみに、エジプトでは政治的用語での「アラブ」は別として、社会的には「アラブ」とはアラビア半島のベドウィンを指すことが多く、例えば「アラブと結婚するなんて！」と侮蔑的に発言する人も多い。

7-2　神聖国家イランの真意

中東問題がこじれていく国際情勢の中でも、エジプトのナセル～サダト～ムバラク政権は宗教が政治に介入しない世俗国家としてのエジプトのあり方を守ることに力を注いだ。その理由について、エジプトの下院外交委員長（当時）はこう筆者（石川）に述べた。「世俗国家で仮に反政府活動等で有罪となって入牢しても、それは現世の牢屋である。これに対して、イランのような宗教と政治が一体となっている神聖国家では、権力側は国民に向かって『お前はこの世でも、あの世でも牢屋に入ったままだ』と迫る。そのインパクトの大きさを考えてほしい。したがって、政治と宗教を分けることは極めて重要である。」

イスラム圏で国家の世俗性を強く打ち出したのは、オスマン・トルコ帝国が第一次世界大戦で敗北して英仏によって解体させられた後にトルコ共和国を建国したアタチュルクである。トルコ共和国憲法第2条は、「トルコ共和国は民主主義、世俗および社会的な国家である。」と明記している。中東で人口が多いのはトルコ、エジプトおよびイランの3か国[18]のみである中で、トルコは中東地域では人口のみならず経済力や軍事力でも大国であり、2003年にエルドアン政権が誕生するまでは中東地域に神聖国家が広がらないための強い重しとなっていた。ところが、エルドアンのイスラム寄りの思想のみならずエルドアン夫人が公共の場でヴェールをかぶる等、エルドアン政権が国のイスラム化を進めるのを見た当時のエジプトのムバラク政権は強い危機感を覚えた。サダト夫人もムバラク夫人もヴェールは被らないし、ムバラク夫人はテレビのアナウンサーや飛行機のキャビンアテンダントがヴェールをかぶることを禁止していた。こうしてトルコが揺らいだ結果世俗勢力の唯一の重しとなったエジプトは、何としても神聖国家の雄であるイランの影響を抑えなければならないと考えてきた。そうした考えの一つの表れとして、ブッシュ政権がイラクのサダム・フセイン大統領を排除しようとしていたとき、エジプト政府は密かにアメリカ政府に対して、「アメリカがどうしても排除するというのならば戦争以外の方法で行わないと大混乱になる。フセインを静かに排除する能力も手段も自分たちは持っているから任せてほしい[19]」と説得し続けたが、アメリカは聞く耳を持たず、結果として大混乱

図 4-3　神聖国家イランの浸透

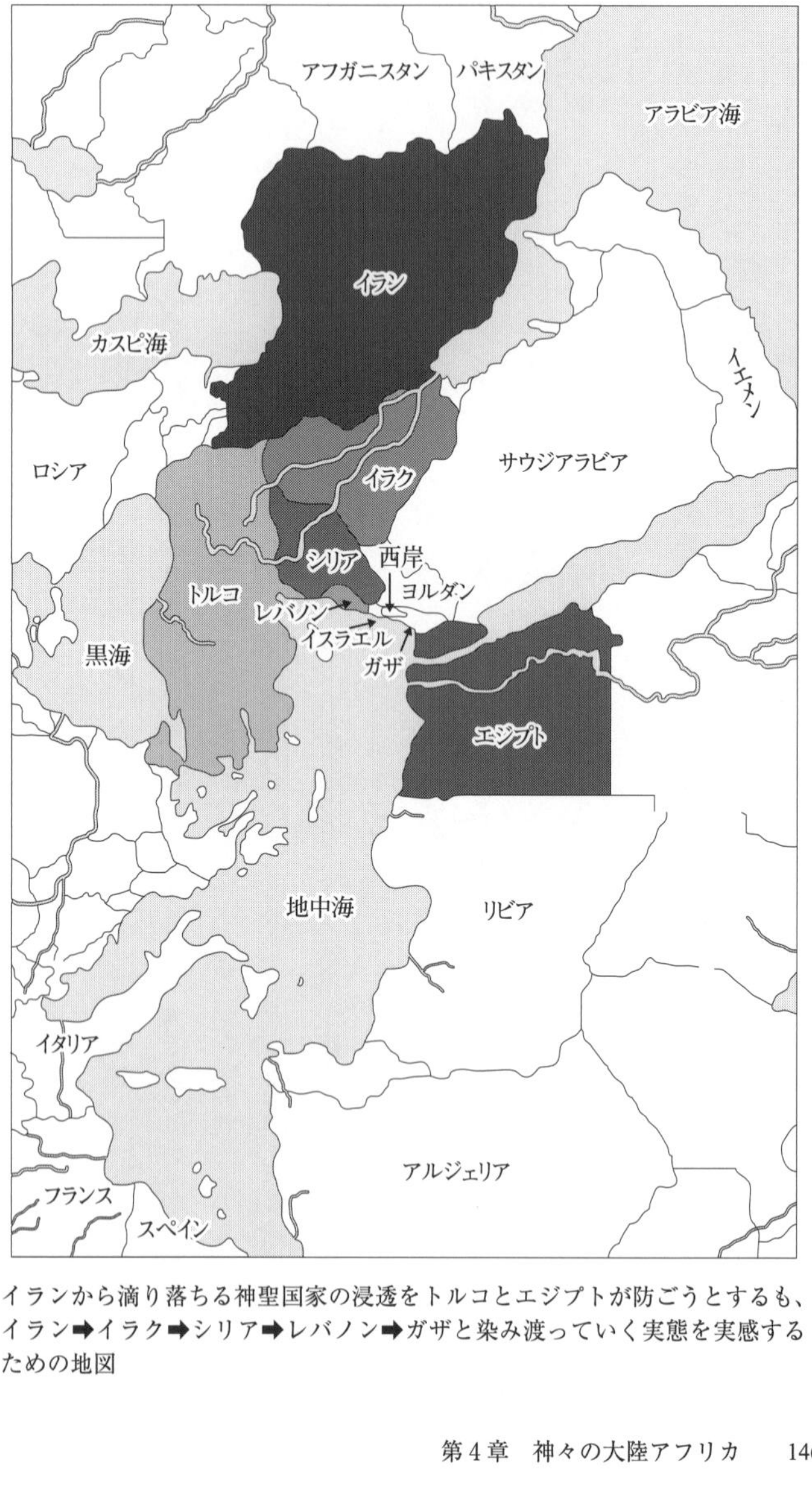

イランから滴り落ちる神聖国家の浸透をトルコとエジプトが防ごうとするも、イラン➡イラク➡シリア➡レバノン➡ガザと染み渡っていく実態を実感するための地図

を招いた。フセインは世俗勢力としてイランの影響力浸透を食い止めるという役割を担っているという側面もあったからである。アメリカが招いた大混乱の中で特に指摘すべきことは、アメリカ政府がよりによって神聖国家イランの宗派であるシーア派をあたかも民主主義の担い手であるかのごとき扱いをすると同時に、イスラム教徒の9割を占める多数派でありかつ本来寛容であったスンニ派を悪役にしたこと、その上でかつてイランに亡命していたシーア派のマリキをイラクの首相に据え、イラクをイランに差し出したことである。これでスンニ派はいわば「窮鼠」となり、そうした中であらゆる猫を噛み始める過激なスンニ派内少数派が現れることになった。

地政学的角度から付言すれば、イランはまったく労することなくイラクを手に入れ、アサド父[20]の時代から緊密な関係にあったシリア、そして内戦後シリアの強い影響下に置かれているレバノンを含む「肥沃な三日月」を手に入れ、さらにガザ地区のハマスを影響下に置いた（図4－3参照）。ハマスがスンニ派であるにもかかわらずシーア派のイランが資金面や武器供給で密かに支援するのは、ハマスが対イスラエル強硬派であるからとの理由のみならず、ハマスを批判する世俗国家エジプトおよび穏健派ファタハのパレスチナ自治区への揺さぶりも念頭に置いてのことである。イランという神聖国家はさらにサウジアラビア南隣のイエメンを神聖国家化または少なくとも混乱させて、サウジアラビアを挟み撃ちにすることを狙っているかのごとくでもある。留意すべきはサウジアラビアやアラブ首長国連合の湾岸部（石油産出地域）の住人の多くがシーア派であることである。したがってイランの勢力浸透は潜在的に穏健湾岸諸国にとって社会内部からの不安定化要因となる恐れがある。

神聖国家イランについて注目すべきもう一つの外交戦略は対アフリカ戦略であり、中でもアフリカ大陸およびイスラム圏の西端に位置するセネガルに対する真意である。セネガルはスンニ派だがワドゥ・セネガル大統領（在任2000年―2012年）は在任中4度（2003年、06年、08年、09年）イランを訪問し、イランのアフメドネジャド大統領も2009年にセネガルを訪問し緊密な関係を維持した。イランがガンビア経由でセネガル南部のカザマンズ反乱側に武器を密輸しようとしたとされる事件[21]で2011年ワドゥ政権は一転して対イラン外交関係を断絶した[22]が、仮にアフマドネジャド大統領がセネガルの神聖国家化ないし長年独立紛争を抱えてきたその南部地域（カザマンス地方、カトリック教徒が多い）の反乱支援によるセネガルの不安定化を通じての勢力浸透を目論んだとすれば、そして仮にそれが功を奏した場合には、他のイスラム・アフリカ諸国に対する影響は大きい。例えば、隣接するマリ、さらには12年に及ぶ内戦の末2002年にようやくイスラム過激派をほぼ抑え込んだとされるアルジェリアに対して大きな圧力となる。仮にアルジェリアが揺らげば、多くのアルジェリア系移民を国内に抱え、またエネルギー供給をはじめとする緊密な経済関係を持つフランスというヨーロッパの中心部に対するゆさぶりに通じうる。先に述べた（本章6－2）南スーダンを独立させた英米の浅慮は、サハラ砂漠の南にほぼ直線で東西に伸びているイスラム教とキリスト教の境界線を国内に抱える国々で不安定化を招いているが、その関連でも、右に述べたセネガルに関するイラン外交の展開については観察対象とすべきである。

第5章　ウェストファリアの呪縛――言語と国家

1　文字と母語

1―1　サブサハラ・アフリカの文字

1591年、モロッコのスルタン、エル・マンスール・サアディが派遣した元スペイン人ジュデル・パシャ率いる傭兵の火縄銃隊がソンガイ帝国に迫り来たとき、トゥンブクトゥーの人々は急いで砂を掘り、必死になって守るべき宝物を埋め破壊と略奪から守ろうとした。その宝物とはソンガイ帝国の富の象徴であった黄金ではなく、イスラム法関係の書籍であった。マリ帝国以来数百年にわたってトゥンブクトゥーのサンコーレ大学をはじめとするモスクや、ソンガイ帝国治下ではその首都ガオにも集められていたイスラム関係の蔵書が一部ながら今日まで伝えられているのは、このとき隠された書物のお蔭である。トゥンブクトゥーのサンコーレ大学は16世紀末まで数百年にわたって広大なイスラム圏内の知の殿堂の一つであり数十万冊の蔵書を誇った。サハラ砂漠を越えるラクダの隊商が運んだ商品の中で重要でかつ最も利鞘の大きかった商品が書籍であったことは第2章で見たとおりである。多くのイスラム法学者と学生が地中海沿岸やイベリア半島からサハラ砂漠を越えて来訪して長期滞在し、あるいは移り住んだのみならず、地元からも著名なイスラム法学者を輩出していた。

火力でソンガイ帝国を打ち負かしたモロッコ軍は、大学を中心とするモスクの知の力を恐れて焚書を強行し、また尊敬されていたイスラム法学者たちを処刑した。殺害されなかった法学者は鎖につながれてモロッコに連行された。このときの焚書の規模についての一つの示唆として、指導的な法学者であったアハメド・ババは、トゥンブクトゥーの同輩学者に比べれば自分の個人的蔵書は少なかったがそれでも1600冊のイスラム関連書物をモロッコ兵が奪ったと語った。ババは、イスラム教徒（モロッコ）がイスラム教徒（ソンガイ）を襲うことはイスラムの教えに反すると指摘し、モロッコに連行されてからも頑としてこの主張を曲げず、牢の中でも妥協しなかった。ババの博識はかねてよりモロッコのイスラム関係者にも聞こえていたところではあったが、実際に捕えた後そのあまりの知識の深さに驚いたモロッコ当局によって牢から出され、モロッコでイスラム法の学校を開くことを認められた。この間、イスラム関連の書も著して今日までその高名が残ることとなったが、アハメド・ババはスルタン・エル・マンスールの死後、1606年にトゥンブクトゥーへの帰還を許され、荒れ果てた祖国でイスラムの教えについて説き続けた。

マリ帝国の時代以来、トゥンブクトゥーが栄えていた数百年の間に地中海沿岸から、あるいは陥落前のイベリア半島のグラナダなどから輸入されていた書籍はコーランの言葉である文語アラビア語で著されていたと合理的に推測される。他方、地元のイスラム法学者による著作は文語アラビア語によるものもあれば地元の言語で記されたものも多い。ここで、「エチオピアのアムハラ語以外には、サブサハラ・アフリカには文字がないのにどうやって本を書いたのか」との疑問が湧く可能性があるので付言すれば、日本人が漢帝国の時代に「漢」字を輸入して文字を持つに至ったように、また、ヨーロッパ人がフェニキア人の使っていた文字を輸入して文字を持つに至ったように、西スーダン帝国やアフリカ東海岸・インド洋岸の通商国家などのサブサハラ・アフリカ諸国においてはアラビア文字が輸入されていたのである。アラビア語の表音文字を基本的に自国語に当てはめつつ必要に応じてアラビア文字にはない短母音等を加えて、独自の文字にしていた。換言すれば、「アフリカに文字はなかった」と言うのであれば、「日本にも、ヨーロッパにも文字はなかった」と言うべきであり、「日本とヨーロッパには文字があった」と言うのであれば「アフリカにも文字はあった」と言うべきではないのだろうか。

このようなアラビア文字由来の文字を西スーダンの帝国やスワヒリ圏が自国語を記すために使用した文字をアジャミ文字と呼ぶ。ただ、せっかくモロッコの略奪と破壊を免れた書も、19世紀のフランスの侵略とフランス語の強要により地元の人々の知の対象から消えていき、明治政府のもとの日本でもフェノロサや岡倉天心が再評価するまで西洋の文明と文化のみに目を奪われて日本文化が忘れられたかのごときであったように、西スーダン地方では自国の知と文化について理解し誇りをもって語る知識人が激減してしまった。日常生活においてもアジャミ文字は19世紀のフランスやイギリスをはじめとするヨーロッパ列強の侵略、植民地化とヨーロッパ語による教育の強制以前は広く使われていたが、ヨーロッパ宗主国によるローマ字の強制後すたれ、今日ではモスクなどで子どもたちにイスラムを教育するなどの限られた場で使われているにすぎない。こうした中、せっかくモロッコによる破壊をかろうじて生き延びたマリ帝国以来の書籍が雲散霧消してしまう前に救い、その価値を再発見しようとの動きもユネスコなどによってすすめられている。ちなみに、本書でも一部参考にしているユネスコが発刊した全8巻のアフリカ史の資料の一部はアジャミ文字による文書である。[1]

なおこの関連で指摘されるべきもう一つの点は、ヨーロッパ史観によればアフリカには歴史も社会の進展もなかったとされてきたが、それはヨーロッパの研究者たちがアフリカで世代を継いで専門家系によって語られてきた口伝の重要性を最近まで理解していなかったことに加えて、アラビア語もアジャミ文字で書かれた古文書も読めなかった、ないしそもそも読もうとしなかった、その意味において「非識字者」だったからである。ヨーロッパ史観に拘泥する人はさておき、アフリカ大陸は言うまでもなくそもそも文字の母国である。古代エジプトのヒエログリフ、ヒエログリフの流れをくむフェニキア文字などが知られる。今日のスーダンで栄えていたクシュ王国ではヒエログリフを基にしたメロエ文字が使用されていた。また紅海沿岸から内陸にかけて10世紀まで栄えたキリスト教国アクスム王国のゲエズ文字はエチオピアとエリトリアに今日なお生きている。ちなみに、敗者には歴史も文化もないとするのは、洋の東西を問わず勝者に見られる驕りである。それはヨーロッパ諸帝国による有色人種支配の正当化のために活用された「文明」対「野蛮」という考え方のみならず、ヨーロッパ人同士の勝敗においても見られた。例えば、18世紀にフランスを打倒してフランス系住民が多数を占めるカナダを支配下に置いた大英帝国は、1839年のダーラム（Durham）総督による「英領北アメリカに関する報告書（Report on the Affairs of British North America）」においてフランス系住民は文化も歴史もない、との報告書をまとめた。このこともその後の「ケベック問題」（ケベック分離運動）および今日のカナダの二言語主義および多元文化主義への道のりの一つの背景となっている。ちなみに、日本でも征「夷」大将軍と呼んでいたことの元来の意味を思い起こすとき、なまじ大英帝国の批判ばかりをしてもいられない。歴史を今日にどのように活かすのかを考えるべきだと感じるゆえんでもある。カナダのケベック問題は尾を引きながらも20世紀末からの多元文化主義へとつながっていった。

1−2 母国語と母語――アフリカの特異な事情

国家とは何かを考えるときに指摘されるのは、国家は国民、領土、権力を3要素として成り立っているということである。日本は島国という地理的特性から、北方領土問題を抱えながらも、大陸に存在して隣同士が直接接している諸国と異なり日常生活において国境を意識することはあまりなく、宗谷岬、択捉島、沖ノ鳥島、南鳥島、与那国島などについては学校で習うという感覚の人の方が多いように感じる。またアイヌ語の継承という課題を忘れてはならないが、一般論で述べれば日本人は日本語を話し、教育を日本語で受け、基本的に日常生活では英語やフランス語等の日本語以外の言語を必要としない。日本語は日本人の「母国語」であり、日本という国の「領土」の中には基本的には日本語を話す人が「国民」として住んでいる。

しかし、このようなことは世界ではむしろ例外である。ある人の第一言語のことを多くの言語では「母国語」とは言わずに、「母語」と言う。例えば英語では'mother tongue'であり、フランス語では'la langue maternelle'である。文字通り母親が話す言葉、子どもは生まれてから母の話す言葉を覚えていくので「母語」と言われるのであろう。では、母国語と母語の違いは何であろうか。例えばフランス第五共和制の憲法は第2条で「共和国の言語はフランス語である」と定めている。しかし、アルザス地方やブルターニュ地方などに住むすべてのフランス人にとってフランス語は「母語」であろうか。トランプ大統領の祖父はドイツからの移民であったと報じられているが、そうだとすれば当時のトランプ家の人々の「母語」はドイツ語であった。しかし、その「母国語」は何であろうか。アメリカ国籍を得た途端に彼らの「母国語」は英語になって、ドイツ語は「母語」になったとでも言うのだろうか。

アフリカ諸国について、「英語圏アフリカ」、「仏語圏アフリカ」、「ポルトガル語圏アフリカ」、「スペイン語圏アフリカ」などの範疇ごとに語られることが多い。アフリカにはアフリカの言語があるにもかかわらず、なぜこのように呼ばれるのだろうか。このような疑問に対しては、ごく当たり前のように旧宗主国の言葉による分類だとの指摘が返ってくることが多い。しかし、独立から半世紀以上たつのになぜこのような呼称が続いているのであろうか。

アフリカには約1000（ないし方言と見るか言語と見るか等の違いにより2000以上と勘定するものもある）の言語があるとされており、これを大きな分類に分ければ4つのグループ、すなわちアラビア語などのアフロ・アジア語族（ハム・セム語族）、ナイル・サハラ語族、コンゴ・コンドフアン語族（ニジェール・コンゴ語族）、コイ・サン語族である。このほか南部アフリカには、オランダ東インド会社による定住政策開始以来[2]住み移ったオランダ人やナントの勅令廃止（１６８５年）後オランダに亡命してからさらに再移住したフランスのユグノーの子孫たち[3]が話すアフリカーンス語（あえて単純化して述べればオランダ語にコイ・サン語の単語が混ざったもの）がある。またマダガスカルでは、４世紀から千年にわたりインド洋で活躍したスマトラ藩国の商人たちの子孫が上流階級を占めており、マレー系言語（オーストロネシア語族）が話されている。ちなみに、南アフリカ共和国のケープタウンにはクアラルンプール発ブエノスアイレス行きのマレーシア航空が寄航しているが、これはオランダ東インド会社によってオランダ領インドネシアから拉致されてきた奴隷およびオランダに抵抗して連行されたジャワなどのイスラム指導者の子孫が20万ないし30万人のコミュニティーを形成しているからである。

その南アフリカ共和国には11の公用語がある。アフリカーンス語、英語、ンデベレ語、ペディ語、ソト語、スワジ語、ツォンガ語、ツワナ語、ヴェンダ語、クソサ語、ズールー語である。中部アフリカのコンゴ民主共和国にはリンガラ語、キコンゴ語、ルバ語、スワヒリ語に加えてフランス語を含めれば５つの公用語があるが、言語としては２００以上の言葉を「国民」は話している。

ユネスコは２０１０年にアフリカ諸国で使用されるべき言語について問題提起を行ったが、その中でアフリカ本来の言語と独立後の今日の国家について次のように指摘している。[4]

＊アフリカに単一言語の国は存在しない。また国境を越えて分布している言語がある。

＊一つの国の中では、ブルンディやルワンダのように２つないし３つの異なる言語を話す人々が住

んでいる国から、ナイジェリアのように400以上の言語に分かれている国まである。

＊半数近くのサブサハラ・アフリカ諸国においては、人口の50％以上の人が「母語」として話している言語がある。また、ある言語が「母語」である人およびその言語は「母語」ではないが「母語」同然に話せる人を合わせれば人口の50％以上となる国はサブサハラ・アフリカ諸国の3分の2に上る。

＊国境をまたいで異なる国に分布している言語のうち16の言語は1億5千万人以上が話している。

＊教育以外の分野で、少なくとも56のアフリカ言語が行政で使用されており、また少なくとも63のアフリカ言語が司法で使用されている。またサブサハラ・アフリカの26か国が立法でアフリカ言語の使用を許容している。

＊少なくとも66のアフリカ言語が文書による取引に使用されており、少なくとも242のアフリカ言語がマスメディアで使用されている。

この一連の記述に類する解説が例えば日本について行われたとすれば、私たちはかなりの違和感を覚えるのではないだろうか。確かに明治政府のもとの日本においても漢字をやめてローマ字にしようという今日的価値観では極めて妙な発想を持った学者や権力者もいたが、それは基本的には表記文字の話であって、日本語を英語に替えるという話ではなかった。なぜアフリカではこのような言語の問題が起きるのか、それは第1章で見たとおり、19世紀のアフリカ分割において、海岸線を抑えたヨーロッパの国はそこから垂直に内陸に向かって線を引いて切り取った地域を自国の分捕り分として分け合ったからである。これが、ビスマルクが国威発揚に活用しつつアフリカを餌食とした1884—85

年のベルリン会議の帰結であった。歴史、言語、文化、王国、地理的境界線、すべては一顧だにされなかった。もとよりベルリン会議にはアフリカからは国王も国民も誰も招かれなかった。アフリカ人は、自分たちの知らないところで、勝手に自分たちの国の線引きをされたのである。したがって、「歴史も社会の進展もあった」アフリカ諸王国の「国語」が入り込む余地は、「文明国」ヨーロッパ帝国による「野蛮」の地アフリカ支配においてはなかったのである。その上、現地語を理解しないヨーロッパ人の支配者たちは、「文明国」の言葉で支配と行政を強いたばかりかモスクのマドラッサ（寺子屋）などの教育を無視して「文明国」の自国語で教育を強いたため、「野蛮国」の言葉は居場所を失っていったのである。

と同時に、国境線が歴史・言語・文化・王国などを無視したことの必然的結果こそは、ある場合には同じ言葉を話す人々を異なる領域に分断して異なる権力のもとに置き、別の場合には異なる言葉を話す人々を人工的な境界線の中に押し込んで一つの領域を形成した上で一つの行政単位とした植民地支配である。また、多くの植民地ではこの2つのことが同時に行われていた。1949年から一世代続いた東西ドイツの分断、フランスとアメリカの思惑による南北ベトナムの分断、今も続く朝鮮半島の分断。なぜこれらの3つの分断については分断国家であるとか民族の分断であるとかの観点から論じてきたのに、これがアフリカのこととなると頬かむりをするのであろうか。

それは、ガーナの独立闘争を率いたクワメ・エンクルマの悩み、すなわち「自分は旧アシャンティ王国の独立を目指して戦うべきなのか、それとも民族が入り乱れている英領ゴールド・コーストの独立を目指して戦うべきなのか」という今日のほとんどすべてのアフリカ諸国が抱える根源的問題につながる。エンクルマは、アシャンティ王国の一部は仏領植民地となり、他方英領ゴールド・コーストはアシャンティ王国のみならず従前からの英領ゴールド・コースト（エルミナ等の海岸部）などを包含する領域であることからこの自問自答を行い続けた。自分の王国を取り戻す、あるいは新しい国をつくることを目指した独立闘争を率いることが犯罪とされて、イギリス人によって逮捕され牢に放り込まれる現実、ましてや彼我の武力の差を見れば、天下の大英帝国とフランス帝国の双方を相手にしてはとても独立を勝ち得ないとエンクルマは認識した。唯一現実的な道は（歴史的王国をあきらめて）ヨーロッパが勝手に引いた植民地の行政領域（ベルリン会議、１８８４―85年）について独立を求め、そこに新しい国をつくることだと結論付けたのである。難問は新しい国の名前と国旗をどうするかであったが、国名はアフリカの誇りである旧ガーナ王国（現ガーナ共和国とは歴史的、地理的、民族的につながっていない）から借用し、国旗はもう一つのアフリカの誇りのエチオピアの国旗を模した。

ちなみに、８次にわたる戦争の末ついに英領ゴールド・コーストにアシャンティ王国が吸収されてしまった戦いにおいて、海岸部の部族はイギリス側についていたことも忘れてはならない史実の一つである。イギリスの植民地政策として知られる'divide and rule'を「分割統治」という日本語で習ったが、アジアとアフリカに住んでわかったことは、「分割統治」というのはどうもしっくりこない、'divide and rule'のより実態に合った邦訳は「いがみ合わせて、漁夫の利を得る」ということである。１８６８年に徳川慶喜が幕府と薩長が内戦に入れば西洋の餌食になると見抜いたとおりである。

この矛盾に満ちた、しかし他に選択肢が事実上ありえなかった新国家建設は、ほとんどのサブサハラ・アフリカ諸国に当てはまる。アフリカ以外では、ある国の国民とはおおむね一つの文化を共有している人々のことを指すという概念が一般的に存在するとすれば、お互い話している言語が通じ合わないアフリカ諸国における「国民」とは何であろうか。また、歴史を共有しない、むしろ敵対すらしていた複数の民族が、民族分布と関係のない「国境」によってつくられた「領土」に独立国家を打ち立てた、というのはいかなるフィクションによっても、どこかに「権力」のひずみが生じるのではないか。

「自分は国境の向こうに住んでいる従兄弟に忠誠を尽くすべきか、あるいは外国語を話していて何を言っているかわからないけれども自分の大統領だという人に忠誠を尽くすべきなのだろうか。」これが、何かのはずみでパンドラの箱が空いた途端に内戦が始まってしまうアフリカの現実である。

コラム　学校で教える「国語」とは何か

ここに述べたように、サブサハラ・アフリカ諸国が抱える宿命は、「国語」が存在しないことである。日本の「国語」はいつできたのか、標準語なるものは明治以降の急ごしらえの中央集権国家の産物であって、教養ある人たちは漢文で書いていたし、各藩内ではお国言葉で話していた。明治になって権力によって標準語がつくられたのである。その明治時代の日本では仮名遣いをどうするかが大きな課題であった。江戸時代まではもちろんのこと、明治時代になっても公文書などは漢文で書かれることが多かったからである。そして仮名遣いは時の権力によって変えられた。大正時代の国定教科書が「てふてふ」と書き、戦後の教科書は「ちょうちょ」と書くようになった。縦書き、横書き、新聞の見出しを戦前は右から左に書き、戦後は左から右に書く。考えてみれば、なぜそうなのか合理的な説明はつけにくい。明治時代は「近代化」、戦後は「民主化」が錦の御旗となったことと関係があるのだろうか。

実はアラビア語にも正式な綴りはない、と言うと驚かれるが、もとよりコーラン以来の文語の綴りは確立しており、文法もしっかりしている。ヨーロッパの詩が韻を踏むのはコルドバなどで学んだヨーロッパ人がイスラム文学から学んだものであることは第1章で述べたとおりである。他方、各地で話されている口語には、文語のアルファベットがあてられていることが多いものの、正規の綴りはない。

しかし、日本語の仮名の綴り方にせよ、口語アラビア語の綴り方にせよ、それは「国語」の中の問題である。国内に200もの言葉を抱えている国では、一体何語で教育をしたらよいのであろうか。そこから「公用語」なる珍妙な便法が生まれたことはすでに見たとおりだが、学校の現場ではどうすればよいのか。ついつい旧宗主国の言葉で教え、それを教養だと信じ、教科書も旧宗主国のものを使う。現にフランスのODA予算の太宗は「フランス語教育」である。聞いてあきれるが、それがサブサハラ・アフリカの厳しい現実である。保護者も旧宗主国語ができないと子どもたちの将来に悪影響があるからと言って旧宗主国語での教育を望むケースが多いと聞く。

筆者（石川）が住んでいたザイールでは、小学校4年生の新学期にドロップアウトが多く出る。それまでの現地語ベースの共通語（リンガラ語やキコンゴ語など）から、フランス語での教育に替わるからである。また、新学期が近づくと町の市場には白いシャツと紺色のズボンやスカートが多く並ぶ。学校の制服だからだが、貧困家庭にとっては制服の経済的負担は大きい。学校に子どもを行かせられない一つの隠れた理由だとザイールの友人が教えてくれた。旧英領ではこれにネクタイが加わる。イギリス流の制服の残滓である。もののあわれを感じるのは筆者だけであろうか。

2　「民族国家」とは何か

2－1　ウェストファリア条約が生んだ「民族国家」の呪縛

ある民族が自分の国家を持つという「民族国家」という概念は、1618年以来続いた30年戦争に終止符を打った1648年のウェストファリア条約によって生まれたとされている。そしてその「民族国家」という概念が独り歩きした結果、多くの戦争が起きた。

ウェストファリア条約は、ヨーロッパの時代を区切る節目であった。ヨーロッパでは中世を通じてローマ法王こそが権力の頂点に立つ人であったが、時代の流れの中で2正面から挑戦を受けていった。一つは世俗勢力からであり、神聖ローマ皇帝との確執とその後のフランス国王からの挑戦を受けてローマ法王の宗教的権威は少しずつ浸食されていった。もう一つは、教会内部からの挑戦であった。何を言っているのかわからないラテン語ではなく自分のわかる母語で祈りたい、自分たちのわかる母語で司祭はミサをあげてほしいという民衆の願いも一つの背景として起きていったいわゆる宗教改革の挑戦である。今日のドイツ地方を中心に繰り広げられた30年戦争は、新教・プロテスタント対旧教・カトリックの最後の宗教戦争と言われることが多い。しかし、「ローマ教会の長女[5]」と言われ続けてきたフランスの国王ルイ13世（在位1610―1643年）は新教徒側のスウェーデン国王と組んで旧教徒のハプスブルグ王家と闘った。この事実は、この戦争が当時の2大帝国であったフランスとオーストリアを率いていたブルボン王家とハプスブルグ王家の世俗勢力同士の戦いであるとともに、世俗勢力たるフランス国王と宗教界の長でヨーロッパの最高権威とされてきたローマ法王との戦いでもあったことを如実に示している。戦争の結果、ローマ法王の威信は傷つき、戦場となった神聖ローマ帝国内は荒廃しきってしまい、そして諸侯が小国分立した。他方、フランス国王は事実上一人勝ちとなって、次のルイ14世（在位1654—1715年）のもとで「17世紀はフランスの世紀」と言わしめ、彼が建てたヴェルサイユ宮殿はフランスの栄光を象徴するものとなり、また第二次世界大戦までフランス語こそが外交に使用される言語となった。ロシア王家や貴族が家庭内でフランス語を使っていたことはよく知られるが、エジプト王家と貴族たちも19世紀はじめから20世紀半ばにかけて家庭内ではフランス語を使っていたし、今でもカイロ・オペラ座などでは老婦人たちはお互いフランス語で会話している。

30年戦争によるドイツ地方の荒廃と小国分立はその後200年以上ドイツ民族の統一を遅らせる大きな要因となったが、そのことはまたプロイセンがのし上がってくることを許す歴史の流れをつくった。今でもライン地方やバイエルンに行くと、「あのユンカー崩れが」とベルリン（ドイツ帝国の首都となったが元来プロイセンの都であった）のことを悪く言う人に会うことがある。確かにプロイセンは北方十字軍崩れでポーランド王の下の公国だったプロイセンと、オーストリア皇帝によって北方ブランデンブルグの辺境伯に叙せられたホーエンツォレルン家が血縁で合体し、17世紀初頭からのし上がってきたのであり、「皇帝」と名乗るには率直に言えば素性が怪しい。ウェストファリア条約から200年後の19世紀半ばからのプロイセンが仕掛けた一連の戦争、対デンマーク王国（1848—52年、1864年）、対オーストリア帝国（1866年）、対フランス帝国（1870—71年、そこでドイツ帝国成立）で勝利してのし上がったが、ついに第一次世界大戦（１９１４―18年）で敗れさった。また、ウェストファリア条約は今日のヨーロッパの大まかな国境線をつくった条約でもあったが、後世の戦争との絡みで言えば、１８７０年から１９４５年の間5度にわたりフランスとプロイセン（ドイツ）の間で帰属が入れ替わったアルザス・ロレーヌ地方は、ウェストファリア条約とそれに続くルイ14世の攻略によってフランス王国領となった経緯がある。

また、ウェストファリア講和会議は法的な力の大切さを認識させた会議でもあった。

ウェストファリア講和会議の際、最も巧みに動いた国の一つはスイス連邦でありもう一つはオランダであった。スイス連邦は30年戦争に参加せず、その間スイスを訪れた人はそののどかな平和に印象付けられたが、いざウェストファリア講和会議が始まるやこれへの参加を要求、すでに数百年にわたり事実上ハプスブルグ家支配からの別離は成し遂げていたものの法的地位が確立していなかったスイス連邦は、同会議で法的にもハプスブルグ家からの独立を勝ち取った。ちなみにスイスはハプスブルグ家発祥の地である。このスイスはしかし、言語的には4つの異なる言語を話す民族が結束してつくった国であり、武装中立と国民皆兵によって独立を守りぬくという固い決意を今日まで貫き通してきた国である。

他方、オランダは１５６８年以降スペイン・ハプスブルグ家からの独立戦争を戦い、その後休戦協定を結んではいたし、事実上世界にも進出して独立国の体をなしてはいたが、法的にはウェストファリア講和会議においてようやく列強に自国の独立を認めさせたのである。ウェストファリア条約は、30年戦争とともにオランダ対スペイン・ハプスブルグの80年戦争の双方を終結させたと言われるゆえんである。このウェストファリア条約が歴史的に重い意味を持つのは、オランダという民族がオランダ共和国という国をつくることが法的に認められ、このことから「民族国家」という概念が生まれたことにある。爾来、世界では民族と国家は一対一の対応をしているかのごとき概念が広がったし、270年後の1918年には「民族自決」というフィクションに近い理想がアメリカのウィルソン大統領によって打ち出されることになった。そしてアフリカ諸国は、「民族国家」という国の形、その呪縛の中で苦しむこととなったのである。

2-2　ヨーロッパにおける「民族国家」の虚構

では、「民族国家」概念が闊歩する中、それを生んだヨーロッパの現実はどうだったであろうか。

元来、ヨーロッパでは国境は民族によってではなく、王家の領土として決められてきた。なればこそ、戦争は国対国というよりも王対王という性格が強く、また王家同士の婚姻の持参金、あるいは相続によって領土が動き続けてきたのであった。今日でもボルドー・ワインの取引が最も多いのがパリではなくロンドンであるのは、ワインで知られるボルドーが300年間イギリス国王の領地であった名残だとされる。また、ハプスブルグ家がドナウ川からイベリア半島にかけて、そして地中海にも、広範な領土を有したのは戦争ではなく婚姻による。ちなみにイギリスがアフリカとインドへの強い取掛かりを持ったのは、ポルトガル王女カタリーナ・デ・ブラガンサ（1638─1705年）が後のイギリス国王チャールズ2世に1660年に輿入れした際、北アフリカのタンジールとインドのボンベイを持参金として持って行ってからである。この婚姻がなければ、あるいはあったにしても持っていった持参金が違うものであったなら、インド史もアジア史も大きく変わったものとなっていたのである。

このような概念を大きく変えたのがナポレオン戦争であり、「民族意識」による闘いは1813年のスペイン戦線やロシアのナポレオンへの反撃で生まれたが、近代戦という意味では第一次世界大戦が歴史の大きな節目であった。第一次世界大戦は、初めての国家総動員に象徴される近代戦の始まりであり、民族国家対民族国家の大戦争とされる。貴族と傭兵たちではなく、徴兵によりすべての「国民」の家庭の誰かが戦場に行き、産業も総動員されて兵器もそれまでの戦争では見たことがない飛行機、毒ガス、列車に積んだ長距離砲、戦車が登場した。文字通りの民族対民族の死闘、総力戦であった。なればこそ、今でもThe Great War（英語）、La Grande Guerre（仏語）と言えば第一次世界大戦のことである。

しかし、ヨーロッパではこの戦争は「従兄弟たちの戦争」とも言われている。イギリス国王ジョージ5世とその味方のロシア皇帝ニコライ2世はともに母親がデンマーク王家から来た姉妹だったので従兄弟、ジョージ5世と敵方のドイツ皇帝ヴィルヘルム2世は父方の従兄弟であった。ヴィルヘルム2世もジョージ5世もヴィクトリア女王の孫であった。ヴィルヘルム2世の母親はヴィクトリア女王の長女ヴィクトリア王女、ジョージ5世の父はヴィクトリア女王の長男エドワード7世であった。なればこそ、ヴィクトリア女王崩御の際の葬列は息子のエドワード7世と孫のヴィルヘルム2世が先導したのである。そしてヴィルヘルム2世はニコライ2世ともジョージ5世とも子ども時代からそりが合わず、「難しい従兄弟」とささやかれていた。さらには母親の「イギリス女」とは仲が悪かったとされる。逆にイギリスでは、第一次世界大戦前に、「ドイツ皇帝と我らが王様は従兄弟同士だから戦争にならないのではないか」という人もいた。ちなみに、ニコライ2世とジョージ5世は瓜二つで、革命後イギリスに亡命したロシア貴族がジョージ5世に招かれたとき、ニコライ皇帝だと勘違いして「皇帝陛下御無事でしたか！」と何人もが感涙にむせんだと伝えられている。このような背景のもとで、筆者（石川）は、実は第一次世界大戦は最初の近代戦（国対国の「国民」あげての総力戦）であると同時に、最後の中世の戦争（国王対国王の戦争）だったとも言えると考えている。

実はヨーロッパには2種類の「種族」がいるかのようである。すなわち、臣民との婚姻はできないことも一つの理由としてお互い同士の婚姻ネットワークで結ばれてきた王族と、国際結婚は例外であって同じ民族の中で血をつないできた一般人である。多くのヨーロッパの国は今では共和制になっているし、王制の国はいずれも立憲君主制となりまた多くの現国王は自分の選んだ人と結婚している今日、この王家の婚姻ネットワークについて深追いする意味はあまりないようにも思える。しかし、第一次世界大戦の敗戦とともに王位を廃され国を追われたホーエンツォレルン家とハプスブルグ家、負け戦が続く中で革命が起きて処刑されたロマノフ家、また第二次世界大戦において負けたイタリアではサヴォイ家が倒れたことは、何を意味するのだろうか。かつては住民（国民）主権ではなく国王や女王に主権があったヨーロッパだったが、政治思想の進展およびフランス革命から19世紀半ばにかけての諸革命で統治の制度が変わってきたとはいえ、近代兵器と国家総動員の総力戦の登場こそは「王のために死ぬ戦争」から「国のために死ぬ戦争」、「王対王の戦争」から「国対国の戦争」へと根本的に変えたものであったのではないか。

このように考えてくると、ヨーロッパでは「ウェストファリアの亡霊」が今日も徘徊しているのではないかとの印象を受ける。しかし、ヨーロッパ全体が第一次世界大戦と第二次世界大戦で没落した結果、別の思考と力学によって「ウェストファリアのお祓い」がなされた。まず第一次大戦は「ヨーロッパの自殺」と言われるほどの荒廃を招いた。それを見たクーデンホフ・カレルギーはパンヨーロッパ主義を唱え、ブリアン仏外相やシュトレーゼマン独外相などの支持を得たが、シュトレーゼマンの急死、ウォール街の株暴落と世界恐慌、そしてヒトラーの登場によって頓挫した。第二次大戦でいよいよヨーロッパは廃墟と化しかけたときに、チャーチルが仏独和解とヨーロッパ合衆国構想を打ち上げ、ジャン・モネ、シューマン仏外相、アデナウワー西独首相、そして後にドゴール仏大統領という指導者を得て、ヨーロッパは「ウェストファリアからシャルルマーニュへのタイムスリップ」を成し遂げる道を進み始めた。ローマ条約、マーストリヒト条約、リスボン条約などを経て、国家主権の一部を条約によって放棄して建設したEUの登場である。

「民族国家」という概念をばらまいて世界に多くの戦争の種をまいておきながら、それが自分たちを落ちぶれさせたと理解した途端に異なるベクトルの統治を考えだして実践してきたヨーロッパ人たち。見事というべきか、それとも身勝手というべきか。ほかの大陸では「民族国家」の名のもとに隣国を蹂躙しているイスラエルなどの国もあれば、将軍様とやらが偉大な指導者とされている北朝鮮の例もある。このことは、「ウェストファリアの亡霊」のお祓いにヨーロッパは成功し、ほかの大陸ではまだ金縛りにあっている国が多いことを意味しているのであろうか。あるいはそのヨーロッパにおいて有色人種が難民として流入してきた途端にイギリスがEUから離脱することを国民投票で決め、また大陸ＥＵ諸国では選挙で極右勢力が力を得てきていることは、お祓いしたはずの「ウェストファリアの亡霊」がよみがえりつつあることを示唆しているのであろうか。

そして、数百年にわたって外部世界に引っ掻き回されたアフリカでは、何か新しい概念による国のあり方を生み出し、そして「自分は国境の向こうに住んでいる従兄弟に忠誠を尽くすべきか、あるいは外国語を話していて何を言っているかわからないけれども自分の大統領だという人に忠誠を尽くすべきなのだろうか」という永遠の悩みに終止符を打つことができるのであろうか。

3　アフリカの苦悩あるいは The United States of Africa

3-1　パンアフリカ主義

ヨーロッパが第一次世界大戦でお互いを殺しあっていたとき、アフリカに大きな影響を及ぼすことが起きていた。それは、アフリカ人がヨーロッパ帝国の兵士としてヨーロッパ戦線に送られたことであった。セネガル出身のフランス兵などである。このとき、アフリカ人は、奴隷としてヨーロッパに拉致された人以外で初めてヨーロッパを見た。彼らは転戦する中で見聞を広めただけではなく、アフリカでは貴族のように、あるいは副王のようにふるまっている白人たちが、死に怯える姿を見た。

第一次世界大戦の戦場ではもう一つの動きもあった。１９１７年になってアメリカが参戦し、アメリカの黒人兵士もヨーロッパ戦線に来たのである。そして、アメリカ軍、ヨーロッパ軍のいかんを問わず、黒人たちは作業員としての下働きをさせられ、同じように命をはっている戦場で激しい人種差別を受けた。

こうしてヨーロッパやアメリカに在住していたアフリカ出身者や黒人たちは団結しようと考え、アメリカ在住の黒人、カリブ海の大英帝国領内の黒人、ロンドン在住の黒人たちは、アメリカの黒人知識人W・デュボイス（1868―1963年、黒人最初のハーバード大学博士号、哲学者、父親はハイチ出身）の指導のもと、一堂に会することとした。[6] こうして第1回合同パンアフリカ会議が、フランスの左派政権クレマンソー内閣の許可を得て1919年2月にパリで開催され、ドイツ領植民地を戦勝国側が地元アフリカ人のコンドミニウムとして統治することや、アフリカ人が発展し次第自分たちの国での政府に参加することなどを、当時開催中のヴェルサイユ講和会議への陳情としてまとめた。そのヴェルサイユ講和会議では、戦勝国として大国の一角を占めるに至った日本がいわゆる人種差別撤廃条約を提案したが、大英帝国およびアメリカの反対で葬り去られてしまった。このことは後に禍根を残し、第二次世界大戦前夜における日本の戦争への判断に影響を及ぼしたとされる。

1921年に、ロンドン、パリ、ブラッセルで開かれた第2回パンアフリカ会議では「ロンドン・マニフェスト」を打ち出した。同マニフェストでは次のようにイギリスを批判した。「イギリスは……地元民（natives）にシステマチックに無知を広め、人々を奴隷化し、黒人や褐色人を真の自治のために訓練することを試みることさえ拒否し、文明化されている黒人が文明化されていると認めることを拒否し、また、白人には自由に与える自治権を有色植民地に与えることを拒否した。」続く第3回会議（1923年、ロンドンとリスボン）および第4回会議（1927年、ニューヨーク）では、ヨーロッパ人のためのアフリカ開発ではなくアフリカ人のためのアフリカ開発などを訴えた。

時代は世界恐慌から第二次世界大戦へと動き、第5回パンアフリカ会議の開催は1945年になった。マンチェスターで開かれたこの会議ではトリニダード・トバゴ出身のジョージ・パドモア（1902—59年）が中心となり、すでに高齢となっていたデュボイスが議長を務め、エンクルマも出席した。この会議では人種差別を犯罪とすべきことなどの多くの決議が採択されたが、次のような演説が行われた。[7]

「貧困と無知によって偽の貴族と胡散臭い帝国主義を支えるために、我々が世界の骨折り仕事をしながら飢えるのにはもううんざりだ。資本の独占と私的利益だけのための私的な富と産業を断罪する。我々は訴え、アピールし、非難する。我々が置かれている条件についての事実を世界が聴くようにしてやる。自由、民主主義、社会的改善のため、我々は可能なあらゆる方法で闘う。」

パドモアは、人種差別撤廃のために当初共産主義に夢を見てモスクワに渡ったが、スターリンの方針変更で追放されてロンドンで活動するうちに1944年にエンクルマと出会った。パンアフリカ主義の推進の過程でアフリカこそ活動すべき場であると考え、晩年はガーナに渡りエンクルマのアドバイザーとして過ごした。そのエンクルマは、ニューヨークとイギリスで人種差別に苦しみながら学ぶうちにガーナの独立を目指すようになった。イギリスによる逮捕、入牢の困難を乗り越えて1957年にガーナの独立を達成し、同年3月6日の独立式典における演説では次のように新しく独立した民を鼓舞した。[8]

「ついに戦いは終わった。こうして諸君の愛する国ガーナは永遠に自由なのだ。そして自分が指摘したように、今日、今、我々は態度と考えを変えなければならない。今から、我々は植民地ではなく独立した民であることを明確に認識しなければならない。しかし、そのことはまた懸命に努力すべきことを意味している。新しいアフリカは自らの戦いを自分で闘い、そしてすべての黒人は自分のことを自分でできると示す用意があるということ。我々は戦いに勝った、そしてまた頑張ろう、……我々の独立はアフリカの完全な解放に結びつかなければ意味がないのだ。」

エンクルマはそこから飛躍した、いや飛躍しすぎた。1957年3月に独立したガーナは、当初エリザベス女王を元首としてエンクルマは首相であった。エンクルマの著作の一つ *I speak of Freedom*[9] はエリザベス女王とダンスしているエンクルマの写真から始まっている。この写真は独立闘争家の旧宗主国へのアンビヴァレントな気持ちを明快に示している。しかし、エンクルマは次第に急進的になっていく。1960年にはガーナを共和国として自ら大統領となり、64年には単一政党制を敷き、政敵を投獄する等の独裁化が進んでいった。着用する服も、それまでの背広にネクタイ姿、あるいは民族衣装から、この頃には中華人民共和国の人民服風となっていた。結局栄光は10年ともたず、1966年2月に軍と警察によるクーデターが起き、エンクルマは国外追放された。

エンクルマはあまりに性急だったのであろうか。そしてその結果国内外に敵をつくり、また自国民を信頼しなかったからであろうか。

エンクルマは演説で幾度も「民主主義」を強調した。民主主義とは、とどのつまりは国民の政治的な参加である。しかしエンクルマは、どのような体制で国造りを進めるかについては社会主義を採用した。その理由は、アフリカ人はまだ成熟していないので西欧型資本主義の自由経済は無理だからというものであった。エンクルマが社会主義体制を選んだことなどには、顧問として迎え入れた共産主義者ジョージ・パドモアの影響を受けたことも看守されるが、パドモアは人種差別を超えるには労働者の団結を謳ったソヴィエト型社会が必要だと思い込んだという意味での共産主義者だったように思える。他方、西欧型資本主義の自由経済は国民が経済的に参加することで成り立つ。政治的にも経済的にも市井の人々が自由に参加できる体制、国民を信頼した国造りである。けれどもエンクルマは、一握りのエリートが単一政党をつくってすべてを人民に命令する、このようなソ連型の国造りを進め始めた。

市井の人々を信頼しない国造りがうまくいかないことは、80年という長い歳月をかけて、そしてスターリン時代をはじめとする幾多の悲劇、流刑、粛清、そして一般市民のアルコール中毒（政府がアルコール中毒撲滅キャンペーンをせざるをえなかったほど深刻であった）を伴って、ソヴィエト連邦という実験場が証明したところである。新しい国を国民とともにつくったと言うのであれば、国民一人一人を尊重すべきであり、一人一人の起業家精神や社会的イニシアティヴ、そして政治的多様性を尊重すべきではなかったのか。

新しい国造りにおいて、過度に過去の被搾取者としての思いが政策立案に入り込みすぎると、人種差別との闘いや旧宗主国と対等に渡り合おうという気負いが前面に出すぎてしまう。それはまた、厳しい国際社会の現実ないし自国の世界における力関係と乖離した演説先行型（足元が固まっていない絶叫型）の政策という罠に落ち込みやすいことを意味している。自分が闘ってきたからこそ独立を達成できたという事実が過剰な自信を生み、それが次にリーダーとしての過剰な自負となる。このようなことは心情的には理解できることであるし、エンクルマ以外にも新興独立国に見られたことである。

ただ、そのような指導者のもとにあった国の多くは経済的離陸に失敗し、また民主化も遅れていった。

3-2　恣意的国境の矛盾と「アフリカ合衆国」構想

エンクルマの性急すぎた飛躍は対外政策においても見られた。1958年12月に全アフリカ人民会議（All-African People's Conference）を主催したエンクルマは、その開会演説[10]を'Fellow African Freedom Fighters, Ladies and Gentlemen'「アフリカの自由の戦士の仲間の皆さん」という呼びかけで始めた。この呼びかけは、今の感覚でも、そして当時の感覚でも、肩に力が入っているとの印象を与える。

開会演説においてエンクルマは次の諸点を指摘した。

（1）これまでに開かれた5回のパンアフリカ会議はすべてアフリカ以外の地で開かざるをえなかったが、今回はアフリカの自由の戦士たちが一堂に会したのみならず、帝国主義と植民地主義に最後の攻撃を仕掛ける計画を立てるためにアフリカの自由な独立国で開催されている。

（2）W・デュボイスとジョージ・パドモアへの敬意。また、1945年の第5回パンアフリカ会議以降のアフリカにおける状況進展の回顧。

（3）全アフリカは結束すべき。

（4）アフリカが達成していくべき4つの段階は、①自由と独立の達成、②次に自由と独立の基盤固め、③さらに自由なアフリカの国家同士の結束と共同体の創設、④そしてアフリカの経済と社会の再建達成、である。

（5）全アフリカ人民会議において討議すべき課題として、植民地主義、帝国主義、人種主義、部族主義、人種法とその実践、宗教的分離主義、および進展しつつある自由な民主的社会における伝統的権威の位置付け、とともに、アフリカ大陸の恣意的な分割とその結果としての国境の混乱、を含めた。

（6）今自由と独立の願望で燃えているアフリカは、それとともになんらかの形のアフリカの連合または連邦への望みでも燃えている。アフリカ人のためのアフリカをつくるために、ガーナはギニアとともにa Union of African States の核となるべき行動を始めたが、かつてアメリカの13植民地が49の州に発展したように、この動きがa Union of African States に発展するように願っている。

そして演説をこう締めくくった。「アフリカ全土を我々が生きている間に自由にする。なぜならこの20世紀半ばはアフリカのものだからである。この10年はアフリカの独立の10年である。なればこそ独立に進もう、今独立するのだ、そして明日にはアフリカ合衆国Tomorrow, the United States of Africaを！」

エンクルマの演説を通して見えるのは、とにかく独立しなければ話にならないが、しかし、独立を達成できたとしてもその独立はヨーロッパ帝国によってアフリカの旧王国、住民の文化や言語、河川などの自然による境界線を一切無視して引かれてしまった植民地の境界線の内側を領域とする、すなわち「アフリカ大陸の恣意的な分割とその結果としての国境の混乱」の中での独立であるので、将来への問題を内在しているものだと見抜いていたのではないか、ということである。そのため、隣の国と自分の国が、完全に別々の国ではなく、連邦のような統治形態の構成要素になれば歴史・文化・言語・地理と主権国家（領土＋国民＋権力からなる）との根源的矛盾を乗り越えられると夢想したのではないだろうか。いわば、国家の一体性の確保に不安が伴う形（領土、国民、権力という国家の3要素がいずれも歴史の流れの中から自然発生的に醸成されたものではない）で独立をせざるをえないのならば、国境線を凌駕した超国家の次元でまとまりをつけようと考えた、それをパンアフリカ主義のもとで実現しようとしたのではないか。

1776年のアメリカの独立宣言は、「現在のイギリス国王の治世の歴史は、たび重なる不正と権利侵害の歴史であり、そのすべてがこれらの諸邦に対する絶対専制の確立を直接の目的としている。このことを例証するために、以下の事実をあえて公正に判断する世界の人々に向けて提示することとする。」[11]と前置きの上、イギリス国王ジョージ3世の圧政を列挙した。エンクルマは、そのような圧政から自らを解放した北アメリカにあった13の英領植民地と、イギリスに搾取され続けてきたアフリカに現存する英領植民地を重ね合わせて、13の植民地がThe United States of Americaとなってやがて49の州（和訳は「州」だが、statesの本来の英語の意味は「国」。なお、当時はハワイが州ではなかったので49）に発展したように、自分たちもThe United States of Africaになろうと叫んだのではなかったか。エンクルマの発想には現在のアフリカの状況を知る者の観点からは首をかしげたくなるが、入牢、差別をはねのけて独立にこぎつけたばかりの指導者の気分が高揚していたことを思えば、アプリオリに突拍子もないものとして一笑に付してしまってよいものでもない。

とは言え、1958年のエンクルマの演説のときに独立していたアフリカ大陸の国は、エチオピア、ガーナ、ギニア、リベリア、リビア、モロッコ、チュニジア、エジプトの8か国だけであったし、このうちサブサハラ・アフリカは半分の4か国でしかなかった。全アフリカ人民会議に、植民地だった地域からはベルギー領コンゴのパトリス・ルムンバや北ローデシアのケネス・カウンダなどが参加し、強い影響を受けたとされている。ルムンバは、この会議でベルギー領コンゴの状況を説明しつつ、西アフリカに吹いている独立の風にコンゴの人々も無関心ではないと述べた上でこう叫んだ。「すべての参加代表たちと共に熱狂的に叫ぶ。打倒植民地主義、打倒帝国主義！　打倒人種主義、打倒部族主義！　コンゴ国家万歳、独立アフリカ万歳！」[12]

熱気に包まれた会議から帰ったアフリカの若き志士たちだったが、1960年6月30日に独立を達成したベルギー領コンゴでは動乱がぼっ発した。銅、コバルト、ウラン（広島、長崎の原爆はここからアメリカに渡り、現地にはトルーマン大統領からの感謝プレートが置かれている）などの天然資源に恵まれた南東部のカタンガ州がモイーズ・チョンベ主導のもと分離独立を目指したためである。実は、カタンガ州にはベルギー軍が、また多くのベルギー企業がいたのである。コンゴの独立の指導者から初代首相となっていたルムンバは国連に応援を求めるが国際社会の反応は曖昧なところがあり、混乱が進むうちにルムンバ首相は、1961年1月17日チョンベのもとのカタンガ憲兵隊によって殺害された。1960年7月から65年11月まで続いたコンゴ動乱をめぐりアフリカ諸国は2つに割れた。穏健派のカサヴ・コンゴ大統領を支持したのは旧仏領のコートジボワールのウフェ・ボアニーであり、穏健派仏語圏アフリカとマダガスカルとともに「アフリカ・マダガスカル同盟」を結成、この仏語圏グループに、英語圏のナイジェリアとリベリアも加わった。これに対して、エンクルマのガーナ、ギニア、マリ、ナセルのエジプトはパンアフリカ主義諸国のグループを結成して対抗した。

こうしてエンクルマの熱狂的スピーチで謳われたアフリカの結束はいとも簡単に崩れた。それは、第1に、直前までコンゴの独立は数十年後だと言っていたベルギーが、何の準備も現地の人々の訓練もせずに突然コンゴを独立させると言って放り出したこと、第2に、コンゴを放り出しておきながらその天然資源だけは実質的に死守しようとしてカタンガの分離独立に蠢動したこと、第3に、エンクルマのアフリカ合衆国などの発言が他のアフリカの指導者の不信を招いたことである。換言すれば、エンクルマやルムンバが叫び続けた「打倒植民地主義！」は、単なる形式的独立では達成できないし、天然資源は自分たちで押さえておこうというベルギーと組んだカタンガ州のチョンベの例にも明らかなとおり、自分の利害がアフリカの団結に優先するという現実が、理想主義の叫びよりは重かったのである。団結という言葉も耳に心地は良いが、実は不信の源ともなりうる。それは「誰のもとに」団結するのかが曖昧なうちは皆で賛成する言葉であろうが、その「誰」が具体化していけば争いのもとになりうるからである。現に、エンクルマは自分たちの上に立とうとしているのではないのか、との不信の種を他のアフリカの指導者たちの心の中に撒いたのである。

この混乱の中で重きをなしたのがアフリカの長老、エチオピアのハイレセラシエ皇帝であった。エチオピアは攻め込んできたイタリア軍を武力で撃退し、シバの女王から続く（と称する）皇統、モーゼの十戒の石板（アクスム王国以来そう信じられてきた）、そして独立を守り抜いた国である。アフリカでは長老が尊敬、尊重されることに加えて、他の国々がことごとくヨーロッパの砲撃に屈したのに対してエチオピアはこれを跳ね返したことは、アフリカにおいては私たちが想像する以上に重きをなしていた。

先に述べたように、エンクルマは新生ガーナの国旗にエチオピアの国旗を模した。具体的には赤、黄色、緑の三色旗の上下を逆にした上で、中央に皇帝の御印であるライオンの代わりにアフリカの自由の象徴黒い星を配した。両国の国旗が類似しているのは、そしてその後のアフリカの独立国の多くがエチオピアの三色旗の色と似ているのは偶然ではない。カメルーン、ギニア、ギニアビサウ、コンゴ民主共和国、サントメプリンシペ、ジンバブエ、セネガル、トーゴ、ブルキナファソ、ベナン、マリ、モザンビーク、モーリシャス、はこの三色を基調とした国旗である。

1963年、ハイレセラシエ・エチオピア皇帝とエンクルマ・ガーナ大統領はアフリカ統一機構（OAU）を設立し、その本部をエチオピアの首都アディスアベバに置いた。アフリカ統一機構憲章（1963年5月署名）は、その前文で、自由、平等、正義および尊厳がアフリカの人々の目的であるとした上で、民族と国の違いを乗り越えたより大きな団結の中での兄弟愛と連帯を謳い、平和と安全が確立され維持されるべきであり、苦労して得た独立およびアフリカ諸国の主権と領土の一体性を守りそして固めるとの決意を述べている。さらに第3条で、加盟国は次の原則に従うことを明確にした。①全加盟国の主権の平等、②内政不干渉、③各国の主権と領土の一体性および各国が独立した存在であるという奪うことができない権利の尊重、④交渉、調停、和解、仲裁による紛争の平和的解決、⑤いかなる形であれ政治的暗殺ならびに隣国およびいかなる国によるものであれ破壊活動に対する留保なき弾劾、⑥今なお独立していないアフリカの領域の完全な開放への絶対的献身、⑦すべてのブロックに非同盟。

いずれも当時アフリカが置かれていた状況を反映したものと解することができる。このうち各国の主権と領土の一体性とは、植民地によって人工的に仕切られた領域を独立国の国境にした、その国境をいじらないという別の意味合いがあったことに留意しなければならない。なぜなら、国境をいじった途端にパンドラの箱が空き、どの王国のどの国境が正当なのかなどの争いも起きるであろうし、収拾がつかなくなって大陸が混乱することは自明だったからである。この明快な原則と政治的な知恵を破ったのがイギリス主導の南スーダンの独立であり、スーダンと南スーダンがアフリカ大陸のキリスト教圏とイスラム教圏の境界線で別れていることとの二重のタブーに触れたことがナイジェリアからマリにまで混乱を広げたことはすでに見たところである（第4章6－2参照）。イギリスはいつまでアフリカを混乱状態において漁夫の利を得ていくつもりなのであろうか。

4　民族自決？

4－1　恣意的につくらざるをえない国家の一体性

ＯＡＵ憲章は各国の主権と領土の一体性を奪うことのできない権利であると規定した。それは国家が一体である、国民がひとまとまりになっている、そこに正当な権力が行使されている、ということを前提にしている……はずであった。

国造りは正当な権力のもとで国家の一体性がないとなかなか難しい。しかし、ヨーロッパという外部勢力に国家どころか民族の一体性を破壊された上に、エンクルマが苦悩したように独立運動も民族国家の萌芽でありえた旧王国の版図ではなく闘争の時点での植民者に抵抗するほかはなかった。したがって、独立国としてつくり出された新しい国家は民族的にはバラバラの、かつヨーロッパ宗主国という絶対的な権力者という重石が取り払われた状態において、国のタガがはずれないように文字通り「枠組み」をつくり上げていかなければならなかった。

換言すれば、「植民地」という面積・範囲を領土とする新しい独立国においては、その版図に「たまたま」住んでいる住民たちを「国民」と呼べるようにするための一体性をどうやって醸成するのか、また独立を勝ち取った指導者という威信のみを権力の正当性とする「大統領」や「首相」がどのように統治を行えば「国民」がついてきてくれるのか、難問がいくつもあった。

テレビのドラマでも見るアメリカの学校で国旗に向かって忠誠を誓う場面は、移民たちすなわち民族を異にする人々がアメリカ合衆国という国家の一体性を守りかつ醸成し続ける必要があるので、子どもたちの教育現場において君たちの国はアメリカなんだ、皆国旗のもとで一つなのだと叩き込んでいるのではないだろうか。ただし、アメリカは「るつぼ」を目指す、すなわちほかの人種もＷＡＳＰ（白人＋アングロ・サクソン＋プロテスタント）の価値観、生活様式に溶け込めということであり、隣国カナダの多民族のモザイク社会とは根本のところで異なっている。アメリカに行くとどこもかしこも国旗だらけである。日本でも、筆者（石川）が学生時代の頃までは国民の祭日は「旗日」と呼ばれて各戸で日の丸を玄関に出し、都電や都バスは日の丸をつけて走っていたが、アメリカはその比ではない。毎日、国中が国旗に埋まっている観すらある。これも人造・移民国家の一体性の醸し出し方なのであろうか。

ただし、国旗のもとでの一体性を醸成するためには、あるいは醸成できるためには、国旗の向こうに「祖国」が見えている必要がある。移民たちはアメリカならアメリカという国に移民するという自発的意思と決断によってその国に来たのであるから、その国の存在は前提となっている。他方、ある日突然占拠者が去って、「これが我々の国だ」と別の誰かに言われた場合には、そこに住んでいる「住人」は「祖国」というものを概念的に、あるいは現実として理解できるものだろうか。むしろ、目に見えるもの、耳に聞こえるもの、例えば独立演説を誇らしげにしている人を通じて、「きっとこれが新しい自分の国なのだろうな」、「きっとあの人が新しい親分なのだ」と理解する方が、「祖国」を抽象的に理解するよりは現実的であるし、困難も少ない。ただし、その人が自分の母語とは違うわけのわからない言葉で話しているときには前述の忠誠の矛盾が沸き上がる。となれば、新しい指導者は去ったはずの占拠者、植民者の言葉を借りることになる。

こうして、国家の真ん中に新しい一人の人間が「大統領」として登場する。そしてその多くは独裁長期政権となった。アフリカでなぜ独裁者が多かったのか。それは大統領以外には「異民族」を結びつけるハブがなかったからであると言うのは、あながち暴論ではない。目に見える権力、目に見える異民族のハブないし要、それを彼一人が体現していたからである。

ザイールの独裁者だったモブツ・セセ・セコ大統領はその典型例であった。1960年、ベルギーはそれまでのかたくなな独立拒否という方針を突然変更してベルギー領コンゴの独立を認めた。しかし独立への準備を何もしておらず、コンゴ人の大学卒業者は両手で数えられるほどしかいなかったことに象徴される人的資源の欠落、すなわち行政能力の不存在のもとで、宗主国ベルギーの80倍という広大な面積（東西の距離はヨーロッパのマドリッドからワルシャワに相当する）を占める地域の「独立国」が円滑に機能するはずもなかった。さらに先に述べたように、鉱物資源が偏在するカタンガ州の分離独立の動きを機に動乱となった。1961年9月には解決を模索するために現地に向かったハマーショルド国連事務総長搭乗機が「墜落」するなど、事態は泥沼化していった。ハマーショルド機はカタンガ州に隣接する英領北ローデシア（現ザンビア）で墜落したが、当初より撃墜の疑いも持たれその真相は今日に至るも明らかではない。混迷が深まる中、ソ連の意を受けたキューバの介入（チェ・ゲバラはその経験を「コンゴ戦記」に著した）による東北部の反乱など事態は複雑化していった。このコンゴ動乱を収める過程で頭角を現し、アメリカのケネディ政権の支援を得て大統領になったのがモブツ・セセ・セコ元伍長であった。事態を収拾したモブツは、分離騒動に揺れた国の一体性を出すために国名をザイール（Zaire）に変え、母なるコンゴ川をザイール川に変え、通貨もザイールに変えた。そして「ザイール性」という概念を打ち出し、広大な面積の中に住む200以上の異なる言語を話す人々が皆「ザイール性」を身につけてザイール人になるように説いた。

モブツ大統領は、失脚するまでほぼすべての演説を次のように締めくくった。

'Papa bo moko, mama bo moko, patrie bo moko, parti bo moko. Zaire oie!'

「父は一人、母は一人、祖国は一つ、党は一つ。ザイール万歳！」

祖国は一つなのだ、父も母もひとりしかいないように。噛んで砕いたモブツなりの国家の一体性の説明であった。

ここでは一党制も説いている。そもそもはコンゴ動乱の国の分裂の教訓からとも言いうるが、アフリカにはなぜ軍事独裁国家が多かったのだろうか。それは国家の統治に必要な通信、交通（飛行機を含む）、ロジスティックなどの全国ネットワークを持っていたのが、軍隊だけだったからである。カヌーで隣村まで丸3日という熱帯雨林の中で、ほかに統一のしようがあっただろうか。もとよりこの質問は、軍事独裁を正当化するための質問ではない。昨日まで宗主国の軍隊が押さえつけていたときには反民主主義と言わなかったヨーロッパ人が、アフリカ人が軍隊で押さえつけた途端に反民主主義ということがいかに自分勝手なダブル・スタンダードであるかを理解するためにあげた質問である。

この「ザイール性」の真似をした、ないし真似しそこなったのが、コートジボワール（Côte d'Ivoire）のコナン・ベディエ第2代大統領であった。独立以来コートジボワールを率いていたウフェ・ボワニー初代大統領が「賢人（le sage）」「うちのじいさん（le vieux）」と親しみを込めて呼ばれていた頃には「カカオ豆の奇跡」、「象牙の奇跡」（Ivoire は象牙の意）と言われ、当時の首都アビジャンはここがアフリカかと見まがうほど美しく、蛇口からはとにかく水が出たし、ビルのエレベーターも動いていた。おいしいレストランまで街中にあった。賢人が老いた頃から少しずつ歯車が狂い始めたが、第2代大統領コナン・ベディエ（1993—99年）が政敵のワタラ元IMF理事が大統領選に立候補できないようにするために「象牙性（Ivoirité、イヴォアリテ）」[13]という概念を打ち出して「象牙の奇跡」は終わりを告げた。その概念がザイール性と大きく異なるのは、その領域内に住んでいる人たちすべてがザイール人なのだから一緒に一つの祖国をつくろうという包摂的概念であったザイール性に対して、象牙性（Ivoirité）はコートジボワール内に住んでいても北隣のブルキナファソ系の人間は象牙性（Ivoirité）がないとして政治的に排除する排他的概念であったことである。アフリカの現実を自分の野心のために打ち消した愚かな概念であった。これがアフリカの優等生と言われたコートジボワールが内戦という最悪の事態に陥った原因である。ほとんどのアフリカの国家に民族の一体性はない。コートジボワールでは、南半分は湿潤な気候でカカオ豆の生産と輸出で豊か、そこに象牙人すなわちIvoiritéを備えている人間が住み、北半分は半乾燥地で綿花の栽培に甘んじ貧しい上に違う民族のブルキナベ族が住む。北部は中世の豊かなイスラム帝国に接してイスラム圏、南部はヨーロッパの侵略とともに海岸から到来した宣教師によるキリスト教。アフリカの火薬線、南北スーダンの境界線からから西に延びる2大宗教の境界線という潜在的火薬線にも火をつけたのである。民族、経済力、気候風土、宗教というサブサハラ・アフリカの国家の一体性に立ちはだかりうる要素は、ボワニー大統領時代には「国父」の威光と地域格差はあったにせよなんとか国全体の経済成長によって抑え込まれていた。ところが、ベディエ本人はIvoiritéの推進で純粋な象牙国家をつくると称したが、「国家の団結」という言葉を使いながら大統領自ら国を南北に分裂させましょう、と言ったに等しい。優等生象牙の崩壊は生まれかけていたアフロ・オプティミズムにとっても痛打であった。

4-2 民族自決のもたらしたもの

先に見たように17世紀半ば、ヨーロッパ人は「民族国家」という概念を発明した。しかし歴史が長い国は民族が入り乱れてきたので、明確に一つの民族が一つの国をつくっていることはむしろ例外である。ヨーロッパ大陸諸国のみならず島国のイギリスとて民族の十字路であった。そこに地理的・歴史的知識を持たない新興の強国の大統領が割り込んできた。第一次世界大戦にいやいやながら1917年になって参戦したアメリカ合衆国のウィルソン大統領である。

「民族自決」、なんと響きの良い言葉であろうか。しかし、ウィルソンが１９１８年１月の一般教書演説で高らかに謳った14か条[14]の停戦条件とはいったい何だったのであろうか。彼は第10項でオーストリア・ハンガリーの人々は諸国の中にあって保障された場所を占めて the freest opportunity to autonomous development（自治による発展への最大の自由な機会）を与えられるべきだとした。オスマン・トルコ帝国については、トルコの部分は主権を保障されるべきだが現在トルコの支配下にあるほかの nationalities（国民）は undoubted security of life and an absolutely unmolested opportunity of autonomous development（確実な生活の安全と自治による発展の絶対に邪魔されない機会）を保障されなければならないと述べた。ポーランドについては An independent Polish state should be erected which should include the territories inhabited by indisputably Polish populations（議論の余地のないポーランド人が住んでいる領土を含む独立したポーランド国家が設立されなければならない）と言った。

彼が指摘した地域では、諸民族はいずれの地域においても入り混じって住んでいるのであったし、トルコについては2年以上前にイギリス、フランス、ロシア、イタリアが分割密約を結んでいたし、現に大戦後上記ウィルソン演説にもかかわらず国際連盟の委任統治という偽装のもとで、国際連盟の正当性のもとで、absolutely unmolested opportunity of autonomous development は完全に無視されてシリア、レバノン、イラク、パレスチナ地方は英仏の支配下に入った。旧オーストリア・ハンガリー帝国に至ってはドイツ系住民が多いズデーデン地方はチェコスロバキアに与えられ後にヒトラーに介入の口実を与え、そしてそれをイギリスとフランスの首相が容認した。第二次世界大戦後１３００

万人に及ぶドイツ系住民が東欧諸国から追放され、東プロイセンの600万の人たちはソ連によっていずこかへ消されてしまった。結局混迷の代名詞「バルカン問題」の根を深くし、「中東問題」をつくり出しただけであった。

民族自決。ウィルソン大統領のお膝元のアメリカ合衆国ではインディアンや黒人は民族ですらなかった。黒人が選挙権を得たのはキング牧師の貴重な命と引き換えであった。ヨーロッパ人がユダヤ人を虐殺し、パレスチナ人がそのつけを払わされ続けていることすら認めようとしないヨーロッパ人とアメリカ人とは何なのであろうか。筆者（石川）は事実を淡々と述べているのであって、本章にも政治的主張は無縁であることを念のために付言しておきたい。

そして、アフリカに「民族自決」を導入しようとした場合にはどのような混乱と流血が起きることであろうか。戦慄を覚えざるをえない。

コラム　国際語とは何か

アフリカの国々は以上見てきた事情により、「国語」がない。いくつかのアフリカ語を公用語とし、さらに旧宗主国の言葉も公用語としている国が多い。英語、フランス語、スペイン語、ポルトガル語はどのように席巻したのであろうか。なぜドイツ語はないのであろうか。オランダ語は南アフリカ共和国にある亜種のアフリカーンス語以外はアフリカから消えたのはなぜであろうか。それはヨーロッパの侵略史の中で最後に残った国が現地を抑え込んだからである。まず1884－85年のベルリン会議における分捕り、次に第一次世界大戦後のドイツ領の召し上げ。そのいずれにおいてもアフリカ人は完全に無視されたが、現地に住んで生きていくには人間の最大の特徴である言葉が必要であった。

他方、世界の公用語とも呼びうる国連の公用語は何であろうか。

国連憲章第111条は次のように定めている。

「この憲章は中国語、フランス語、ロシア語、英語およびスペイン語の本文をひとしく正文とし、アメリカ合衆国政府の記録に寄託しておく。……」[15]

すなわちこれら5か国語が国連の公用語である。さらに、第4次中東戦争で石油の力を見せつけたアラブ諸国のアラビア語が1973年国連の公用語に加わった。

これら6か国語のうち、前5か国語は第二次世界大戦の戦勝国（国連（the United Nations）とはAllied Nations すなわち連合国を指す）の言語である。

スペイン語について付言すれば、スペイン自身は中立国であったが、すべての中南米のスペイン語諸国はアメリカとともに連合国として参戦した。また、スペインと聞くと、ヨーロッパのお荷物になっている南欧の小国というイメージもあるが、過去の大帝国の盟主だったスペインは腐っても鯛というべく中南米から一部アフリカにまたがる大スペイン語圏諸国の中心として今なお影響力を保持している。

他方、今日もなおドイツ（ハンガリー、フィンランド、ルーマニア、ブルガリアも。なお日独伊3国同盟ながら日本に宣戦布告したイタリアについては敵国かどうか見解が分かれる）とともに国連憲章の敵国条項の対象である日本の国語ないし日本人の母語である日本語は、国連の公用語に入れる余地もない。国連の最大の機能は平和の維持と国際的ガバナンスであるが、機能的には国連憲章を頂点とする国際法の策定というルール・メーカーである。母語が国連の公用語である人たちとそうでない人の勝負はここですでについたと言っても過言ではない。実際国連での文書の起案はイギリスとアメリカの外交官の独壇場というのが隠れた実態である。客観的な国力がわからず、国際情勢も理解しない（例：平沼内閣総辞職の理由だった「欧州情勢奇々怪々」）で、ずるずると出先の兵隊の功名心に引きずられて（例：日中事変は拡大しないと東京の政府は何度も国際的に述べたが現場の軍人はこれを無視した）戦争に入っていったつけは、こういう深刻な事態を72年にわたって現代の日本人に強いているのである。

第6章　教育は大事だと言われても

1　なぜ学校に通えないのか

1―1　女子が教育を受けてはならないのはイスラムだからなのか

日本の主要ウラン輸入先の一つ、ニジェールでは女子の3人に1人が学校に行っていない（女子の小学校入学率67・3％）。産油国でアフリカ1、2のGNPを南アフリカ共和国と競っているナイジェリアでは、東北部の旧カネム・ボルヌ帝国地域の女学校から200人を超える女子学生がボコハラムという得体のしれないイスラム過激派と称する武装集団に誘拐され、事件は解決していない。そのナイジェリアでは女子の5人に1人が学校に行っていない（女子の小学校入学率79・3％）。ニジェールとナイジェリア北部はイスラム圏である。

イスラム世界の女子はなぜ教育を受けられないのだろうか。それはイスラムの教えだと過激派は言い、それ見たことかと欧米の右派は言うが、イスラムにはそのような教えはない。スンニ派最高権威のアズハル・モスクに行けば、男子用のマドラッサ（寺子屋）と女子用のマドラッサがある。マドラッサはモスクの学校でコーランを教えるだけだとの指摘があろうが、コーランを通じて読み書きができるようになり、また生活の基本的なことを学ぶことと、かつてNHKが放送して人気を博したアメリカのホームドラマ「大草原の小さな家」で主人公のローラたちがキリスト教の教会の日曜学校に通ったのと、なにか優劣があるとでも言うのであろうか。

逆に「文明国」日本の例を言えば、NHKの朝ドラ「あさが来た」の中では、主人公あさの父親は日本有数の名家の方だったが「おなごに教育はいらない」と言っていたとされる。なればこそ、あさは成功者となってから日本女子大学を設立しようとした教育者に協力し、設立後は自分も講義を聴いたのではなかったのか。戦前の日本で女子が大学に行くには高等女子師範学校に行くか、「あさが来た」のモデルの日本女子大学、あるいは新渡戸稲造が学長をした東京女子大学など限られた場しかなかった。女学校を卒業する17歳は嫁入りの年齢であり、筆者（石川）の曾祖母も祖母も女学校の後に直ちに結婚したし、そもそも幼いときから婚約者が決まっていた。童謡の「赤とんぼ」では「ねえやは十五で嫁に行」った、しかもそれは数え年であるから満13歳か14歳である。

ヨーロッパとて、ほんの2～3世代前までは同じ事情ではなかったのか。西ヨーロッパにおいても女子が大学に行くのは基本的にはせいぜい女子大学であった。結婚事情も似たようなものであった。名画「シェルブールの雨傘」（1964年）はなぜ涙を誘う名画となりえたのか。1957年にアルジェリア戦争に行った恋人との間に赤子を身ごもったカトリーヌ・ドヌーヴ演じる主人公ジュヌヴィエーヴェは、なぜ恋人が戦争に行っている間に別の結婚をしなければならなかったのか。婚外子など認められない、当時のヨーロッパはそういう社会だったからである。ちなみに、イスラム社会の超保守性の証しとして女性がヴェールをかぶることがあげられるが、筆者（石川）がヨーロッパで学んでいた1970年代前半でも日曜の教会に行く女性は皆ヴェールをかぶっていたし、夫を亡くした女性は日常生活でも黒い服を着ていた。アラブ世界の女性が黒衣をまといヴェールをかぶるのと根のところでは似た発想である。ちなみに、当時の学生食堂（国立大学）ではキリスト教本来の教えのとおり金曜日（キリストが磔にされたのが金曜日だったとされるため）には肉は出されず、毎週魚定食であった。

このように、女子の教育問題を考えるにあたっては、女子の社会的位置付けとして、すなわち宗教の問題としてではなくジェンダーの問題として捉えるべきものである。

とは言え、「女の子だって勉強したい」と言い続けたばかりに、イスラム教徒のマララ・ユスフザイ（Malala Yousafzai）さんは故郷パキスタンのスワット地方に攻め込んでいたタリバンの残党に銃撃された。筆者（石川）の言っていることは間違っているとの反証になりうる。しかし、タリバンは正統イスラムではないし、宗教活動家でもない。テロリストであり、1980年代のソ連による軍事占領下のアフガニスタンで、ソ連軍を追い払うために冷戦構造の中で生まれた組織である。筆者はイスラムを「弁護」する立場にもないし、その意図もない。筆者が強調したいのは、黒か白でイスラムを見るのはえてして事実に反した思い込みにつながるということである。そして、銃で撃たれる危険も承知の上で、そして実際に撃たれてからも、それにめげずに頭を上げ続けて女子教育の権利を訴え続けたイスラム教徒の女子がいたという事実である。

マララは、スクールバスに乗り込んできて「マララはどこにいるっ！」と叫んだ男どもに撃たれた。報道はタリバンが襲撃したことを強調して記事にしたが、筆者はむしろ、2年に及んだタリバン支配下の恐怖政治を何とか生き延びた子どもたちが再び学校に通い、そしてスクールバスも動いていた、そのコミュニティーの強靭性とマララという強い意思を持った女子がいるという事実を指摘したい。そして、2014年にノーベル平和賞を、サティアルティ（Kailash Satyarthi）氏（児童労働と教育に関するインドの活動家）と共同受賞した。ノーベル賞の公式ウェブサイトはマララへの授賞理由として、平和の実現のためには特に途上国で多くの割合を占める青少年が尊重されるべきこと、そうした中でマララは11歳のときから子どもの教育の権利のために戦ってきたこと、そしてタリバンに銃撃されてからもその戦いを続け、女子の権利の指導的な主張者になったことをあげている[1]。

ちなみにスワット地方は最後までパキスタン連邦に加わらなかった藩王国であり、スイスのように風光明媚の地、筆者（石川）夫婦が仲良くしていたあるパキスタン人夫妻は最後の藩王の王女夫妻であったが、教養の深さと上品さは秀逸であった。それは階級によるとの指摘もあろうが、少なくとも欧米のイスラム批判者たちは「イスラム＝残酷」、「イスラム＝女子蔑視」と決めてかかっている。それが事実に反する思い込みであることは第4章で見たとおりである。無知とはこのような思い込みのことであって、産業革命以降「先進国」となった民族は、無知は傲岸に等しいということを知るべきである。そして、強国なかんずく超大国の無知は弱小国を振り回す。それがたとえ善意の場合、あるいはなんらかの正義感に燃えた行動であっても、現地の結果は悲惨である。架空の中米の国で個人的に不愉快な経験をしたたった一人の学者の報告をもとに、アメリカ政府がその国はけしからん国だと結論付けて攻め込んだというストーリーを軸に『小説アメリカ外交』(Galbraith 1968) を書いたガルブレイスが痛切に皮肉り、糾弾したとおりである。

繰り返し問うてみたいが、アメリカの大統領が 'God bless America, God bless you !' で演説を締めくくることに対して否定的にも肯定的にもコメントされないのは、キリスト教徒による神の発言は白だからなのか。他方、イスラム教徒の大統領や首相が「慈悲深き神の御名において、ビスミッラー・ラフマン・ラヒーム」と言って演説を始めるのは黒なのだろうか。いずれも、彼らにとっては日常の挨拶ではないのか(第4章2-1参照)。

さて、タリバンと称するものが学校に行く子どもを襲う、それはまったくの自己矛盾である。なぜなら、タリーブとは男子学生のことであり、タリバンはその複数形。では、女子学生という単語はないのかと尋ねられそうだが、女子学生のことはタリーバという。女学生という単語があるのに彼女を教育しないというのは自己矛盾である。タリーバは単語としても人間としても存在するのである。

そして一人のタリーバだったマララは、銃で撃たれて沈黙するかわりに声をあげ、そしてあげ続ける道を選んだ。マララは、事件で片目を失ったが、2013年10月12日、16歳の誕生日当日、国連総会場で物おじすることなく演説を行った。すべての子どもは教育を受ける権利を持っていると指摘し、テロリストは自分たちの私利のためにイスラムを悪用していること、そして過激派は実は書籍とペンを恐れているのだ、と指摘した。マララが通っていた学校のある男子生徒は、新聞記者から「なぜタリバンは教育に反対しているのだろうか」との質問を受けた。それに対して、彼は本を指さして「タリバンはこの本に書かれていることを知らないからです」とすぱっと答えたエピソードを紹介した。

翌年のノーベル平和賞授賞式における受諾演説で、マララは、自分が受けたノーベル賞は自分だけのものではなく、世界で教育を受けたいのに受けられない子どもたちすべてのものだと訴えた。スワット地方がタリバンに占拠されていた2年の間、400の学校が破壊されて女子の通学は禁止され、女性は鞭打たれ、子どもたちの権利であった教育は犯罪に変わったと指摘した。そして多くの女子が、女子であるというだけの理由で夢をかなえられないとして具体例をあげ、またアフリカでは多くの子どもたちが貧しさゆえに学校に通えないことを指摘した。

UNDPの人間開発報告書（2015年版）[2]によれば、マララの祖国パキスタンにおける平均修学年数（男女合わせ）は4・7年。また女性に限った統計は次のようになっている。妊産婦死亡率（10万人当たり）は170人。1000人当たりの未成年（15歳—19歳）の出産比率は27・3人、つまり37人に1人の未成年女子が子どもを産んでいる。平均修学年数は女性3・1年、男性6・2年、最低限の中等教育を受けた女性は19・3%（5人に1人、男性は46・1%）。雇用と労働への女性の参加率は24・4%（4人に1人、男性は82・9%）。

南西アジアは、アフリカと並んで開発に課題が多い地域とされるが、それはやはりイスラム教という宗教に起因するのだろうか。しかし、仮にそうだとすれば、東南アジアのマレーシアやインドネシアというイスラム教の国で女性の教育や社会進出が進んでいるのをどのように説明するのだろうか。

マレーシアの平均修学年数は女性9・4年、男性10・1年、最低限の中等教育を受けた女性は65・

1％（男性は71・3％）、雇用参加率は44・4％（男性は75・5％）。インドネシアの平均修学年数は女性7・0年、男性8・2年、最低限の中等教育を受けた女性は39・9％（男性は49・2％）、雇用参加率は51・4％（男性は84・2％）である。

ちなみに日本の平均修学年数は女性11・3年、男性11・7年である。

ユネスコは、過去20年間にたいへんに改善されはしたものの就学の男女格差はいまだ大きいと指摘している。[3] 全世界で初等教育年齢の女子の1500万人（男子は1000万人）は小学校で読み書きを学ぶ機会がない、そしてそのうち900万人の女子（600万人の男子）はサブサハラ・アフリカ諸国の子どもたちだと指摘している（数字は2014年現在）。比率で言えば、女子の23％、男子の19％が小学校に通っておらず、思春期になると女子の36％、男子の32％が学校に行っていない。

1―2　教育についての国際規範

世界中のほとんどの国は国連に加盟しているし、児童の権利に関する条約という約束事が1989年11月20日に採択されて、1990年9月2日に発効した。2016年2月現在締約国・地域数は196である。[4] その児童の権利に関する条約第28条[5]において、マララが指摘したとおり子どもは教育を受ける権利があるとして次のような諸点を定めている。すなわち、初等教育の義務化と無償化、中等教育の奨励、能力に応じた高等教育への機会、定期的な登校の奨励とドロップアウトの減少への措置、さらに非識字の廃絶等のための国際協力の推進などを定めている。

さらに、第29条において教育の目的について定め、その中で子どもの人格、才能、能力の最大限の発達などと共に平和、寛容、両性の平等についても明確に述べている。

ここで指摘しなければならないのは、196の国と地域がこの条約に署名して、教育への義務を負うことを自ら約束しておきながら、なぜ驚くべき人数の子どもが学校に通わない、あるいは通えないのか、という疑問である。子どもも国民の構成メンバーであって、国民の権利を実現させるのは国の責務ではないのか。現に日本国憲法は第26条に置いて次のように定めている。

日本国憲法
第二十六条　すべて国民は、法律の定めるところにより、その能力に応じて、ひとしく教育を受ける権利を有する。
2　すべて国民は、法律の定めるところにより、その保護する子女に普通教育を受けさせる義務を負ふ。義務教育は、これを無償とする。

ちなみに、一党独裁国と異なり日本国憲法では「第二十三条　学問の自由は、これを保障する。」との規定も定めている。この学問の自由がないと学問の進歩はなく、またなによりも子どもの教育を受ける権利はまっとうされないからである。

このような国際約束にもかかわらず、なぜ5800万人というという膨大な数の子どもたちが学校に通えていないのだろうか。貧しいからか、それとも国のインスティテューションが機能していない、ないしそもそも存在しないので条約に署名した外交当局と国内政策をつかさどる官庁の連携がまったくないからだろうか。国連その他の国際会議での経験にもとづく筆者（石川）の観察を述べれば、演説者はその場の拍手で祖国への批判を逃れようとしている、あるいは祖国を「誇大広告」しているのではないかと感じたことがしばしばある。それはアフリカ代表に限られることではない。国際会議での演説や条約への署名と批准は、自国があるルールに従って行動するという約束をしたことを意味しているが、実はその約束が自国での政策実施に結びついているわけではない、そのような国が世界にはかなりある。

残念なことに、児童の権利に関する条約はその一つの例ではないだろうか。ただし、課題を抱えているのはアフリカ諸国だけではない。日本では、保育園をつくろうとすればうるさいと近隣住民がクレームして反対する、また小学校や中学校の近隣住民も騒音だとのクレームを行うと報道されている。コミュニティーで子どもを育てるという考え方はとうに消え去ってしまったのだろうか。さらに、親による児童の虐待、その親の逮捕もしばしば報道されている。本来法律やルールの出番ではなかった子育てという分野に法令が入る、これも一つの現実となっている。その結果、日本国内でも児童の権利に関する条約が述べている子どもの権利についてあまねく国民が認識する、特に若年の親が知ることも大切ではないかとの認識が生まれている。例えば、日本が児童の権利に関する条約を批准してから節目ごとにキャンペーンを行い、批准10周年には、東京の国連大学においてSMAP（当時）の草彅剛氏（当時シングルファーザーが元妻に子どもを奪われる高視聴率のテレビドラマで主演していた）が講演を行い、テレビのモーニングショーやスポーツ紙、週刊誌が児童の権利に関する条約を取り上げ、若い親たちの目に触れる工夫もなされた。[6]

2　アフリカの教育現場

2－1　サブサハラ・アフリカの厳しい教育事情

教育を受けられない子どもたち。ユネスコによれば、[7]特にサブサハラ・アフリカはおおむね6歳から11歳までの子どもたちの20％以上が学校に通っていない、また12歳から14歳までの子どもの33％が学校に通っていない。さらに15歳から17歳までの60％が学校に行っていない。[8]

特に、西部アフリカと中部アフリカにある24か国の未就学児童は、１９９０年には世界の未就学児童の22％を占めていたが、２０１０年にはその比率はさらに悪化して36％になったとユネスコは指摘している。実は同地域でも未就学児童の絶対数は減ったのだが、進捗が他の地域より遅れたのでこの結果を招いた。その原因は高い人口増加率である。この地域には世界の人口の6・2％にあたる4億３３５０万人が居住しており、そのうち西部アフリカは3億６０６万人（２０１０年）、１９５０年から２０１０年の年率人口増加率は2・15％、中部アフリカは1億２８９０万人（同年）、同じ期間の年率人口増加率は2・66％であった。また人口ピラミッドを見れば、同地域の諸国は縦に短く横に広い典型的なピラミッドの形をしている（後出図10－4）。経済が比較的発達していて一時は「ＮＥＸＴ11」[9]にも数えられた北アフリカのエジプトにおいてさえ人口の半分は30歳未満であり、就労年齢に達していない若年層の教育と養育についての家庭と国家の負担は重い。

多産多死、これは多くの途上国が直面している課題である。それは、第1に5歳未満の子どもが次々に亡くなるので子どもを多く生むこと、第2にその国の社会福祉制度が発達していないため老後の世話を子どもに頼らざるをえないということに主に起因している。サブサハラ・アフリカ全体では1人の女性が平均して7人ないし8人の子どもを出産している。21世紀に入って2015年までに達成しようと国連が採択したミレニアム開発目標[10]では、「2015年までに、すべての子どもが男女の区別なく初等教育の全課程を修了できるようにする」こととされた。UNDPによれば、初等教育を受けられない世界の児童数は、2000年の1億人から2012年には5800万人へ減少、途上国全体では初等教育の就学率は2000年の79・8%から2012年の90・5%へ大幅に改善した。サブサハラ・アフリカの就学率は、1991年には53・5%、2000年には60・3%、2005年には69・9%、2012年には77・9%であった。大きく改善されている一方で、隠れた問題として高いドロップアウト率があげられる。途上国全体では25%の児童が小学校を終えることができない。

途上国で子どもが学校に通わない、ないし通えない原因として、しばしば貧困をはじめとする次のような理由があげられる。

＊経済状況（国および家庭の）
＊弟妹のために働く長男や次男
＊家内労働で忙しい女子（アフリカの女子は平均して水汲みに片道1時間の道のりを1日3往復して6時間を費やし、さらに薪拾い、子守りで多くの時間を割かれる）
＊経済的事情を考慮しない教育制度
＊国家予算配分において教育費が低い優先順位しか与えられていない

＊母語での教育から旧宗主国語に切り替わる4年生でドロップアウトする（ザイールなどでの実例）
＊適切な教材・教科書がない
＊教育を受けそこなったティーンエージャーや大人にまで手が回らない

ところが、実は女子用トイレがないことが特に女子の高学年でのドロップアウトの大きな原因となっている（第7章5－1参照）。

ユニセフは、女子教育と開発の関係について東部・南部アフリカでの調査を踏まえて、次のように指摘している。[11]

「世界中で多くの女子が教育へのアクセスを拒まれてきたが、それは東部・南部アフリカでは、貧困、学校へのアクセス問題、トイレがないこと、および幼くしての結婚や女性性器切除などの社会慣習、こうしたことすべてが、教育という基本的権利を女子に対して否定してきた。その結果、アンゴラ、エリトリア、エチオピア、モザンビークなどで小学校への女子就学率は男子就学率より低く、中等教育ではさらに低い。女子の教育は開発と経済成長を促進する最も費用対効果が高いことが多くの研究で証明されており、教育を受けた女性が生む赤子はより健康で、より栄養状態がよく、そしてその子が長じて生む子どもたちは学校に行くことになることが多い。すなわち女子教育は、貧困と無教育の悪循環を断ち切る一助となる。」

世界銀行のアフリカ担当副総裁 Obiageli Ezekwesili は、「貧困は女性の顔をしている」として、アフリカの典型的な若者像として次のように語った。[12]

「彼女は18・5歳で農村部に住んでいる。学校はドロップアウトした。未婚だが、間もなくほぼ彼女の倍の年の男性と結婚する、または結婚させられる。これから20年間の間に彼女は６人か７人の子どもの母親になる。」

2―2　教育の優先順位を上げる

しかし、世界もサブサハラ・アフリカ諸国も手をこまねいてきたわけではない。

現実を見れば、世界の成人のおよそ６人に１人は読み書きができないという現実を見る必要がある。教育はガバナンスの欠落で瞬く間に雲散霧消する脆弱性も持つ。例えば、シリア人は何千年にもわたり文明が高く、また現代では子どもたちの教育水準も進んでいた。アップルの創設者にしてＣＥＯだったスティーヴ・ジョブズがシリア人を父に持つことはよく知られている。そのシリアが、ガバナンスの崩壊で内戦となり、子どもたちは本書執筆時点ですでに４年以上学校に通えていない。失われた世代が生まれようとしているのである。戦争は貧困以上に乗り越えることが難しい子どもたちの教育の敵である。教育の欠落と貧困は世代を超えて悪循環が続いていく恐ろしさを持っている。教育を受けられないために、読み・書き・そろばんができないまま成長すれば安定した職に就くことができず、収入が少ないまたは無収入のために、その人の子どもも教育を受けられない。[13] この悪循環を断ち切るために、子どもも大人も教育しようとのさまざまな努力がユネスコを先頭にしてなされてきた。

ユネスコは最近の日本では世界遺産で特によく知られるようだが、出発点は教育、科学、文化の協力と交流を通じて世界の平和と人類の福祉に資するために、国際連盟のもとに１９２２年に生まれた国際知的協力委員会である。初めての近代戦で疲弊しきった第一次世界大戦後のヨーロッパで生まれ、アインシュタイン、キュリー夫人、新渡戸稲造などがこの委員会に名を連ねていた。にもかかわらず第二次世界大戦が起き、世界はまたもや破壊の淵に立った。このため、こんどこそ恒久平和のために国際社会が力を合わせようとして、日本がまだ戦争を続けていた1945年6月に連合国によって国際連合の設立が定められたが、知そして智こそは平和の礎であるとして国際連合のもとの専門機関として生まれ変わったのが国連教育科学文化機関・ユネスコ（United Nations Educational, Scientific and Cultural Organization, UNESCO）である。

そのユネスコを中心機関として進められたのが「万人のための教育（Education for All）」である。発展途上国の人口増加、資金不足、戦争や内戦・民族間紛争、宗教等の慣習に基づく性差別等があいまって、識字率（字が読める人の割合）の向上は容易ではなく、現在でも15歳以上の人口のうち7・7億人を超える人々が字を読むことができないでいるといわれている。[14] このため、世界中のすべての人たちが初等教育を受けられる、字を読めるようになろうという取り組みとして「万人のための教育」は立ち上げられた。

当初、1990年にタイで「万人のための教育・世界会議」が関連する国際機関（ユネスコ、ユニセフ、世界銀行、UNDP）の主催で開かれ、普遍教育の推進などを取り決めた。しかし、21世紀を迎えるというのにその目標達成にはほど遠かったので、さらなる具体的行動を決めるべく、右4機関と国連人口計画（UNFPA）が主催者となり、アフリカはセネガルのダカールにおいて「世界教育フォーラム」が開かれた。181国の政府の他国際機関、NGOが参加して「ダカール行動計画」【⑴就学前教育の拡大と改善、⑵無償で良質な初等教育をすべての子どもに保障、⑶青年・成人の学習ニーズの充足、⑷成人識字率（特に女性）を50%改善、⑸教育における男女平等の達成、⑹教育のあらゆる側面での質の改善】[15]を採択した。

こうした動きの中にあって、教育を教育関係者だけの世界ではなく首脳レベルの最重要課題の一つに位置付けすることをもって国際社会が率先して取り組もうとの動きが生まれた。2000年4月にはG8九州沖縄サミット準備の関連で開かれたG8教育大臣会合で初めて教育とG8サミットが関連付けられ、2001年に国連総会で採択されたミレニアム開発目標（MDGs）では教育が国際社会の取り組むべき最重要課題の一つとして位置付けられた。ミレニアム開発目標では先に触れたとおりの改善は見られたものの、人間が皆読み書きそろばんができるようになるには、いまだ道半ばの観もあり、2015年に国連総会が採択した「持続可能な開発目標」（SDGs）ではすべての人に包括的かつ公正な質の高い教育を確保し，生涯学習の機会を促進することが[16]謳われた。

このような国際社会の動きとともに、各国も教育に力を入れ、課題の大きい西部アフリカでも子どもたちの保護者を巻き込んだ運動も起きている。西部アフリカの成人識字率は、マリ39%、ブルキナファソ36%、ギニア30%、ニジェール19%、中部アフリカの中央アフリカ共和国は37%である。

マリは、日本の約3・3倍の国土（124万㎢）に1709万人の国民が住み（2014年）、民族はバンバラ、プル、マリンケ、アレグなど23以上、フランス語が公用語、国民の80%はイスラム教徒、GDPは120・4億ドル、1人当たりGNIは650ドル（2014年）である。[17]黄金の帝国の栄華も今は昔、モロッコの攻撃、フランスの侵略、略奪と文化の破壊に苦しんできた上に、独立後社会主義体制をとったために経済がすっかり停滞してしまっていた。しかし1998年にマリ政府はコナレ大統領のもとで教育を最も重要な政策の一つにあげ「教育開発10か年計画」を策定した。コナレ大統領は、マリに民主主義を定着させる努力を惜しまず、また日本が世界銀行などと共催しているアフリカ開発会議（ＴＩＣＡＤ）の哲学を確立した１９９８年のＴＩＣＡＤ２では小渕総理とともに共同議長を務め、その采配ぶりで参加者を敬服させ、大統領の任期終了後には民主主義に基づいて退任し、２００３年から08年までアフリカ連合（ＡＵ）の初代委員長を務めた。悠々迫らぬ風貌のアフリカの賢者である。ちなみに、ＴＩＣＡＤ２の大きな柱は「人は石垣、人は城」を掲げる「国造りは人づくりから」という人的資源開発であった。

マリの教育開発の特色は、地元の子どもたちの保護者を巻き込んでいることである。「学校運営委員会」活動で村ぐるみで教育に取り込んでいるが、日本の国際協力機構（ＪＩＣＡ）はマリの教育支援プロジェクトを実施してきており、その中でマリの人々のいくつかの具体的奮闘例を紹介している。

（例１）子どもの学習環境改善[18]

首都バマコから１３０キロ離れたクリコロ州ジョイラ県のウェレケラ小学校には男子77名、女子60名の児童が通っている。同小学校の学校運営委員会では、村民が校舎のみならず教員宿舎も建設し、教員の給与を補てん、机や椅子の修繕、トイレの建設、文房具購入、植林などの校庭整備、救急箱の設置、衛生用品購入、成績優秀者の表彰など年に10ないし13の活動を行っている。保護者たちは、「学校運営委員会を通じて、みんなの力が集まれば実現できる」という意識を持つに至り、また子どもたちも例えば石鹸を大切に使うようになるなど、少しずつ意識が変わっているとのこと。

（例２）教員の職務専念改善[19]

首都バマコから約250キロ離れた同県のコワザナ小学校は男子52名、女子60名の児童が通っている。（筆者注：250キロは東京から浜松、長岡、福島あたりまでの距離に相当する。日本では高速道路で行けばそれほど大変ではないが、筆者（石川）の体験でもアフリカで250キロの移動を車でするのは実に苦労が多い。補給用のガソリンを持参し、パンクに備え、何時間もの間終始でこぼこの揺れに耐えなければならない。日本では過疎地域の無医村が問題となっているが、アフリカの多くの国では無医村に加えて「無教師村」も珍しくはない。）コワザナ小学校の3人の教員をはじめ農村部の小学校には若い独身の「契約教員」が派遣されることが多く、彼らの給与は月額約5千円（現地通貨CFAで25000フラン）、村にはアパートも宿舎もないので近隣の町に住んでバイクで通えばガソリン代と食費を賄うとほとんど何も残らない。学校運営委員会でその窮状を知った村人たちは、教員住宅とトイレを設置し、持ち回りで食事を提供することとした。その結果、教員たちは激しい雨にも水漏れしない宿舎に住むことができ、村長をはじめとする村人との交流の中で「町から来たよそ者」から「みんなの先生」になった。こうして若い教師たちは子どもたちの教育にいっそう専念できるようになった。

（例3）住民の意識の変化[20]

ザン・チギラ小学校の学校運営委員会・住民参加促進担当のサンブ・トラオレさんは、親の事情で学校に通えなかったが、「そんな自分でも」選挙で学校運営委員に選ばれたと述べつつ、運営委員たちの研修に参加した経験を語る。ほかの委員たちは優秀に見えて自分も小学校に通えていればと悔しい思いをしたが、「新しいことを学ぶ楽しさや喜びも感じ……自分だからこそできる何かができるはずだ」と考えた。「それは、この気持ちそのものを、自分の体験を交えて伝えていくこと。子どもを学校に通わせていない親や、学校に無関心な住民に、教育の大切さを心から伝えていくこと。それこそが自分の役割ではないか、と思ったのです。」

（例4）女子が学校に行かない思わぬ原因を発見[21]

ファラカ小学校の学校運営委員会は女子を学校に通わせていない家々を訪問し、なぜ親たちが女子を学校に行かせないのかという聞き取り調査を行った。その結果、「ファラカ村の小学校を卒業した女の子は30キロ離れたジョイラ市の中学校へ進学しなければならず、そうなると……下宿代などの出費もかさみ、なによりも年頃の娘を自分たちの目の届かないところへ預けることそのものが大きな心配です。娘を小学校へ通わせるということは、そういった心配の種を抱えることになるため、そもそも小学校へすらも通わせたくないということだったのです。」この調査を受けて学校運営委員会は村人たちと話し合って、「村への中学校設立許可の申請と教員の配置を県に要請」し、教室や机を住民が用意し、「手作りの小さな中学校が誕生した。」その結果、ファラカ中学に女子も進学することになった。

こうした努力の結果、マリの若者（15歳―24歳）の識字率の男女格差は2010年の0・60から2015年（予測値）の0・72に改善した。[22]

15歳―24歳層について1990年と2012年すなわち教育が優先政策課題としての国際的地位を強化してからの識字率を比較すると、アラブ諸国は74％から90％に向上、西アジアは60％から81％に、サブサハラ・アフリカ諸国は65％から68％であった。マリについて見ると、2010年にはまだ44・3％であったが、2015年（見込み値）には53・3％と9ポイント改善している。また識字率の向上を見るために15歳以上の人々すべて（成人）と、15歳―24歳の青年の比較をしてみると、世界のすべての地域で青年識字率は成人識字率よりも高い、すなわち教育の成果が具体的に出ていることがわかる。

南アジア・西アジア　　青年層80％＞全成人63％
アラブ諸国　　　　　　青年層90％＞全成人78％
サブサハラ・アフリカ　青年層69％＞全成人59％

さて、今日ではサブサハラ・アフリカ諸国は貧困の代名詞のようになってしまったが、かつてはアジアの方がサブサハラ・アフリカより貧しかった。１９６０年の1人当たりＧＮＰはインドネシアが２４９ドルだったのに対してコンゴは３５０ドル、１９７０年でもインドネシアは２９８ドル、コンゴは３５６ドルだった。今日のインドネシアの繁栄を誰が当時想像できたであろうか。このインドネシアを例にあげて、教育が国を離陸させることを世界銀行の研究が１９９３年に明らかにした。

世界銀行の調査報告『東アジアの奇跡』（World Bank Policy Research Report 1993）によれば、①アジア諸国は一般国民の教育に意を用い、その人的資本の水準は早くから他の地域の途上国よりも高かった、②特に初等教育の徹底に努力した、すなわち貧しくとも人を育てたと指摘されている。世界銀行は具体的にインドネシアと南米のボリビアが同程度の予算比率を教育にあてていることから両国を比較した。インドネシアは、言うなれば「人は石垣、人は城」と信じて一般国民が学校に行けるように国家予算を初等教育に投入した。その結果、小学校への就学率は１９８０年代にはすでに92％であった。他方、ボリビアでは小学校への就学率は60％、農村部ではわずかに45％であった。ボリビアは高等教育に教育予算、すなわち税金をまわしていた。

筆者（石川）は、一部のエリートに国をリードさせる途上国を機関車型開発、すなわちスペインなどの高速鉄道がディーゼル機関車や電気機関車で客車を引っ張って走る機関車型になぞらえ、インドネシアのように国民が皆で参加する開発を日本の新幹線のように多くの車両の下にモーターを積んで皆で力を合わせて高速を出す電車型になぞらえている。えてして国民参加の電車型の方が、一部エリートが市井の人を引っ張る機関車型よりも開発に成功している。世界銀行が比較したインドネシアとボリビアにはもう一つ隠れた違いがある。当時のボリビアのジニ係数は０・４４７であった。すなわち裕福なスペイン人の子孫たちと貧しいインディオの貧富の差が、都会住民と農村住民、高等教育まで進学するエリートと初等教育すらおぼつかないというインカ帝国という敗者の子孫という要素と絡み合って、経済的、社会的格差に大きく反映してきたということである。その後の２００６年の大統領選挙で貧困者側でボリビア初の先住民出身の大統領となったモラレスが勝つ伏線はそこにもあった。

「人は石垣、人は城」、を実践しているもう一つの例はトルコ共和国である。１９９４年、日本のトヨタ自動車がトルコで組み立て工場の操業を開始し、２０００年にはトヨタ・ヨーロッパの子会社として、２００２年には海外向けの生産を開始した。その後順調に業績を伸ばし、２０１４年に創業20周年を迎えたが[23]、トヨタのトルコ工場はトヨタの中で最高の品質を達成した。驚く多くの日本人から、なぜそのような業績を達成できたのかと問われたトルコ人関係者は、トルコは第一次世界大戦に敗れてほとんどの領土を失い、特に天然資源に恵まれた地域はすべて失い、人的資源に頼るしかないからである、すなわち日本と同じなのだ、と異口同音に答えた。トルコの国土は78万㎢で日本の約2倍だが上空を飛んでも一見豊かさをまったく感じない自然環境である。人口は7874万人だが、GDP（名目）8561億ドル、1人当たりGDP1万1014ドル、経済成長率6・1％（いずれも2015年、トルコ国家統計庁）[24]と経済的ダイナミズムを示している。

このトルコを、面積92・3万㎢（日本の約2・5倍）とほぼ同じ、人口1億8200万（2015年：世銀）は2倍強、GNP4810億ドル（2015年：世銀）は半分、GNIは2640ドル（2015年：世銀）、経済成長率（実質）2・7％（2015年：世銀）の国[25]、OPECにも参加している豊かな（であるはずの）産油国ナイジェリアと比較したときに、ナイジェリアは今なお教育問題と経済発展の国民全体への享受に大きな問題を抱えているという事実は何を物語っているのであろうか。

3 教育と食

3－1 学校給食の威力 Food for Education

食べることと学校。敗戦後の日独[26]のみならず今日多くの途上国でfood for educationという考え方のもとで、子どもの栄養改善、就学支援、エイズ孤児救済などのために学校給食支援が行われている。国連の世界食糧計画（World Food Program, WFP）が実施しているRED CUP CAMPAIN[27]は年間2000万人以上の子どもたちに学校給食を提供している。サブサハラ・アフリカをはじめとする貧困家庭では、子どもは貴重な労働力であり、学校に行かせるということはそれだけ労働力が減ることを意味している。そうした中、女の子が学校に行って無償の給食を食べれば、その分親の食費が助かる。給食は温かいもの、あるいは栄養価の高いビスケットなどの配布などの形があるが、さらには自分が食べるほか家に持ち帰る給食もある。これは家族の貴重な食事となり、特にエイズ孤児の場合には弟や妹にとっては唯一の食事となり、文字通り命綱である。さらに、給食に地元の農作物を使う地産地消も増えている。それまで幼い娘を嫁として事実上売らざるをえないような貧困家庭、あるいは労働力として使っていた家庭の父親にとっては、①無償の学校給食は娘や息子が自分の食い扶持を事実上稼いでくるに等しい、②給食を自宅に持ち帰れば家族の食費がさらに浮く、③地産地消の場合には学校という巨大なマーケットが農民である父親の眼前に出現したことを意味する。2000年代はじめ、ジム・モリスWFP事務局長（当時）がパキスタンの村で実験したケースでは、給食を開始した村では女子の就学率が跳ね上がったばかりか、持ち帰りを実施したところ約19％上昇した。当時人道支援にかかわっていた筆者（石川）は、WFPの5年に一度の世界総会に基調講演者として参加したが、5大陸の途上国のフィールドから来ていたWFP関係者は、学校給食の就学率向上への効果は手にとるように目に見えるものであると異口同音に述べていた。

こうした即効性もあり、WFPの学校給食には世界の有名企業、著名人の多くが賛同して協力している。日本では竹下景子氏、知花くらら氏、三浦雄一郎氏などがキャンペーンで活躍している。世界には、子ども時代に給食を食べられたがゆえに夢を実現した人たちも多い。例えば、アトランタとシドニーの2度のオリンピックのメダリストで2003年9月にはベルリン・マラソンで当時の世界記録2時間4分55秒で優勝したポール・テルガト氏は、ケニアの貧困地区で育ち、学校に行けば給食を食べられたので、毎日5キロ走って学校に通った。ケニアのオリンピック委員にもなり、また２００４年からＷＦＰの飢餓撲滅大使として、世界中の飢餓に苦しむ子どもたちのために活動している。[28] またアジアでも、ネパールのニムドマ・シェルパさんは17歳で荷物運びのシェルパとしてではなく登山家としてエベレストに登頂した。彼女は、いつもおなかがすいていたけれども、学校に行けば給食を食べられるのが楽しみだったこと、そして給食のお蔭で学校に通ううちにいつか自分もエベレストに登頂したいという夢を持つことができた、と語っている。

食料と教育の関連では、ヨードの欠乏にも言及する必要がある。ヨードが不足するとＩＱに30ないし40ポイントの悪影響を与えること等から、２００１年に日米加の援助機関、ビル＆メリンダ・ゲーツ財団、食品関係企業などが連合を発足させ、ヨード、ビタミンＡ、鉄分などの微量栄養素不足[29] への対策を講じてきた。このうちヨードについては食塩に人工ヨードを混ぜる活動が世界の人工ヨードの半分を製造している日本を中心として進められてきた。日本では食塩を海水からつくるほか海藻を食するのでヨード欠乏症になじみが薄いが、世界の多くの地域では食塩は岩塩であるほか海藻を食さないので深刻な問題となっていた。このキャンペーンの結果、ヨード欠乏症およびビタミンＡ不足には大きな改善が見られている。他方、鉄分の欠乏症改善はいまだ課題を抱えている。

3–2　井戸、学校、コミュニティー

アフリカの教育問題を突き詰めていくと、村の日々の生活のあり方に行きつくことが多い。農村部の女子はとにかく忙しい。水汲みに6時間を費やし、薪拾いと幼い弟妹の子守りで日は暮れる。水は

教育、保健、ジェンダーはじめ開発の広い分野の鍵を握る大きな要素である。教育の観点から述べれば、水は女子就学率の低さとドロップアウト率の高さの大きな原因の一つとなっている。ならば、村の中または近くに井戸を掘る、そしてその井戸の前に学校をつくるという発想があるのではないか。その井戸の前の学校では給食を供し、給食の食材は地元の農産品を買い上げる。校舎は小さくてもよいが、教師の宿舎を併せて建てる。校舎に併設するもう一つの建物は給食調理用の台所で、そこにはかまどを備える。校舎の片端の近くに男子用のトイレを複数つくり、反対側の片端の近くに女子用のトイレを複数つくる。給食を用意するのは村の女性たちの交代制。井戸の維持管理も村人たちが行う。トイレは日本のＮＰＯが取り組んでいるようなエコトイレとして、便に灰をかぶせる方法などで堆肥の原料とする[30]。

このようなことが実現していけば、いずれにしても毎日の水汲みからは解放されない女の子が水汲みに行く「ついでに」学校にも行けるし、地元農民は地産地消で潤う、地元の主婦たちは井戸管理と給食の調理でオーナーシップを発揮していき、やがてはコミュニティーの活性化につながることも期待される（第7章5参照）。

4　職業訓練の重要性

4－1　手に職をつける

教育とは、6歳になれば小学校に入り、12歳で中学、15歳で高校というように、人生は自動的に時間枠で動いていると先進工業国の人は思いがちである。しかし、それはその国に経済的なゆとりがあり、また統治の機能がインスティテューションとして機能している場合の話であって、国家、そして家庭が貧困の中にある場合には時間枠から外れる子どもが多いことに十分留意しなければならない。年齢相応のときに学校に行くことができないで教育の機会を逸した若者、あるいは教育の機会がないまま子を産み親となった人々、そして特に非識字の女性、このような人々が遅ればせであっても読み・書き・そろばんができるようになることは本人たちの人生のみならず社会にも大きな変化をもたらす。

かつて栄えていたアフリカの諸王国では、マドラッサで読み書きを学び、例えばトゥンブクトゥーでは商家の子どもたちが近郊の野に実る果物を摘みに行きそれを市場で売るのは専管だった。今で言うオン・ザ・ジョッブ・トレーニングを受けていた。また食用油や魚の販売は女性の専管であった。いずれも手に職をつけていた。

(1)手に職をつける、これは生きていく上で貧困から抜け出す大きな道の一つである。こうしたことから、日本はアフリカをはじめとする途上国に長年にわたり職業訓練センターをつくり、人材育成を行ってきた。それは途上国が経済的離陸をするためには技能を持った人材が必要だからであり、例えば仏語圏アフリカのハブとなっているのがセネガルのダカールにある職業訓練センター[31]である。

セネガル自身が技術中学・高校など技術教育に力を入れる中、1982―84年の日本・セネガル職業訓練センター建設計画で準備して1984年から活動を開始した。電気技術、電子工学、電子機械、自動車整備、建設機械保守、ビルのメンテナンスなどを学んでいるほか、社会人も入学して資格取得や技術力向上に努めている。セネガル国内のほか西部・中部アフリカのフランス語を解する国からの留学生が約10％おり、また、各国の職業訓練校の指導員が来校して行われる技術指導やセンターの教員が各国に出向いて技術指導する活動も行っている。これまでの卒業生は2500人以上である。

この訓練センターの特色の一つは、技術ばかりではなく工場のあり方も伝授することにある。「整理、整頓、清掃、清潔、しつけ」の「5S」である。自分は「技師」だと言って指示だけをして汗をかかないのではなく、「作業服に誇りをもち、皆で一緒に仕事に取り組む」（2代目プロジェクト・リーダーの尾藤俊和さん）、機械を動かす人自身が清掃もきちんと行うことを身につけている。

（2）もう一つの例は、ケニアのナイロビ近郊にあるジョモ・ケニヤッタ農工大学[32]である。

1978年に日本が支援を開始したこの大学は、校舎の建設、研修用農場整備、教員派遣など、JICAが中心となって京都大学、岡山大学はじめ多くの日本の大学の協力で実践的な農業と工業の人材育成を担ってきた。青年海外協力隊員も派遣され、またケニア人スタッフは日本で研修、さらに主に英語圏アフリカ諸国からの研究者や実務者の受け入れも行っている。

設立当初は農業分野の職業訓練をする高等専門学校だったが、そのカリキュラムの良さと実践的な、すなわち実際の役に立つ、教育が評判となって1995年には学士号を供与できる大学となった。ケニア側が同大学に力を入れている一つの証左はその名前にも如実に表れている。ジョモ・ケニヤッタはケニア独立のために戦った初代大統領であり、国民は建国の父として「ムゼー」（おじいさん）と親しみを込めて呼んでいた。ジョモ・ケニヤッタは途上国における農業の重要性を強く信じ、いたずらに重工業化に国を走らせるようなことをしない賢明さを持っていた。

1998年のTICAD2で日本はアフリカ地域での人づくりの重要性を打ち出し、その中でアフリカの大学や学術施設の教育・研究機能を応援していったが、その中核を担ったのがジョモ・ケニヤッタ農工大学であり、「アフリカ人づくり拠点」と位置付けてきた。卒業後日本の大学院に留学する制度もある。同大学のもう一つの特色は卒業生が旧宗主国イギリスに流出しないことである。ケニアでIT産業、建築、園芸、食品、慈善事業支援、母校などの国立大学の教官などとして活躍している。[33]

4-2 世界に打って出る

アフリカの若者最大の問題は失業、と言うよりもそもそも大学を卒業しても職がない。その背景は年率2%を超える人口増加と19歳以下が国民の半数以上を占めることにある。例えばエジプトがその典型例であり、[34]ノーベル賞受賞者もいるように[35]国民の知的水準は高く、大学進学率は男女とも4割近い中で、毎年100万人近く増え続ける新卒者[36]を受け入れるような新規雇用を創り出せる経済は世界のどこにもない。

このため政府は、人口政策を推進して人口増加を抑える努力[37]を重ね、また若者の吸収のため国土の97%を占める砂漠を緑化してイチゴ栽培など多くのアグリ・ビジネスを興すとともに、好条件を提供して若者の就農を推進した。その上で、世界に打って出ることのできる理工系人材の育成に着手した。これが、カイロ大学工学部教授出身のナジーフ首相（当時）による構想のもとでエジプト日本科学技術大学に結実した。

エジプトには外国の国名を冠した私立大学は有名なアメリカン大学などすでにあった。しかし、国立大学で初めて外国の国名を冠し、かつ国立大学で初めて有償の授業料を課し、同時に優秀な学生を確保するための奨学金制度をつくり、また教授陣については他の国立大学にはない'free to hire, free to fire'すなわち採用と解雇の権限を理事会に与えて高い教育・研究水準を確保しよう、革命的ともいえるエジプト日本科学技術大学構想はこうして生まれた。[38] カイロ大学をはじめとするエジプトの国立大学は、ナセル社会主義のもとで優秀な若者に門戸を解放すべく授業料は無償、また教授陣は国からのあてがいぶちでその評価方法も定まっていなかった。人口が少ない当時のカイロ大学は非常に水準が高かったが、上記の人口爆発と男女ともに3割を超える大学進学率の結果、マンモス化して学生数は26万人を超え、また給与だけではとても生活ができない教授陣はアルバイトのため休講が多く、その惨状はいかんともしがたいものとなっていた。ナジーブ首相はこのことを何度も筆者に説明した。

筆者（石川）は当初この構想に強く反対する姿勢をあえて示した。それは、第1に、日本側でナジーブ首相の構想を推進していた教授は高名であるばかりでなく真摯で大変に熱心であったものの、制度、インスティテューションとしての協力体制が組まれていなかった、すなわちその教授が定年になれば協力の歯車が止まる論理的蓋然性が高かったことと、第2に、エジプト側において最も優秀な学生・院生を送り込むシステムができていなかったためである。その上でナジーブ首相には率直に「エジプト首相、ヒラール高等教育大臣、アブルナガ協力大臣と何度も話し合った。ナジーブ首相、エジプト人の欧米崇拝の中で日本の名前を冠した大学に最優秀の学生が来るとは思えない」と述べたところ、首相は「なればこそ『科学技術』大学なのです。科学技術と言えば日本だと圧倒的多数のエジプトの若者は思っているからです。」と述べた。日本側関係者には、国際協力機構（ＪＩＣＡ）を中心に制度設計を依頼し、また一時帰国して九州大学、東京工業大学、京都大学、早稲田大学、東北大学の学長・総長をお訪ねして教えを乞うた。こうしてＪＩＣＡ緒方貞子理事長の陣頭指揮により、日本の12の大学とエジプトの8大学が参加する、制度としてのエジプト日本科学技術大学支援体制が結成された。カリキュラム作成、ローテーションでの教員派遣、エジプトの8大学の最優秀学生の院への入学、日本への留学生の受け入れなどのシステムがつくり上げられ、また理事会に日本の財界（中東調査会の協力）とエジプトの財界重鎮（カイロと地元アレキサンドリア双方から）の参加を得て奨学金支援、インターン受け入れ、もとより成績次第だが就職円滑化などの地ならしも実現することとなった。エジプト側財界人が特に強調したのはapplied technology、役に立つ技術を学生と院生が身につけられるということ、卒業生が即戦力になること、またエジプト国内のみならず広く世界でも戦える人材を養成することであった。また、大学のキャンパスがボルグ・エル・アラブ村というアレキサンドリアから離れた工業・研究団地内に決まっていたため学生と教員の宿舎が必要だったが、これについてはマグラビ住宅大臣に面会を求め近くの新築団地をそっくり使用させてもらえることとなった。ドイツやアメリカで准教授や教授職についていたエジプト人が帰国して、エジプト日本科学技術大学の教官となったときには、エジプト教育界の期待の高さを強く感じた。

また、エジプトの国立大学でありながら外国（日本）の国名を冠すること、授業料を有償とすること、しかし奨学金制度もつくること、また教授の評価を行い採用と解雇の権限を理事会に与えることについては大統領令が出されたが、体制が変わっても大学に影響が出ないために議会の承認を得ることを首相と関係閣僚に要請し、議会の承認を得た。

同大学は、本格稼働してからアラブ諸国のみならずサブサハラ・アフリカ諸国からの工学系学生と院生の受け入れも予定していたので、筆者（石川）は高等教育省次官とともに、サウジアラビア、アラブ首長国連邦、クウェイトを訪問したが、各国の高等教育省の次官や教育委員長にエジプト出身者がついていたこともあり、話し合いは順調であった。当時キング・アブドラ工科大学をサウジアラビアが莫大な資金でもってアメリカの協力で建設しつつあったが、湾岸諸国の保護者はサウド家のイスラム教ワハブ派の影響下に子どもたちが入ることを恐れ、例えばクウェイトのある保護者の声として、「クウェイト空港からボルグ・エル・アラブ空港にはノンストップの直行便が飛んでいるので、親としてはエジプト日本科学技術大学に子どもを留学させる方がずっと安心である」と聞いた。

こうして2010年エジプト日本科学技術大学は開校し、いわゆる「アラブの春」の嵐を乗り越えて教育を実践している。[39]

第7章　病との闘い

1　国家と健康

1―1　国家の盛衰にかかわる疾病

1181年、平清盛は水風呂につかると水が熱湯になってしまうほどの高熱で苦しみ、震え、そして亡くなった。巷間、清盛は瘧（おこり）すなわちマラリアで亡くなったと伝えられている。歴史に「もしも」を持ち込むのは無意味ではあるが、ただ、仮に清盛の死因が瘧・マラリアであって、そして当時の日本でせめてキニーネが知られていれば、平清盛は63歳では死なずにもう少し長生きして歴史が変わり、貨幣経済と大陸との貿易で平安時代が栄え続けた、ということも考えうる。

マラリアは今では熱帯の国の病気だと思われている。しかし、古来栄華をきわめた都でしばしば見られた。ローマ帝国時代、永遠の都ローマは7つの丘の都と言われたが、7つも丘があればそれだけ低地、湿地もあり、また都会にはちょっとした水たまりに蚊が湧く。すなわちローマはマラリアの都でもあった。それは遠い昔の話だと思われるかもしれないが、比較的最近の例では、高級リゾートのイメージが強いアメリカのフロリダ半島は、マングローブをはじめとする森をアメリカ人が火炎放射器で破壊するまではマラリアの巣窟だった。

時代が大きく変わったときの重要人物の病でよく知られるのは西郷隆盛のフィラリアである。西郷隆盛はフィラリアの典型的症状[1]のため馬に乗ることができなかったし、切腹自決の後政府軍は隆盛の頭を見つけることはできなかったが、残された胴体のフィラリア症状から本人と特定した。フィラリアは今日では73か国で14億人がリスクにさらされ、1億2000万人の患者のうち4000万人は障害を発症している。今日の日本では犬の病気と思われているが、日本からヒトのフィラリアを消滅させたのは比較的最近の1978年のことであった。そもそもヒトのフィラリア対策を国の予算で始めたのは1962年という遅い時期であった。

今日の日本も熱帯病と無縁ではない。かつてペスト[2]がはやった帆船の時代には40日間港の外の船上か島で待機する検疫（そこから約40＝QUARANTAINE＝検疫という言葉が生まれた）があったが、航空機の発達によって瞬時に人も蚊も国際移動する世界になった（後述）。2014年に、東京のデング熱騒動で毎日のようにテレビが大わらわの報道をしていたのはその一例でしかないが、わずか数人の患者の発生で朝から晩までテレビ報道した日本での騒ぎを考えれば、多くの種類の熱帯病の何万人という患者について毎日闘っている熱帯病のリスク国、中でもサブサハラ・アフリカ諸国の苦労の度合いへの理解が少しは深まるのではないだろうか。WHOによれば、デング熱は世界の25億人以上（人間の40％以上）が感染リスクのある国に住んでおり、毎年500万―1000万人が感染し、蚊が媒介して治療法はなく、蚊をきちんと駆除することのみが効果的な予防策である。元来熱帯と亜熱帯の疾病だったものが今では他の地域にも伝播、人口密度の高い都市部に多い。2010年にはフランスやクロアチア、2012年にはポルトガルなどヨーロッパの10か国で流行した。

疾病は歴史を変えることもあれば、国の興亡にかかわることもある。中世のヨーロッパで人口を3分の1にしたペストのパンデミックはつとに知られるところだが、日露戦争時の日本の陸軍兵士と海軍水兵に「流行」した脚気は深刻に対応すべき深刻な病であった。海軍は栄養問題と見抜いて水兵の食事の改善で早急に手を打ち、陸軍は陸軍軍医総監森鴎外が細菌原因説にこだわって真相究明なるのに時間を割いて対応が遅れたこともよく知られる。ちなみに、日本のカレーはイギリス海軍から伝えられたとされる「海軍カレー」および日本に住んでいたインド人たちから伝えられたものだが、海軍の脚気対策としての栄養改善の主役であった。日本陸海軍の脚気は何とか対策が間に合って日露戦争で病気のために日本が亡びることはなかったが、現代史でよく知られているのは第一次世界大戦のヨーロッパの塹壕戦で大流行したインフルエンザである。第一次世界大戦（1914―18年）は旧大陸の古臭い国同士の争い事だとみなしてアメリカ合衆国は当初参戦していなかったが、たび重なるイギリスからの参戦要請とドイツのUボートによるアメリカ商船への攻撃に国内世論が沸騰して、ついに1917年になってイギリス側について参戦した。多くのアメリカ兵が西部戦線（フランス東北部）に渡り、彼らが当時北米大陸で流行していたインフルエンザを持ち込んだとされる。アメリカでは若者たちが兵士として大西洋を渡る前からインフルエンザに苦しんでいたが、さらに塹壕戦の劣悪な環境の中で流行し、インフルエンザと肺炎はアメリカ陸軍兵士の40％、海軍兵士の20％に感染した。第一次世界大戦という史上初の近代兵器（飛行機、毒ガス、長距離砲、戦車、潜水艦など）による戦争において、アメリカ兵はドイツ軍の武器による戦死者よりもインフルエンザによる戦病死者の方が多かった。[3] そしてこのヨーロッパ戦線におけるインフルエンザ流行は、日本での数十万人という犠牲者を含めて世界中で数千万人の犠牲者を出した1918―19年のパンデミック、「スペイン風邪」の序章であった。ちなみに今ではおしゃれとされるトレンチコートは、元来は文字通り塹壕（トレンチ）の中でイギリス兵が着ていたコートである。

感染症は国を滅亡寸前まで追い込むこともある。第一次世界大戦が塹壕戦となり、ドイツ側の塹壕の中でインフルエンザと破傷風が流行ったせいでドイツは負けたと言ったヨーロッパの友人もいる。しかしそれは、なによりも戦場であったこと、さらにヨーロッパの秋から冬の長雨、足元がぬかるんでいつも脚が濡れている塹壕という場所、そして大勢の兵士が密集している高い人口密度という劣悪な条件の中での話であった。他方、平時に一つの病によってその国の平均余命が40歳まで落ちたと聞くと、それはただ事ではない。サブサハラ・アフリカは独立以来平均余命が着実に伸びていた。独立直前にケニア、ジンバブエなどで軒並み45歳以下だった平均余命は１９８０年代に入る頃には50歳を超える国も多かった。ところが、ほぼすべての国で80年代半ばに反転、坂道を転げ落ちるように平均余命が下がり続け、世界銀行によればジンバブエでは１９８６年に61・9歳に達したのをピークに下がり始め、２００２年には40・7歳にまで落ちた。[4] １９９０年代にはジンバブエの国軍兵士のうち半

図7-1　ザンビア・ジンバブエ・センガル・ウガンダの平均寿命

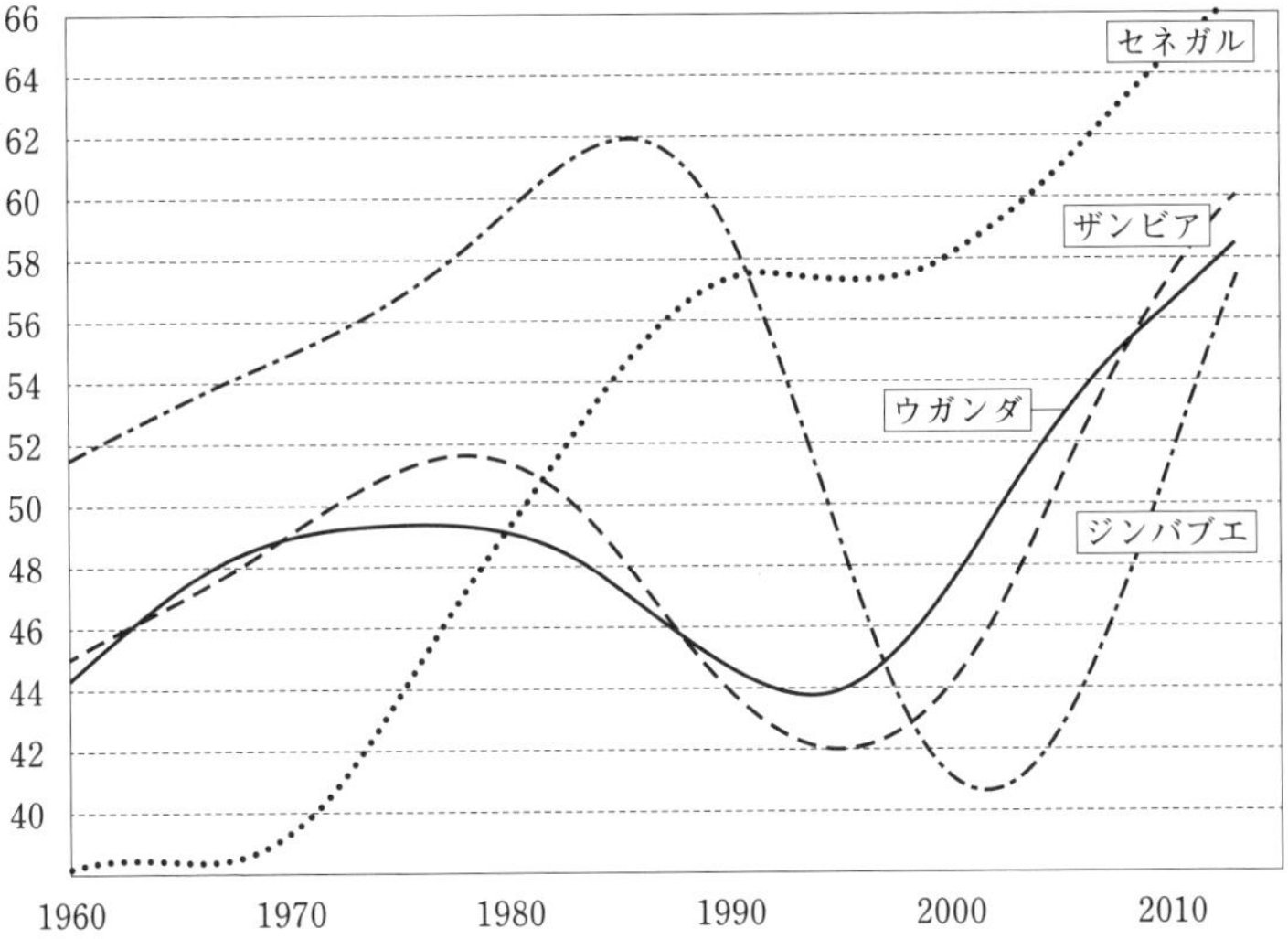

資料：世界銀行データベース（WDI）。

数はＨＩＶ感染またはエイズ患者であると見られていた。これは文字通りエイズが国家安全保障の問題になった一例である（石川2003）。

エイズによる平均余命激減は特に東アフリおよび南部アフリカにおいて顕著に見られた。他方、セネガルなどの西部アフリカでは平均余命の伸びは停滞ないし漸減したがさほどの影響は出ていない。

セネガルの平均余命は、１９６０年の38・2歳から、70年に39・2歳、80年に48・9歳、90年に57・2歳と伸び続け、21世紀に入って２０００年には57・8歳となり、さらに２０１０年に64・0歳、２０１４年には66・4歳となった。

なお、東アフリカのウガンダでは、１９６０年の44・0歳から１９６９年の48・6歳まで伸びた後、１９７０年代は伸びが鈍りほぼ横ばい、ピークの1977年でも49・3歳にとどまった。その後、1995年に43・8歳まで下落を続けてから反転したが、2014年時点で58・5歳にとどまっている。ウガンダのケースは2つのことを示している。第1に、劣悪なガバナンスは国民の命を縮めるということである。すなわち、エイズの流行が始まる以前の1970年代の平均余命の横ばいは、イギリスが当初支援していたイディ・アミン・ダダ政権が行った恐怖政治によって国民の多くが殺されたことが平均余命の停滞に明確に反映したことを示している。第2に、エイズは現金収入のある人が感染を広めたということである。例えば、1990年代に入ってウガンダでは国鉄職員5600名のうち約10%がエイズで亡くなった。これは、現金収入があり、かつ仕事で移動する人がエイズを運んだことを示している。

このようにエイズは国が亡びるのではないかと恐れられたほど猖獗をきわめ、治療不能と思われた。しかし、アメリカとフランスの研究者がエイズの原因を突き止め、やがて製薬会社が抗レトロウィルス薬を開発するのに成功し、紆余曲折はあったが1996年に2つの新薬が認可されて先進国ではエイズによる死者は大幅に減少した。他方、途上国ではせっかくの新薬の価格があまりに高価であったため手が届かなかったが、インドの製薬会社がジェネリック製造を断行し、やがて開発会社による特許訴訟も取り下げられたことから途上国でもかろうじて手の届きうる価格となった。その結果、平均余命もU字回復をしていった。

しかし、薬ができただけでは病人の手に入らない。そのため、後述するグローバル・ファンド（世界基金）が中心となって国際社会の協力が進められ、またNGOなどの活動が推進されている。ただ、ここに至るまでには、世界の首脳の強いリーダーシップが必要であった。第1に2000年の九州沖縄サミットにおける日本の主張した「沖縄感染症イニシアティブ」から世界基金創設への流れ、第2にブッシュ・アメリカ大統領、シラク・フランス大統領、コフィ・アナン国連事務総長（いずれも当時）の強いイニシアティブがあった。

2001年には、後述するブッシュ大統領の世界基金への強い支持表明に続いて国連で「エイズ特別総会」が開催され、前年に沖縄で感染症対策が世界の重要課題であるとして認識された流れの中で、正面からエイズに立ち向かう国際世論が醸成された。さらに2003年9月の国連総会においてブッシュ大統領は「良心に対するチャレンジ」として、人道的危機に断固として立ち向かうべきこと、アメリカは「エイズ救済緊急計画」を開始し、世界中でHIV／エイズと戦うために年間で150億ドル拠出することを再確認した。[5] またブッシュ演説の前日の「エイズに関する国連ハイレベル本会議」では、シラク大統領が国連は「エイズ非常事態宣言」を発出すべきだと発言し、同じ会議でパウエル国務長官（当時）は「エイズ・ウィルスはいかなるテロ攻撃、紛争、あるいは大量破壊兵器よりも破壊的である」と発言しつつ「エイズは、国々を破壊し、地域全体を不安定化する」と述べた。こうして、感染症は社会問題や開発問題を越えて、国家の安全保障上の問題であると位置付けられた。

1－2　政治と国民の健康

21世紀の今日、サブサハラ・アフリカ諸国の平均余命が50歳前後だと聞くと大変に短いと感じる。しかし、わが身を振り返れば、それは第二次世界大戦の敗戦後の日本の平均余命でもあった。厚生労働省によれば当時の日本の平均余命は次のとおりであった。[6] 日本では、長い間「人生わずか50年」と言っていた。

昭和22年（1947年）　　男性50・06歳　女性53・96歳
25—27年（1950—52年）　男性59・57歳　女性62・97歳
30年（1955年）　　男性63・60歳　女性67・75歳
35年（1960年）　　男性65・32歳　女性70・19歳

日本では、1961年の国民皆保険の導入によって国民の医療アクセスが改善した。また、戦前から母子保健が推進されており、敗戦後は人口が少ない自治体での簡易水道普及を含めて上水道を急いで整備し、公衆衛生の基本である清潔な水の普及に努めた。こうしたことの相乗効果で1960年の67・7歳から今日の水準まで男女の平均余命が伸びてきたのである（2014年83・6歳）。

そもそも、国は国民の健康に責任を負っているのだろうか。最近耳目を集めている例で述べれば、国は国民一人一人の健康に責任を負っていると考えて国民皆保険・オバマケアを導入したのがアメリカのオバマ前大統領。逆に、国は責任を負っていない、財政負担が大きいばかりのオバマケアを廃止すると公約し、そして健康は自己責任だと言い放ったかの印象を与えているのがアメリカの共和党およびトランプ大統領である。

では日本ではどうか。日本国憲法は次のように定めている。

「第十三条　すべて国民は、個人として尊重される。生命、自由及び幸福追求に対する国民の権利については、公共の福祉に反しない限り、立法その他の国政の上で、最大の尊重を必要とする。

第二十五条　すべて国民は、健康で文化的な最低限度の生活を営む権利を有する。

図 7-2　日本の平均寿命

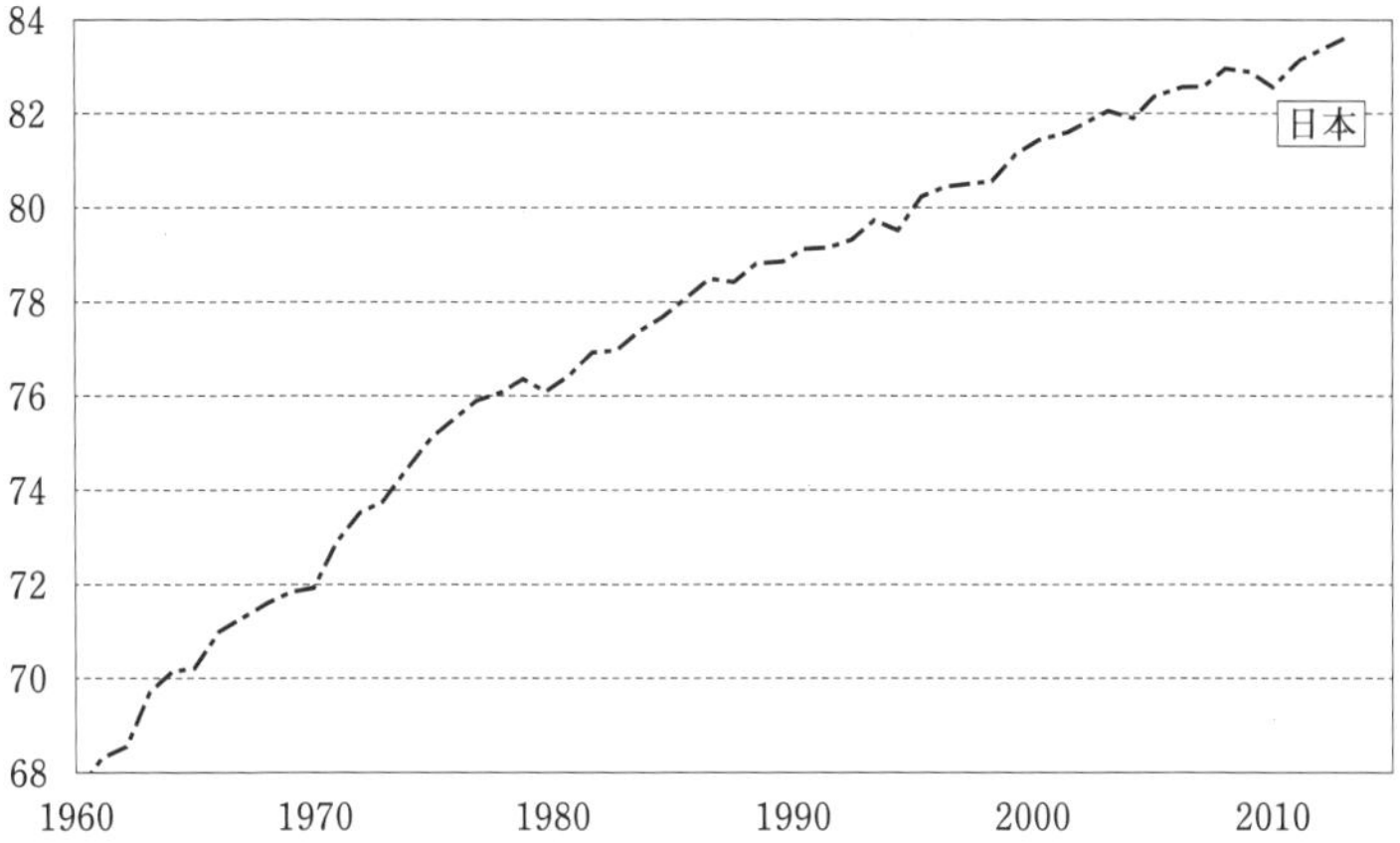

資料：世界銀行データベース（WDI）。

２　国は、すべての生活部面について、社会福祉、社会保障及び公衆衛生の向上及び増進に努めなければならない。」

　そして前述したとおり、日本は１９６１年に国民皆保険を実現した。その後の日本人の平均余命の向上とそれが今や世界最長水準にあることを考えれば、国民皆保険、すなわち保険証があれば、「誰でも」、「いつでも」、「どこでも」、医療機関にアクセスできることの命への貢献度は極めて大きかったと認めるべきではないか。オバマケア導入以前のアメリカでは、誰もが、いつでも、どこでも、医療機関に行ける状況ではなかった。貧困層は、高額な医療費も、そしてそれをカバーする民間の医療保険料も払えないからである。

　では、国際社会は健康についてどう認識しているのだろうか。世界保健機関（ＷＨＯ）[7]はその憲章で次のように定めている。

「健康とは、完全な肉体的、精神的及び社会的福祉の状態であり、単に疾病または病弱の存在しないことではない。……すべての人民の健康は、平和と安全を達成する基礎であり、個人と国家の完全な協力に依存する。……各国政府は、自国民の健康に関して責任を有し、この責任は、充分な保健的及び社会的措置を執ることによってのみ果たすことができる。」

ＷＨＯは１９４８年に設立され、現在１９４か国が加盟している。このことは、１９４か国が、国として国民の健康に責任を有していると約束していることにほかならない。[8] しかしそうであるならば、本来死なないですむ、すなわち自宅で治療することが本来可能であるはずの下痢や呼吸器の病気、あるいは治療薬が存在する感染症で、なぜ今もなお世界の多くの国の老若男女が命を落とし続けているのであろうか。

2　熱帯病

2－1　ハンディを抱える熱帯諸国

デング熱患者が日本国内で49年ぶりに見つかった２０１４年、日本の報道機関は熱帯地方に旅行した日本人が蚊に刺されて感染し、その人が帰国後また蚊に刺されて、その蚊がほかの人を刺して感染が広がったと報じていた。筆者はかなり複雑な思いを抱きながら国内報道機関の記事における「熱帯地方」の扱いを見ていた。記者たちは、「熱帯地方」をどういう所だと思っていたのだろうか。言うまでもないが、熱帯地方には多くの人間が住み、彼らも世界の立派な一員であるのだが。

確かに熱帯には疾病が多い。WHOは熱帯病を次のように定義している。

「熱帯病とは、もっぱら、あるいは主に熱帯地方で起きるすべての病気のことを言う。実際には、高温・多湿の条件下で発生する感染症のことを指すことが多い。[9]」

マラリア、リンパ系フィラリア症、オンコセルカ、シャーガス病、アフリカ睡眠病、ハンセン病、住血吸虫などである。

ツェツェ蠅と眠り病

サブサハラ・アフリカについてよく知られる風景は、ケニアのマサイ族の人々が牛を追っている姿であろうか。また、近年最大の人道危機と言われたスーダンのダルフール地方の虐殺は、アラブ系の遊牧民が放牧で生活していた地域が干ばつのため草がなくなり、水を追って黒人系の農耕民の村々を襲ったことが大きな背景としてあった。西部アフリカのマリ北部のトアレグ族も遊牧民だが、彼らも乾燥地帯を遊牧している。そしてトアレグ族対策は中世のマリ帝国においても、現在のマリ共和国においても中央政府にとって統治上難しい課題である。

このように記述すれば、アフリカの人々は牛と暮らしているというイメージが先行するが、遊牧民すなわち家畜はアフリカの乾燥地方ないし半乾燥地方において見られるのであって、アフリカの湿潤な地域の農耕地で牛が犂を曳く姿を見ることはまずない（第2章2－1参照）。男性が開墾して土を起こし、そこを女性が棒で耕して作物を作る姿が伝統的なサブサハラ・アフリカの農村風景である。なぜなら、トリパノソーマの汚染地域ではツェツェ蠅がアフリカ眠り病を媒介して動物を殺してしまうからである。サブサハラ・アフリカの農業に犂耕が育たなかった、すなわち農業に大きなハンディを与えたのは、この小さな昆虫であった。ちなみに16世紀に最盛期を迎えたカネム・ボルヌ帝国は馬も騎士も鎖帷子をまとった強力な騎馬長槍隊の常備軍を有していたが、それを維持できたのは、ツェツェ蝿が馬を殺しても、トリポリからすぐにアラブの駿馬を補充できるだけの財力があったからである。

数年前、タンザニアに観光旅行をしていた日本人女性がアフリカ睡眠病で亡くなったとの報道があった。アフリカ睡眠病には、西アフリカ睡眠病（全体の98％、初期には症状が出ないが未治療だと3年以内に死亡）と東アフリカ睡眠病（全体の2％以下、急性。早期に治療しないと数か月で死亡）の2種類がある。治療法はあるが、現実にはしばしばマラリアと誤診され、手遅れとなって死亡する。今日でも恐ろしい病気であることには変わりなく、未治療であればほぼ１００％死亡する。サブサハラ・アフリカにある36か国の約６０００万人が住む地域が感染リスクにさらされている。

診断能力の重要性

アフリカ睡眠病の新しい発症者数は年々減少してはいるが、それでもＪＩＣＡによれば年間の死者数は5万人に上ると推計されている。そうした中で、日本のプロジェクト・チームが安価でかつ迅速に結果が判明する診断キット[10]（結核とアフリカ睡眠病について）を開発、誤診を回避し早期に治療を開始できることに大きく貢献した。疾病との闘いの第一歩は、具合の悪い人の病気が何かを突き止めることだが、先進工業国ですら知識がないと患者を死なせてしまうことがある。筆者（石川）がアフリカ在住時に、ケニアの自然公園を訪問した日本人観光客の子どもさんがアフリカを離れた後高熱を出したが、マラリアの経験がなかった医療施設（注：日本ではない）にアクセスしたため時宜を得た治療ができずに死亡した例があった。早期発見・早期治療はあらゆる疾病対策の第一歩だが、そのためには「誰でも」、「いつでも」、「どこでも」、医療機関にアクセスできることだけでは不十分であり、医療機関側に疾病についての知識があり、そして物理的な検査能力があることが不可欠であることを如実に示した哀しい例であった。

2－2 エボラ出血熱の衝撃と教訓

２０１６年3月29日、ＷＨＯは西アフリカのエボラに関して国際的緊急事態を解除した。それまでにギニア、リベリア、シェラレオネの3か国で合わせて2万８６１６人のエボラ患者（確認された者、蓋然性が高い者、疑われる者を合わせ）が報告され、うち1万１３１０人が死亡した。[11] その後、6月1日にギニアでの感染が終息し、6月9日にリベリアで終息した。これが２０１４年から世界を震撼させたエボラ出血熱のアウトブレークの結末であった。

エボラ出血熱について厚生労働省は次のように説明している。[12]

「エボラ出血熱は、エボラウイルスによる感染症です。エボラウイルスに感染すると、2～21日（通常は7～10日）の潜伏期の後、突然の発熱、頭痛、倦怠感、筋肉痛、咽頭痛等の症状を呈します。次いで、嘔吐、下痢、胸部痛、出血（吐血、下血）等の症状が現れます。現在、エボラ出血熱に対するワクチンや特異的な治療法はないため、患者の症状に応じた治療（対症療法）を行うことになります。」

そして感染については、「エボラウイルスに感染し、症状が出ている患者の体液等（血液、分泌物、吐物・排泄物）や患者の体液等に汚染された物質（注射針など）に十分な防護なしに触れた際、ウィルスが傷口や粘膜から侵入することで感染します。一般的に、症状のない患者からは感染しません。空気感染もしません。また、流行地では、エボラウイルスに感染した野生動物（オオコウモリ（果実を餌とする大型のコウモリ）、サル、アンテロープ（ウシ科の動物）等）の死体やその生肉（ブッシュミート）に直接触れた人がエボラウイルスに感染することで、自然界から人間社会にエボラウイルスが持ち込まれていると考えられています。なお、ＷＨＯ（世界保健機関）は、流行地でエボラ出血熱に感染するリスクが高い集団を、

・医療従事者
・患者の家族・近親者
・埋葬時の儀式の一環として遺体に直接触れる参列者

としています。エボラ出血熱は、咳やくしゃみを介してヒトからヒトに感染するインフルエンザ等の疾患とは異なり、簡単にヒトからヒトに伝播する病気ではありません。病気に関する知識を持ち、しっかりした対策を行うことで感染を防ぐことができます。」[13]

エボラ出血熱が出現したのは１９７０年代、中部アフリカのコンゴ民主共和国などにおいてであった。患者数は数百人単位であったが、怖れられたのはその致命率の高さであった。１９７６年のコンゴ民主共和国での症例は３１８、そのうち死亡者数２８０であり、致命率は88％であった。１９７６年のスーダンでの症例は２８４、そのうち死亡者数１５１であり、致命率は53％であった。

ただ、致命率があまりに高い場合にはウィルスが宿主（人間）を殺してしまうので、他の宿主（人間）に感染する時間を与えないこともあり、比較的速く流行が収束してアウトブレークにはならない。

コンゴ民主共和国（当時はザイール）に1980年代に在住経験がある筆者（石川）もそのようなことが頭の隅にあったため、今回の西アフリカでのエボラの流行は深刻ではあるが、過去の規模を大幅に超えるようなアウトブレークになるとは当初考えていなかった。今回のアウトブレークでは、WHOの初動が遅れ批判されたが、それは巷間批判されたWHOの無能というよりも油断の方が要素として大きかったのではないかと考えている。中部アフリカの人々は、エボラ出血熱についてそれなりの知識があり、患者や最も強い感染源となる遺体に触ってはいけないことを知っていたのに対して、初めてエボラ出血熱を見たギニアの人々は、亡くなった家族を当然のことながら抱きしめたのである。

こうして全滅した家庭が多い。また、その後の追跡調査では、人口の少ないギニアの地方の村で感染が出たときに、最寄りの中核都市に通じる道路の遮断を現場の医師が主張したのに、誰も耳を貸さず、権限ある当局がそれに応えなかったことが感染を広げたことが判明した。さらにギニア南東部で尊敬されていた女性がエボラ出血熱で亡くなり近隣国からも葬儀に参列者が来訪した。そして慣習のとおり最後の敬意を表すために遺体に接吻した。これが瞬く間にシェラレオネとリベリアに感染と死者が拡大した一つの理由とされている。

病気、細菌やウィルスについての教育も広報活動も行われている日本においては、例えば夏に生水や生ものを飲食するのは慎重にすべきだとほとんどの人が知っている。しかし、それでも食中毒が発生するし、冬場にはノロウィルスの集団感染も報じられる。また東京のデング騒動のときには蚊は

200mしか移動しないという座学の説を信じてほんの小さな範囲にしか殺虫剤を散布せずに感染の食い止めに失敗した。

食い止めに失敗した。

感染症との闘いにおいて必要な断固たる姿勢・対処をとらなかったのは、誰もの念頭にある「沈黙の春」[14]を恐れたからであろうか。率直に述べれば、教科書万能主義の日本らしい対応、すなわち効果が上がっていないと誰の目にも明らかでありながら教科書通りにしていけば世論から批判されないとでも言わんばかりの印象すら与えた後追いぶりであった。先進国でさえこのような事例が起きるのであるから、教育や広報が行き渡らない国においての感染症の予防、対処には極めて大きな課題があることを、エボラ出血熱のアウトブレークによって国際社会は改めて認識した。

また、先進国の報道機関の写真や映像では理解できないエボラ出血熱のアウトブレーク現場の苦労の一つは、サブサハラ・アフリカの医療従事者の防護服である。遺体、患者の血液や体液に触れれば感染するので、それを予防するためにエボラ出血熱と闘った医療従事者は頭のてっぺんから足の先まで防護服やゴーグルで防備した。そのようなものを着て冷房がない高温多湿の地で医療活動に従事することは、空調の効いた先進国の病院で白衣を着て行う医療活動とはまったく次元を異にする。体力の消耗に耐える体と、断固として病と闘うという固い決意の双方を必要とする。

さらに、熱帯病についての日本の第一人者である世界基金の國井修博士は、国家のインスティテューションという最も基本的な点を指摘している。すなわち、一方においてギニア、シェラレオネ、リベリアの3か国でアウトブレークが起きたことと、他方において人口密度が極めて高いのみならず「混沌を絵にかいたような」メガ・シティーであるナイジェリアのラゴスで患者が出たものの感染を食い止めることに成功したことを比較して論じている。ギニアなどの3か国では、「長い内戦やテロ、

第7章　病との闘い　　234

クーデターなどの影響で社会基盤や保健機構が脆弱、……感染者を発見し報告する制度が未整備で、保健医療従事者の知識も不足し、検査・診断体制も欠如している」と指摘。すなわち国家のインスティテューションが欠落、あるいは形としては存在しても機能していない場合の悲劇がそこにあった。他方、ナイジェリアやセネガルでは「世界基金の感染症対策支援もあり、この10年ほどの間に保健システムが強化されてきた」ために、流行を適切にコントロールできたと指摘。また、患者に触れてはならないことや、頻繁に手を洗うという注意事項を保健当局から情報発信したのみならず、それを国民の耳と目に到達させる通信手段もあった。ナイジェリアやセネガルでは保健当局が仕事をしており、また国民にはスマホが普及していたのである。こうしたことの結果、両国では感染者は発生したものの、1―2名に抑え込むことに成功した。

シェラレオネとリベリアの内戦は、いずれも英米の「解放奴隷」のために「自由な国」を与えると称する政策が原因である。どこから連れてきたかわからない奴隷たちに自由な国を与えると称してイギリスはシェラレオネに、またアメリカはリベリアに土地を租借し、やがて現地の人々を追い払った。リベリアではアメリカ帰りの黒人はアメリコ・ライベリアンとして支配階級になり、現地の人を劣った人として扱った積年の恨みが爆発したことに内戦の根があった。パレスチナ人を追い払い、ヨーロッパ人が虐殺したユダヤ人に土地を与えたイスラエルの建国と同じく、白人の犯した罪を現地人に贖罪させていたのである。

3　エイズ・結核・マラリア

3－1　世界三大キラーの現状

國井修博士はこうも指摘する。[16]「エボラによる死亡者は10か月で4000人であるのに対し、エイズによる死亡者は現在でも（筆者注：2014年10月）1日で約4100人、マラリアは1日約1700人、結核は1日約3600人である。国際協力により現在減少傾向にあるものの、全世界で長期にわたり流行し続けているためである。ただし、死亡の数で疾病を比較しどの感染症がより重要かを競うのではなく、むしろ、どんな感染症の流行も抑制できる、そしてその国の保健医療の課題に対応できる強い保健システムづくりを長期的な視野で行っていくべきだ。」

エイズ、結核、マラリアは合計で毎日9千人以上の命を奪っていく。年間では300数十万人である。三大キラーと言われるゆえんである。

HIV／エイズ

先に述べたとおり、ヒト免疫不全ウィルス（HIV）に感染して発症するエイズ、後天性免疫不全症候群（Acquired Immunodeficiency Syndrome, AIDS）は人間の根源的欲望と結びついている病であるだけに対応が難しいばかりでなく、1981年に初めてエイズ患者が発見されてから治療法もわからず、したがって薬も存在しない死の病であった。1984年にエイズを惹き起こすウィルスをフランスのパストゥール研究所が突き止めてＨＩＶと名付けた。それまで患者はただ死にゆく運命であったのだが、潮目が変わった一つのきっかけは１９８５年にアメリカの名優ロック・ハドソンがエイズで亡くなったことであった。その衝撃は大きく、そのことも一つのきっかけとなってアメリカの朝野はエイズに真剣に向き合うようになり、研究も進んで１９８８年に最初の抗レトロウィルス剤が開発、96年にさらに新たな治療薬が開発された。こうして、先進国においてはＨＩＶ感染は直ちに死につながる病ではなくなった。

では、途上国ではなぜそうならなかったのか、なぜ死病であり続けたのか。それは、薬を開発した欧米製薬会社が知的財産に拘泥し、またその立場を支持したアメリカ政府が国際法の世界で知的財産保護を強く主張し、安価な治療薬の普及に事実上立ちはだかったからである。確かに薬の開発には巨額の投資が必要なため、成果物に関する知的所有権の保護と開発経費の回収に見合う販売価格は必要である。しかし、目の前で野火のように広がっている死に直結する病についてもそのような態度をとり続けた製薬会社は、次の２つの一見相反する使命のどこにバランスを置こうとしたのだろうか。第１に薬の使命は人の命を救うためであるという原点と、第２にさまざまな病気についてさらに多くの人の命を救うためには新薬開発経費を何が何でも回収してその上に（次の開発経費のためにも）莫大な利益をあげなければならないという営利会社の原点である。その対応には率直な疑問を禁じえないが、結局、インド、南アフリカ共和国、ブラジル等のジェネリック会社が製造に進み、やがて先進国の会社が訴訟を取り下げていったことから価格が下がり、途上国の貧困層の人々にとってはまだまだ高額ながらも、さまざまな支援の中で手が届く価格となり、途上国の患者にも薬による治療が進み始めた。
この間、１９９4年には国連経済社会理事会において、国連の関係機関と世界銀行が力を合わせてエイズに向き合うために国連エイズ合同計画（The Joint United Nations Programme on HIV/AIDS, UNAIDS）[17]を設置することが決まり、96年に発足した。[18]

ＵＮＡＩＤＳによれば、いずれも推計でエイズ発生から２０１5年末までに７８００万人がＨＩＶに感染し、３５００万人がエイズで死亡、２０１5年現在３６７０万人がＨＩＶ保持者である。また、２０１6年6月現在１８２０万人が抗レトロウィルス治療を受けている（２０１０年の７５０万人、２０１5年6月の１５８０万人から向上）。２０１5年推計では、ＨＩＶ保持者の約半数が治療にアクセスしており、またＨＩＶ保持の妊婦の77％が母子感染を防ぐための抗レトロウィルス剤にアクセスしていた。２０１5年のＨＩＶ新規感染者は２１０万人。子どもの新規感染は２０１０年以来減少し、２０１０年には29万人だったものが２０１5年には15万人となった。他方、成人の新規感染者数は２０１０年以来毎年約１９０万人であり、減少していない。エイズによる死者は、ピークだった２００5年の２００万人から２０１5年には１１０万人へと約45％減少した。またＨＩＶ保持者の結核による死亡は２００4年以降32％減少したが、今なお結核はＨＩＶ保持者の3人に1人の死因であり、引き続き最大の死因となっている。

ＷＨＯは、サブサハラ・アフリカが最も深刻な影響を受け、同地域の成人20人に1人がＨＩＶ保持者であり、世界のＨＩＶ保持者の71％を占めていると述べている。抗レトロウィルス剤へのアクセスのみならず、そもそも医療機関へのアクセスが容易ではないことに加えて、サブサハラ・アフリカのエイズ対策の大きな挑戦は、感染が家庭に入り込んでいることから来ている。すなわち、欧米のように特にハイリスク集団が罹患する病ではない。

単身で出稼ぎに行っていた男性から家族が感染すること、南部アフリカの国際トラック輸送の道路網に沿ってHIV／エイズが急速に広まったこと、童女をレイプすると治癒するという迷信によって子どもの被害が当初広がったこと、また治安が悪い中でレイプが多く普通の女の子の被害が大きいこと。このように、サブサハラ・アフリカのエイズは、医療の問題を越えたより広く深刻な経済・社会そしてガバナンスの問題である。そしてエイズは家庭崩壊も招いている。特に両親をエイズで亡くした子どもたち、「エイズ遺児」は祖母などに育てられることもあるが、周囲からの差別を受けて悲惨な境遇にある。国連機関のWFPが進める学校給食とその持ち帰りだけで命をつないでいる幼い兄弟姉妹たちも存在する。すでに2003年の時点でパウェル国務長官（当時）は「エイズ遺児」は1500万人に上ると国連の「エイズに関するハイレベル本会議」で発言していた。[19] エイズ遺児支援プログラムを推進しているアメリカ国際開発庁（USAID）によれば、[20] 30年間にわたるエイズの流行で推定1700万人の子どもたちが片親または両親をエイズで亡くし、その90％はサブサハラ・アフリカの子どもたちである。また340万人の15歳以下の子どもたちがHIV保持者である。すなわち、成人の間でのエイズの戦いに前進が見られるのに対して、特にサブサハラ・アフリカの子どもたちが置かれている悲惨な状況は変わっていない。筆者（石川）はエイズの最大の悲劇は「エイズ遺児」だと考えている。

結核

結核は単独の感染症としてはＨＩＶ／エイズに次ぐ第2の死因である。ＷＨＯによれば[21]２０１５年の世界の感染者総数１０４０万人、死者１８０万人（うち40万人がＨＩＶ感染者）、死者の95％以上は低所得国と中所得国の人々である。結核は子どもも襲い、２０１５年には推計で１００万人の子どもが罹患し、17万人が亡くなった。全患者の60％は6か国（インド、インドネシア、中華人民共和国、ナイジェリア、パキスタン、南アフリカ共和国）に集中している。そして２０１５年には推定で48万人が多剤耐性結核に罹った。

新規結核罹患率が高い次の22か国をＷＨＯは結核高まん延国としている。

サブサハラ・アフリカ

　南アフリカ共和国、モザンビーク、タンザニア、コンゴ、ナイジェリア、ジンバブエ、ケニア、エチオピア、ウガンダの9か国。

アジア

　インドネシア、カンボジア、ミャンマー、フィリピン、パキスタン、バングラデシュ、アフガニスタン、タイ、インド、ベトナム、中国の11か国。

このほか、ロシアとブラジルである。

なぜ途上国で結核が多いのか。なぜ低所得国で多いのかは想定しやすい。貧しいので日頃から栄養状態が悪くてさまざまな病気にかかり抵抗力が十分でない人が多いから、保健のインスティテューションが確立していなくて医療アクセスが悪いから、そしてなによりもそもそも結核に罹っている人を

図 7-3　2014 年年推定新規結核罹患率（人口 10 万人対）
結核高まん延国 22 か国

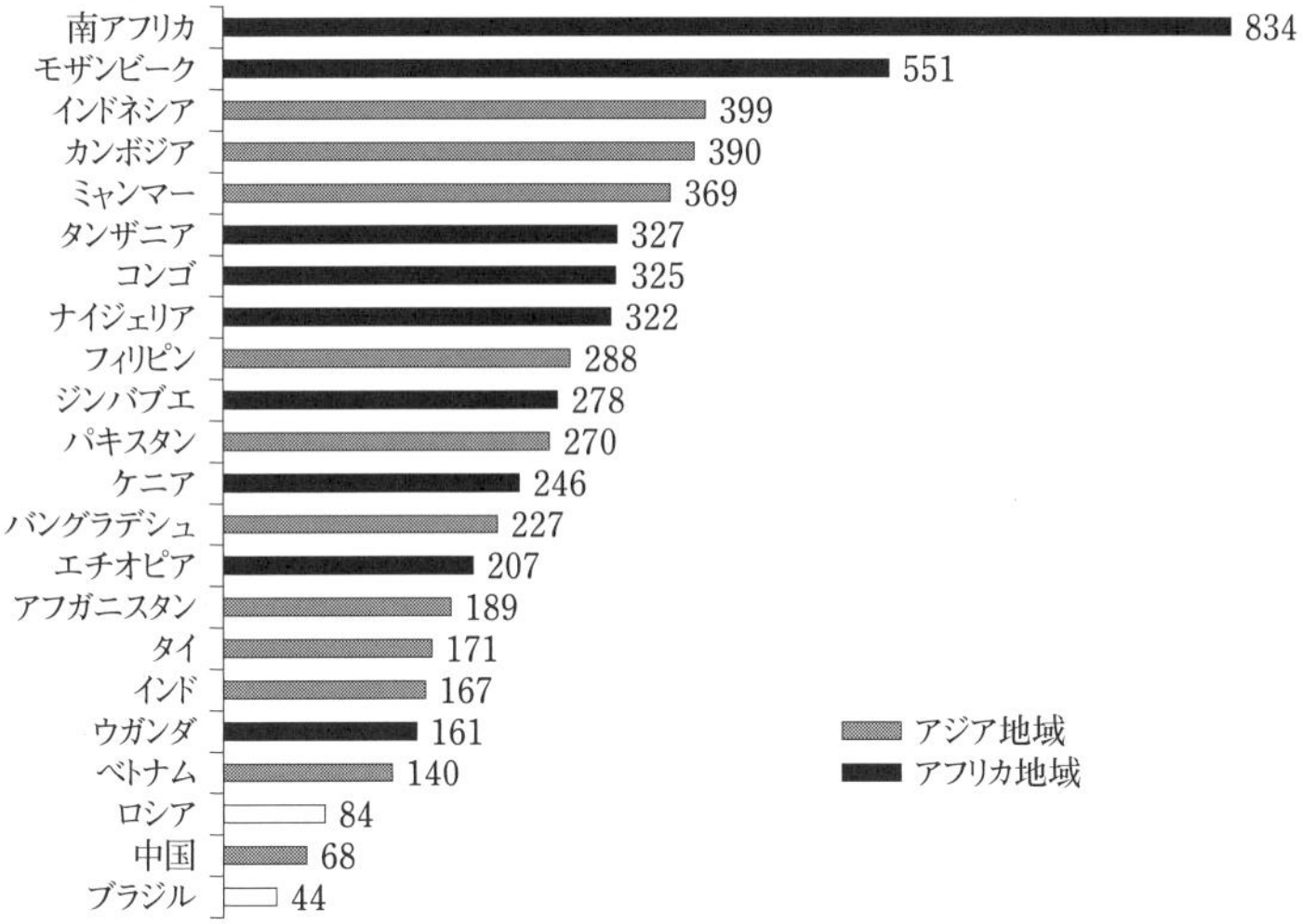

参考：日本　15.4　※ 2014 年新登録結核患者罹患率。
資料：WHO Global TB Report 2015.

見つけるインスティテューションがないからである。先に述べた（本章２－１）日本のプロジェクト・チームが結核の安価な検査キットを開発したことの決定的重要性はここにある。レントゲン、ツベルクリン反応、喀痰検査。私たち「医療先進国」と言われる国では、これらの検査は日常的ですらある。けれども、サブサハラ・アフリカのスラム街でどうやって胸部レントゲン検査を定期的に（あるいはアド・ホックにさえ）行えるというのであろうか。あるいはＮＰＯが最前線で活躍して喀痰検査のためのサンプルをとったとしてそれを検査できる例えばザンビア・ルサカの中央病院とどのような連携ができると言うのであろうか。これらの活動や期間を有機的につなげて連関させること、そこから低所得国の結核との闘い（そしてすべての開発の闘い）は始まる。

中所得国では、なぜ多剤耐性の結核の罹患率が高いのであろうか。それは、中途半端に収入がある人が増えているからである。2週間分の抗生物質を購入することはできる。そこで少額の現金収入で薬を買ったが、これ以上働かないで寝ている財力はない。医療保険のシステムもない。したがって、本来ならば6か月間寝て薬の服用を続けなければならないのに、2週間服用し続ければ体を動かすことはできるので、起き上がって街に出て薬も飲まずに雑踏の中で働く。そして2週間という中途半端な間に抗生物質を浴びた結核菌を街中に広めるのである。こうして、治りきらない結核患者が街にあふれ、そして48万人に上る多剤耐性菌による結核患者が世界に、特に新興国を中心に広まっている。

では、先進工業国はどうか。ドイツの文豪トーマス・マンが描いた「魔の山」の舞台、スイス東部のダボス村はヨーロッパ有数の結核療養のためのサナトリウムが集まっている村であったが、「ポスト結核時代」の今日では世界のトップの政治家、起業家そしてセレブが国際問題などを華やかに議論するダボス国際会議（WEF）の舞台として有名となっている。結核療養所が消えてしまったダボス村は、ジュネーヴに本部があるワールド・エコノミック・フォーラム（WEF）のおかげで華やかに転身したのである。しかしダボス村に行ってみると、要人たちが宿泊する豪華ホテルの裏手にまわって見上げれば2階の高さに観音開きの扉が残っている建物がまだいくつもあった。実は、サナトリウムを豪華ホテルに変身させた名残がそこにある。昔はその扉から地上までスロープがついていて、結核で亡くなった患者の遺体を静かに橇で運び出していた。日本でも、堀辰雄の「風立ちぬ」は代表的なサナトリウム文学であったし、正岡子規、石川啄木、樋口一葉はじめ結核で多くの方が亡くなっていった。ストレプトマイシンが発明されて喜んだのもつかの間、聴力を失う副作用に多くの人が苦しんだ。それでも医学と薬の進歩とともに、結核は日本でも、ドイツでも、スイスでも死の病ではなくなったし、社会の話題から消えた。

そして油断が生まれた。

AC公共広告[22]「結核は他人ごとではない」との結核予防会のキャンペーンが行われている。「他人事とは思えないね。結核は現代の病気だ。」とのビートたけしさんの登場したキャンペーンをご記憶の方も多いと思う。日本では、年2000人が結核で死亡しているとの事実を伝えている。G7の中では日本だけが結核の「中まん延国」のカテゴリーに入っており、WHOによれば2015年の報告された症例総数は1万8280人、その3分の2は男女とも65歳以上の高齢者であった。

G8の結核国としては日本にロシアが加わる。ロシア人男性の平均余命はソ連末期の1986年に64・8歳のピークに達してから徐々に下がり始めた。1991年にソ連が崩壊するとその落ち込みは急速となり1994年には57・6歳にまで落ちた。その主因はウォッカおよび結核であった。2015年には13万904人が届け出られた結核患者の数、罹患率は10万人当たり80人と報告されている。次に示すOECD諸国の届け出率と比して高く、WHOはロシアを結核高蔓延国と指定している。また、罹患者が高齢者中心の日本の事情と大きく異なるのは、ロシアでは35歳―44歳層の男性と25歳―34歳層の男性という働き盛りの患者が最も多いことである。[23]

公益財団法人・結核予防会によれば実態は**図7-4**のとおりである。

なぜ日本から結核を駆逐できないのだろうか。それはそもそも結核が人類史と同じくらい古い病気

図7-4　諸外国と日本の結核届出率

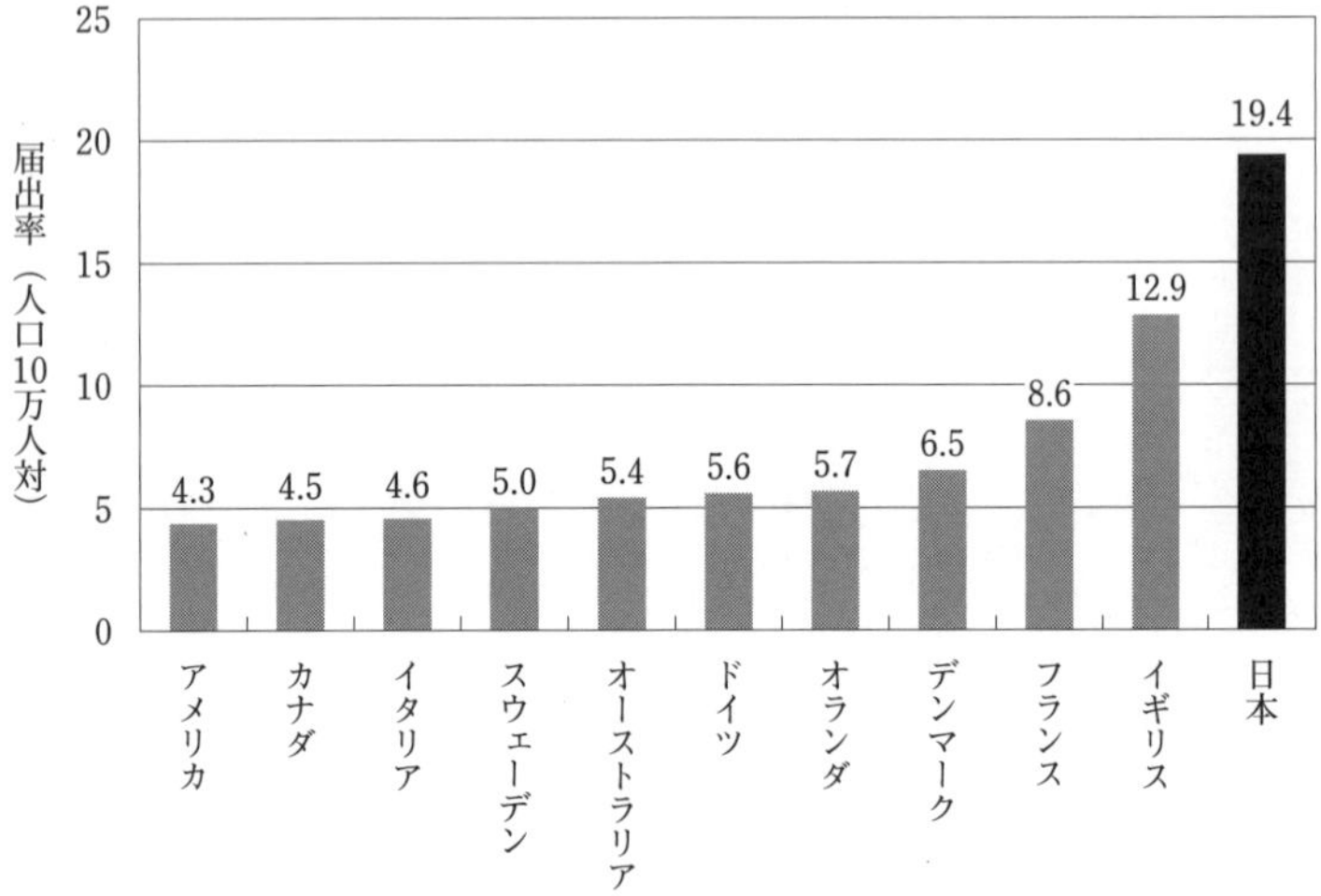

資料：日本のデータは「平成20年度結核発生動向調査」、諸外国のデータはGlobal Tuberculosis Control（WHO）より。
出典：（公財）結核予防会 http://www.jatahq.org/about_tb/

だから、とも言いうるが、日本の場合には地理的環境が大きく影響している。世界の結核患者の60％を占める6か国のうち3か国すなわちインド、インドネシア、中華人民共和国と地理的に極めて近いばかりか人の往来が盛んなこと、さらに中華人民共和国、インド、ロシアの3か国は先に述べた世界の多剤耐性結核の半分近くの患者数を占めているということ、この2点が日本の状況を厳しいものにしている。

さらに、多剤耐性結核のうち約9・5％は超多剤耐性結核であることに示されるように、人類は結核との闘いには勝利していない。

多剤耐性結核と超多剤耐性結核[24]は、本来6か月の治療と服薬が必要であるのに、2週間も抗生剤を服用すれば結核は治癒していないのに体を動かせるようになる患者、すなわち不適切な素人判断と過早な服薬停止、そしてその人たちからの感染によって拡大してきた。上述したとおり、2週間分の薬は購入できるがそれ以上は休んではいられない、ちょっとだけ現金収入がある人たちがいる国、すなわちいわゆる中所得国が「結核高蔓延国」に多く含まれているのは、経済発展の通過儀礼というにはあまりにコストが高く、経済発展の皮肉というほかはない。その中でも軍事費を公衆衛生費より優先しているとされる諸国は、彼らの人類への責任という観点からも深く考えるべきときが来ているのではないか。

マラリア

マラリアは、ハマダラカという蚊が媒介する。熱帯熱マラリア、三日熱マラリア、卵型マラリア、四日熱マラリアの4種類の原虫が人に感染する。世界のマラリア感染例の約半分、そしてマラリアによる死亡の約5%は熱帯熱マラリアによる。発熱、悪寒、脳症、急性腎不全、出血傾向、肝障害などの合併症が起きる。

WHOによれば[25]、2015年には世界の91か国でマラリア感染が起きたが、マラリア発症例の90%、マラリアによる死亡の92%はサブサハラ・アフリカであった。

アフリカでは毎年45万人以上の子どもたちがマラリアで死亡する。ザイール（現コンゴ民主共和国）に住んでいた頃、決して言ってはいけない挨拶があると悟った。

「ご機嫌いかがですか。ご家族の皆さんもお変わりありませんか。」

この日本では丁寧とされる挨拶が、サブサハラ・アフリカでは避けるべき挨拶であった。お会いしている相手が自分の家族について発言するのをまず待つべきなのである。なぜなら前回お目にかかったときからその日までの間に子どもを亡くしているかもしれないからである。それほどまでに、子どもの死は日常の中に入り込んでいた。コンゴ民主共和国とナイジェリアは、世界のマラリアによる死亡の40%以上を占めると推計されている。[26] この両国にタンザニア、ウガンダ、モザンビーク、コートジボワールを加えた6か国が、世界のマラリア発症例の47%（1億3００万人）を占めている。

アフリカに次ぐ感染地域はインド、インドネシア、ミャンマーの3か国をはじめとする南アジア、東南アジアである。[27]

マラリアは蚊に刺されないようにすれば罹らない。このことが徹底できればよいが、現実にはそうもいかない。しかし、マラリアを媒介するハマダラカは夜行性であるので、就寝している間は蚊帳に入ることでかなりの予防効果がある。特に幼子の場合はなおさらである。筆者もザイール在住中は昔ながらの蚊帳を日本から取り寄せて子どもたちの部屋の天井の四隅から吊って子どもたちを守っていた。不謹慎ながら昔の日本、筆者（石川）の子ども時代を思い出させるなつかしさがあった。

このことに着目して赤子用の蚊帳を無償供与するヨーロッパの援助国が多かったが、効果はなかった。なぜなら赤子用の小さな蚊帳は魚を獲るのにちょうどよい大きさだったからである。誰でもただでもらったものは大切にはしない、なぜならそこに自らの決断がないからであり、決断を伴わないモノの授受ではその重要性を理解できないからである。援助をチャリティ（慈善）と考えている人や国はこの過ちを犯しやすい。無償資金供与でも必ずどこかで相手の決断を伴うシステムとすることが大切なのはこのことによる。援助は相手を尊敬した上で行う連帯（ソリダリティ）でなければならない。

旧宗主国が旧植民地に「金をやる」という考えが抜けきらないヨーロッパの援助（そもそも彼らの援助はグローバルではなく旧帝国内植民地に偏っている）が結果を出せないのはこのことによる。

そうした中、日本の住友化学が画期的な殺虫剤を編み込んだ蚊帳を開発し、長期残効型蚊帳（Long-Lasting Insecticide-treated Nets, LLINs）としてＷＨＯのお墨付きを得るとともに、タンザニアの会社に知的財産を無償提供した。そして大量生産、これを後述する世界基金（グローバル・ファンド）がまず大量に買い上げ、そしてマラリアとの闘いが前進した。実は無償供与に近い値段であっても有償で売ると極めて効果が大きい。値段は3円でも5円でも10円であろうとも、とにかく自らの判断でモノを買うということはそれが重要だという価値判断を下すからであり、そのようにして購入したものは大切にするからである。

ＷＨＯは次のように報告している。「２０１５年にはサブサハラ・アフリカ諸国において、マラリアのリスクにある人口のうち53％が殺虫剤加工された蚊帳の下で就寝した。２００５年の５％、２０１０年の30％から増加した。……２０１５年には少なくとも一枚の殺虫剤加工された蚊帳を有する家庭は79％に増加した。家族全員に足りる殺虫剤加工された蚊帳を持つ家庭も増加して２０１５年には42％となったが、なお１００％には程遠い。」[28]

このように、マラリアとの闘いの道はまだ遠いとは言え、２０１０年から２０１５年の間に感染リスク地域に住む人々のマラリア罹患は21％減り、死亡率は29％減少した。２０１６年12月発表のＷＴＯ推計によれば、２０１５年のマラリア患者は2億１２００万人、そして42万９０００人が死亡した。また5歳未満の子どもたちの死亡率も世界で29％減少したと推計されている。マラリアとの戦いが前進した結果、2001年以来、680万人が死を免れたと推計されている。

しかし、やはり最もマラリアにかかりやすく死の危険が高いのは5歳未満の子どもたちである。マラリアによる死者の70％は5歳未満の子どもたちであり、死亡率が前述のとおり下がったとはいえ、5歳未満の子どもの最大の死因の一つはマラリアである。現に毎分1人の率で子どもがマラリアで亡くなっている。[29]

3-2 三大キラーとの闘い――世界基金をなぜ創設したのか

20世紀が戦争に明け暮れた血塗られた世紀であったため、人々は第3千年紀（ミレニアム）を迎える頃、希望に満ちて21世紀は血（bloodshed）ではなく智（wisdom）の世紀にしようと張り切った。そして21世紀最初のG8サミットは持ち回りの偶然とはいえ、日本が主催することとなった。小渕総理はその開催地を沖縄と決めたが、そこにも血の世紀から智の世紀へという願いが込められていた。

G8（G7）参加国の中で日本は唯一の非欧米からの参加国であるとの指摘が見られる。それはそのとおりであるが、筆者（石川）のサミットの経験での率直な印象では、そのような明治以来の「追いつき追い越せ」的コンプレックスの残滓とも言いうる捉え方はあまり意味を持たず、むしろ世界についてどう考えているかという面での違いを感じることの方が多かった。社会や文化の問題についての関心、弱者への配慮、自分の旧帝国の領域以外にまたがるグローバルな問題への関心と高いプライオリティ付けにこそ、日本と特にヨーロッパ諸国との違いがあるように思える。日本がサミットの場で率先して病気との戦いに高いプライオリティを与えたのはその一例である。

1997年のデンバー・サミットでは、橋本龍太郎総理（当時）が、寄生虫対策とその国際協力の重要性を訴え、その結果国際的な寄生虫対策の現状把握と今後のあり方についての報告書が作成されるに至った。さらに翌年の1998年のバーミンガム・サミットにおいてはアジアとアフリカに国際寄生虫対策の人材育成と研究活動のための拠点とネットワークをつくる「橋本イニシアティブ」が打ち出された。なぜ日本は寄生虫対策を重視するのかとの批判的な声も一部海外からあったが、まさに効果的な寄生虫駆除薬などの功績で2015年に大村智博士がノーベル生理学・医学賞を受賞したことや、後述する「顧みられない熱帯病」への世界的取り組みが盛んになっていることは、日本のプライオリティ・セッティングが正しかったことの証左ではないだろうか。

さらに2000年の九州・沖縄サミット[30]では、主催国の日本が「沖縄感染症イニシアティブ[31]」を実行していくことを表明した。同イニシアティブでは、感染症対策を地球的規模の問題であると位置付け、国際社会が一致して取り組むべきこと、途上国の地域レベルでの保険水準の改善を目指すこと、具体的には、①途上国のオーナーシップの強化、②人材育成、③市民社会、援助国、国際機関との連携、④南々協力、⑤研究活動の促進、⑥地域レベルでの公衆衛生の推進・支援を主な柱として、HIV／エイズ、結核、マラリア、寄生虫およびポリオを中心とした感染症対策を積極的に進めることとした。こうした日本の主張から、同サミットでは、G8としてHIV／エイズ、結核、マラリアの3感染症を対象として明確な数値目標を掲げ、先進国、途上国、国際機関、民間、NGOなどとの「新たなパートナーシップ」で取り組んでいくことが合意された。

同年12月、日本は沖縄感染症イニシアティブのフォローアップ会議[32]を主催し、NGOも会議に招いて具体的行動に移すことを推進した。この時点で英仏の医療協力ＯＤＡ予算はなかったが、他方においてイギリスはＷＨＯ事務局およびカナダＣＩＤＡと組んでＷＨＯの中に新たな基金ないし組織をつくろうと水面下で動いた。他方、筆者（石川）はこれに強く反対し、ＷＨＯブルントラント事務局長主催の実務者会議において、ＷＨＯは立派な活動をしてきたが三大感染症については結果を出せないでいるという事実を指摘し、むしろ世界中のあらゆる保健案件と対峙しなければならないＷＨＯから離れて、この瞬間にも多くの人が死んでいっているエイズなどに焦点を絞って資源を集中すべきことを主張して、イギリスの動きを封じた。筆者はじめ誰しもＷＨＯの立派な活動には敬意を持っていたが、当時のエイズ、結核、マラリアの状況は'Business as usual'（いつものやり方）では対応しきれないほど悪い状況であるのだから、集中砲火的アプローチをすべきではないかとの主張が圧倒的支持を集めたのである。

こうして生まれた構想に、日本政府内の国際協力関係者を含めてオーソドックスな開発論を進める実務レベルなどからは否定的な反応も多かった。しかし、ブッシュ大統領（当時）およびコフィ・アナン国連事務総長の強いコミットによって世界基金（グローバル・ファンド）は異例の速さで立ち上がることとなった。

２００１年5月11日、ブッシュ大統領は、コフィ・アナン国連事務総長とオバサンジョ・ナイジェリア大統領（当時）同席のもと、世界基金のあるべき構造と活動について明確にした上で、アメリカの世界基金設立への支持と初年度分として2億ドルを拠出することを発表した。ブッシュ大統領[33]は「エイズ、結核、マラリアが地球上で猖獗をきわめていること、そして感染者と死者の膨大な数はほとんど私たちの理解を超えるものだ。私たちには助ける力がある。アメリカは他の国々と協力して苦しみを減らし、命を救うことを約束する」と述べ、これを受けてコフィ・アナン事務総長は「今日は潮目を変え始めた日として記憶されるものと信じる」と発言した。同年6月の国連エイズ特別総会をへて、7月のG8ジェノバサミットでエイズ、結核、マラリア対策のための基金設立が合意された。こうして2002年1月に本部をジュネーヴに置く世界基金が発足した。

しばしば日本は世界基金の生みの親の一つと言われるが、2000年の九州・沖縄サミットでの強いイニシアティブで構想的には生みの親そのものであるが、世界を資金と強い政治的メッセージで圧倒して世界基金をあの短期間のうちに具体化できたのはブッシュ大統領の決断と、国連という規範づくりの場がうまく機能したおかげであった。

世界基金日本委員会によれば世界基金は活動開始の2002年から2015年までに次の成果をあげている。[34]

「①HIV/エイズ

抗レトロウィルス治療を受けているHIV感染者の数:922万人(前年同期比14・5%増)

母子感染予防のための治療を受けたHIV陽性の妊婦の数:360万人

HIV検査を受けた人の数:5億900万人

支援を受けたエイズ遺児の数:786万人

②結核

新規に発見され治療を受けた結核患者の数:1510万人(前年同期比15%増)

多剤耐性結核の治療を受けた結核患者の数：26万7000人

③マラリア

マラリア予防のために配布された殺虫剤処理蚊帳の数：6億5900万張（前年同期比　20・2％増）

治療を受けたマラリア患者の数：5億8200万人

マラリア予防のための室内残留性スプレー散布件数：6390万建造物」

4　熱帯病の根絶へ

4－1　熱帯病との闘い

2015年、大村智博士がノーベル生理学・医学賞を受賞した。最も残酷な熱帯病の一つ、河川盲目症（オンコセルカ）を撲滅に導く発見はそれほどまでに偉大なものであった。

オンコセルカはブユが媒介するが、ブユが河川に発生するために河川周辺の住民が罹患し失明する。患者の99％はサブサハラ・アフリカの31か国に住んでいる。このため、対策が始められる以前には、例えばブルキナファソ、コートジボワール、ベナンにおいては、村人が難を逃れるために河川沿いの村を捨ててしまう例が相次ぎ、副次的結果として本来は肥沃な河川流域の農業が荒廃してしまった。こうした事態を受けて、世界銀行およびWHOは1974年にワガドゥグ（ブルキナファソ）に本部を置く「西アフリカ・オンコセルカ基金協定」を立ち上げ、日米欧サウジアラビア等が支援を開始した。このオンコセルカ・コントロール・プログラムの結果、１９７４年から２００２年の間に西アフリカのオンコセルカ対策として航空機とヘリコプターによる殺虫剤散布、さらに１９８９年からは大村博士のイベルメクチン（ivermectin）の大規模な配布も進められた。この期間に、４０００万人が感染から救われ、60万人が失明を免れ、１８００万人の新生児がオンコセルカの怖れなく生まれることができた。放棄されていた２５００万haの耕作地が集落および畑地として復活し、その畑地から年間１７００万人分の農産物が生産されている。その後も各種プログラムが立ちあげられ、２０１５年には１億１４００万人以上がアフリカで治療された[35]。

熱帯病はこのように戦うべき、そして戦うことのできる、ひいては撲滅しうる疾病だが、エイズやエボラ出血熱のように劇的に登場した病ではなく聖書にも出てくるほど古くから人類とともにあるため、関心が低い。それは世界の中での関心の低さのみならず、感染リスクのある１４０余りの諸国内においても貧困層の疾病であることが多いので関心対象から外れている。このためＷＨＯは、10億人以上が感染し、30億人が感染リスクにあるとされている次の17の熱帯病を「顧みられない熱帯病」としてあげ、国際社会が力を結集して取り組むべき課題としている。

デング熱、狂犬病、トラコーマ、ブルーリ潰瘍、トレポネーマ感染症（イチゴ腫含）、ハンセン病、シャーガス病（アメリカ・トリパノソーマ）、アフリカ・トリパノソーマ（睡眠病）、リーシュマニア症、囊（のう）尾虫症、メジナ虫症（ギニア虫症）、包虫症、食物媒介吸虫類感染症、リンパ系フィラリア症（象皮病）、オンコセルカ症（河川盲目症）、住血吸虫症（ビルハルツ住血吸虫）、土壌伝播寄生虫症（腸内寄生虫）。

顧みられない熱帯病との闘いにおける大きな特色は、製薬会社、NGO、政府などが組んで力を合わせていることである。日本でもエーザイなどの製薬会社が日本政府、ビル&メリンダ・ゲーツ財団、UNDPなどと組んで世界的な取り組みを率先している。[36]

4-2 足元をすくわれる先進国

このように現代社会では熱帯病は途上国の病気だと思われているが、デング熱の例に見られるように航空機の発達は人のみならず蚊の海外旅行も可能にし、パリのシャルル・ドゴール空港周辺の村をはじめとして多くの国際空港近辺でマラリア患者が発生してきた。WHOはこれを「エアポート・マラリア」として警告し、マラリア感染地域から到着した航空機の消毒を強く薦めてきている。[37]

人の移動と感染症の大陸間伝播でよく知られる悲劇はヨーロッパ人が新大陸に持ち込んだ結核である。スペイン人による虐殺と結核があいまってカリブ海から中南米（キューバ、ヒスパニョラ、アルゼンチンなど）にかけて住んでいた人々は全滅、あるいは全滅を免れた場合でも山地に残された人々がかろうじて生き残るといった状況が多かった。逆に新大陸からヨーロッパへはSTD（性感染症）が感染したとされる。

蚊の移動は貨物船にバラ積みされた中古タイヤにたまった水でボウフラが1985年に日本からアメリカのヒューストンに移動したことが突き止められている。ヒトスジシマカはアメリカではタイガー・モスキートと呼ばれ、ヒューストンからの中古タイヤの転売により瞬く間にアメリカ東部と中西部に拡散した。[38]

日本の場合は、2016年に邦人の海外渡航者数が1711万人以上、訪日外国人が2400万人を超えた。他方、国際連盟による太平洋の委任統治を失った戦後、熱帯病に関する知識が一部大学や研究所に狭まった。この双方の結果、患者側は国民皆保険によって「誰でも」「いつでも」「どこでも」医療機関にアクセスできる一方で、世界中の感染症についての知見があまねく医療機関側に行き渡っているのであろうか。また患者側についても自分の症状を熱帯病と認識する知識があるわけではない。東京でのデング熱感染についての報道の過熱ぶりを振り返っても、足元を見つめた冷静な国民と医療機関双方へのグローバルな感染症についての知識の普及が求められるのではないか。

感染症は人間が人為的に引いた国境など関係なしに拡散する。そして日本を含む先進国の住民は、感染症が国境を越えて自分の近くに迫ったときに問題に気がつき、報道も過熱する。しかし、サブサハラ・アフリカ諸国では熱帯病をはじめとする感染症は日常生活の一部であり、三大キラーは子どもの命を奪い、稼ぎ手の命を奪い、母親を子どもたちから奪い、そして家庭を崩壊させる。生と死は日々の生活の中に普通の出来事として常にそこにあり、また自然と人間のさまざまな関係の中で重い場所を占める。思えば、日本の平均余命がわずか50歳だったのは第二次世界大戦後のことであるし、三大キラーの一つである結核を駆逐することもできていない。そうした日本なればこそ、三大キラーや熱帯病が日常生活の一部となっている国々とその住民に対する日本国内と国際社会の理解を率先して深め、また具体的な連帯の手を差し伸べるような活動をさらに進められるのではないだろうか。

5　水と衛生

5－1　子どもの敵――水と衛生（トイレ）

10年以上前、WHOブルントランド事務局長はこう発表した。[39]
「水と衛生による病気による世界的影響：毎年340万人の人が水に関する病気で命を失っており、そのほとんどは子どもである。世界の最も貧しい人々を含む約24億人の人々が基本的衛生施設にアクセスできていない。11億人の人々が改善された水供給にアクセスできていない。安全な水供給と衛生はよりよい健康、貧困撲滅および開発の基礎となるものである。（注：数字は2002年8月28日時点のもの）」

こうした実態を受けて2015年を到達目標年として定められたミレニアム開発目標（MDGs）の第7目標において、清潔な水と基本的な衛生（トイレ）へのアクセスを有さない人口を半減すると掲げられた。その結果、清潔な水へのアクセスは地域によって大きなばらつきはあるものの改善が進み、現に子どもたちの下痢による死亡はある程度の改善を見せた。

ところが、2014年にいたっても世界の現状についてユニセフはこう述べている。[40]「安全な飲料水や基礎的な衛生施設（トイレ）、手洗いなどの衛生習慣の欠如により、ユニセフは5歳未満の子どもも1400人が毎日下痢によって死亡していると推計しています。」また、頻繁な下痢のために子どもの成育、教育にも悪影響が生じている。成果を上げてきたMDGsの中で、人々がトイレで排泄をできるようにする（トイレ建設など衛生施設へのアクセス改善）は事実上唯一目標を達成できない項目であった。

子どもは人間の中で最も脆弱な人々である。しかし、今日の日本では5歳未満児死亡率が出生1000人当たり3人であるため、その命を救い続けることがいかに大きな挑戦であるかという感覚が国民の間で薄れている可能性がある。しかし、世界に目を転ずると、例えばシェラレオネでは出生1000人当たり185人、ほぼ5人に1人の子どもが5歳までに死亡している。ところが医学の進歩の結果、その命は本来守りうるものであって、世界で年間58万人の5歳未満の子どもたちの命を奪う下痢（5歳未満児の死因の9％）は家庭などでも予防できるはずの病気であるとユニセフは指摘している[41]。

本来予防できる病気で命を落とす、これは一部のサブサハラ・アフリカに限られる課題ではない。経済発展の著しいNEXT11の雄インドネシアでも、毎月1回以上下痢にかかり、衛生施設へのアクセスは52％と「低所得国レベルにとどまって」おり、「排泄は川や池」で行っている国民が多い[42]。WHOは世界で10億人が屋外排泄を行っていると発表した[43]。また、新興国の一角を狙うインドにおいても栄養不良で発達障害のある5歳未満児の数を減少させるに至っていないが、その原因は食料不足というよりも不十分・不潔な衛生（トイレ）にあり、またインドで十分な下水処理施設のある街はなくほとんどの川が下水となっていると現地では報道されている[44]。

日本には「湯水のように使う」という表現があるほど水が豊かであると認識されており、また衛生に関しては江戸が世界有数の排泄のリサイクル・システムを確立した都市であったことから、幕末・

明治維新の混乱期に流行したコレラ等を除くと水と衛生に関しての危機意識は必ずしも高くない。他方、サブサハラ・アフリカでは、水汲みは女子の役割であり、農村部の最寄りの水場までの平均距離は3㎞である。一人の女の子が運ぶ場合にはこの距離を1日3往復はしなければならない。[45] 水場まで片道1時間とすれば毎日6時間水汲みに歩いている。

こうした水と衛生についての彼我の認識ギャップを如実に示す例として、2004年、「国連水と衛生に関する諮問委員会」において橋本龍太郎委員長は次のように発言した。

「私は、第3回世界水フォーラムのときに行われた子どもフォーラムを通じて、『安全な水』について全く異なったイメージを持つ人々がいることを知りました。日本の子どもたちは『安全』な水イコール『衛生的な水』というイメージを持っています。しかしながら、チャドやシェラレオネの子どもたちは、水を汲みに行くという行為そのものが安全を脅かすもの、すなわち、水は女性がレイプされるかもしれないという危険を冒して取りに行かなければならないもの、というイメージを持っています。さらに、シェラレオネでは、1800人規模の学校に女性用トイレが二つしかなく、そのうち一つは先生用のトイレであるという実例があり、こうした状況が周囲の環境汚染や女性の健康を阻害する要因となっています。また、学校に女性用のトイレがないために、学校に行けない女生徒もいるのです。ミレニアム開発目標の一つである『すべての児童が男女の区別なく初等教育課程を確実に終了できるようにする』ためには、学校のトイレ等の設備を改善、安心して学校に通うことができるようにすることも大切なことでしょう。[46]」

5－2　途上国の保健ニーズの多様性

より広い角度から途上国の国民が直面する健康の課題を見ると、解決すべき問題は多く、またその実態は地域により異なる。同一国内でも都市と農村、所得階層等によってニーズが異なり、西アフリカにおけるエボラ出血熱のアウトブレークに見られるような緊急課題も発生する。このため日本をはじめとする国際社会は保健分野での支援に積極的に取り組み、「三大キラー（エイズ・結核・マラリア）」、「顧みられない熱帯病」、リプロダクティヴ・ヘルス等で一定の成果は見られた。しかし、「世界には男女ともに平均寿命がいまだ55歳以下である国が9か国あり、すべてアフリカ・サブサハラ地域の国々で」あるとＷＨＯは指摘している。[47]

他方で、経済発展に伴い非感染症の増大が途上国でも観察されるようになり、世界の非感染症による死亡のうち4分の3に相当する2800万人は低所得国および中所得国で生じている。[48]平均余命が伸びる半面、「公的な医療制度がほとんど機能していないために、途上国の貧困層は慢性疾患の予防も治療も受けることができず、多くの場合成人になってから発症する糖尿病、ガンその他の慢性疾患によって死亡するか、その後遺症に苦しんでいる。……貧困と不適切な医療体制が作り出す問題をさらに深刻にしている[49]」と指摘され、また急速に進む都市化に伴い「10億人近くの人々はスラム街に住み、……途上国では都市人口の3人に1人はスラム街に住んでいる[50]」。スラム街においては水も衛生も、すなわち基本的な公衆衛生をはじめとする都市インフラは未整備であるか、そもそも存在していない。

5－3　日本が世界をリードする水と衛生、しかし課題が残る衛生

水と衛生の分野で、日本は国際的なイニシアティブを発揮してきた。例えば2004年には国連の「水と衛生に関する諮問委員会」の創設にかかわるとともに橋本龍太郎元首相が議長に就任、06年に「橋本行動計画」のとりまとめをリードした。同計画の中で、国際社会が衛生への関心を持つために、2008年を「国際衛生年」とすることを提言し、2006年12月に国連総会で採択された。同年中、それまで「水」に隠れがちであった「衛生」への関心を高める活動が日本国内でも行われた。さらに2008年の北海道洞爺湖サミットでは、各国政府に対して衛生へのアクセスを優先課題とするように呼びかけることに合意した。

水と衛生に関して日本は1990年代から世界のトップドナーであり、「近年は平均約25億ドル、ODA全体の15％近くの支援を行い[51]」、都市部の水インフラ、村落部での維持管理可能な井戸などの給水施設供与等を実施してきている。衛生施設についても、例えば「1997年、ザンビアの首都ルサカ市で、最もコレラ発生率の高い地域に、公共の水洗トイレ・シャワーを設置しました。これにより、かつてゴミ捨て場だった場所が、地元の『KOSHU（公衆）』という名前で現地の方々に親しまれる場所になりました。そして、この地区のコレラ感染は2004年にはわずか1件にまで激減しました。」と岸田外相が日本記者クラブで紹介した（2014年4月4日[52]）ようなサクセス・ストーリーもある。

しかし同時に、日本政府も衛生については、「今なお全世界で7・48億人、サブサハラ・アフリカでは3・25億もの人々がアクセスできていません。また、改良された衛生施設（トイレ）にアクセス

できない人口割合の半減目標は、２０１５年までには達成困難な状況であり、全世界で25億人、サブサハラ・アフリカでは６・44億もの人々がアクセスできていません[53]」と認識している。そうした中でＴＩＣＡＤ５（２０１３年）においてもSHIAWASE AFRICA[54]（Sustainable Hygiene Improvement and Access to Water and Sanitation, Empower Africa!）を打ち出し、「今後５年間で、（ア）新たに約１０００万人に対する安全な飲料水や基礎的な衛生施設へのアクセスの確保、（イ）１７５０人の水道技術者の人材育成」を発表した。

しかし、このような努力にもかかわらず「水と衛生」という中で「衛生」についてはなかなか具体的進展が見られない。例えばＴＩＣＡＤ５に関する外務省・ＮＧＯ対話において外務省関係者は「水に関してはさまざまな支援策を行っているが、衛生については画期的な具体策が見つかっていないので、ＮＧＯと是非相談していこうということになっている」旨述べたとＮＧＯ側の議事録[55]にある。

２０１６年のＴＩＣＡＤ６ナイロビ宣言では、次のように述べている。[56]

「質の高い生活のための強靱な保健システム促進」として「保健システムの強化」をあげ、その中で、「我々は、保健システムの強靱性、持続可能性及び包摂性を促進するため、同システムを強化することを決意する。……我々の努力は、とりわけ制度の強化及び基礎的なサービス提供を改善するための有能かつ効率的で、責任があり、透明性を備え、公平さと説明責任のある保健システムの強化、研究開発の推進、医療関係者の能力開発、衛生、安全な水・衛生、予防接種、費用負担可能な製薬、栄養、母子保健を含めたプライマリー・ヘルスケアへのアクセスの促進、そして製薬技術との連携促進を通じた国と地域の能力強化への支援を含む。……」

ただ、これだけの総体的課題のフォローアップにはかなりの努力を要するのではないだろうか。国連では2013年に、毎年11月9日を「世界トイレの日（World Toilet Day）」と定めて人々の関心を高めて問題解決を加速しようとしたが、これは衛生の普及が進まないことの証しでもあった。

衛生の普及が進まない背景には、衛生（トイレ）についてはどこの社会でもタブーがあり公然とは話題にしないこと、[57]現地住民が屋外排泄の習慣から認識を変えない場合もあること、かつては人間の数と自然のバランスがとれていたために河川等での排泄に対しても自然の洗浄力が働いたが人口が急増した今日ではそのバランスが崩れて汚染する一方であることを認識していないこと、などがあげられる。さらに途上国で下水施設がつくられたとしても、下水道のない多くの人は農村部か都市のスラムに居住しているため、下水が貧困家庭にひかれることは現実にはあまりない。援助側においても、「清潔な水」の緊急性に鑑み優先順位を上水に与え、衛生すなわちトイレにはあまり目を向けてこなかったこと、などがあげられる。

こうしたことから、「人間の安全保障」を推進する日本の関係者が、日本の開発支援および国際場裏において、あらためて衛生に高い優先事項を与えるべしとの具体的行動をとることが期待される。各ドナー国関係者、途上国政府、ドナー側NGO、現地コミュニティー、さらには民間企業を含むステークホルダーが行動しない場合には、タブーを乗り越えた健康な社会はなかなか実現しない。

5-4　水という資源の偏在

1961年、ユーリ・ガガーリン宇宙飛行士が乗った宇宙船ボストーク1号は、地球の大気圏外を

1時間50分で一周した。人類初の宇宙飛行を成し遂げた27歳のガガーリンは、「地球は青かった」という有名な言葉を残した。地球が青いことは宇宙からの写真を見ることができる世代にとっては当たり前のことであろうが、そのようなものを見たことがなかった当時の人々は筆者（石川）を含めて大変に驚いた。言われてみれば、地球は水の衛星であった。

ところが、地球上にある約14億㎦の水のうち97・5％は海水であり、淡水は2・5％でしかない。さらに淡水の大半は北極や南極の氷、さもなければ地下水であるため、人間が容易に使える水は地球上の水の0・01％でしかない[58]。その上、水という資源の特色は時間的偏在と地理的偏在にある。世界中で一様に雨が一定のペースで降れば、サブサハラ・アフリカの女の子が何時間も重い水を頭にのせて歩く必要もない。アフリカ大陸の気候は、①熱帯（熱帯雨林気候、熱帯モンスーン気候、サバンナ気候など）、②乾燥帯（砂漠気候、ステップ気候）、③温帯（温暖湿潤気候、西岸海洋性気候、地中海性気候など）とまことに多様性に富んでいる。

そのようなさまざまな気候条件のもとにアフリカ人は住んでいる。そして、「水は命」との諺が生まれた。「湯水のように使う」と言って水は無尽蔵にあるという感覚の私たちとは対極にあると言ってもよい。

WHOは、6億6300万人以上の人々が安全な水の供給がないままに生活していること、そのために数え切れないほどの時間をかけて遠くの水場まで水汲みに行くこと（アジアでもアフリカでも途上国では水汲みは年齢を問わず女性の仕事とされている）、排水処理がなされないために汚染が進むこと、そうした中で18億人の人間が大便で汚染された水を飲み水の源としていると指摘している[59]。

1993年、国連は毎年3月22日を「世界水の日（World Water Day）」と定めた。上述の「世界トイレの日」と同じように、このような日を国連が定めるのは、祭日にするためではない。問題があるので世界中に問題意識を喚起して、ともに解決に向かおうとするためのものである。2015年を到達目標にしたミレニアム開発目標で進歩があったと言い、人類の91％は改善された飲料水源を使い、1990年以降26億人が改善された飲料水へのアクセスを得たとされている。[60] しかし裏を返せば人類の1割近い人々はそのような水へのアクセスがないということであり、また、清潔な水へのアクセスがない人の40％はサブサハラ・アフリカの人々である。トイレどころか、飲料水についてもまだ道は遠いと言わざるをえない。なればこそ、あらためて2030年を到達目標にした持続可能な開発目標（SDGs）が定められたのである。

5-5 頑張るアフリカ

しかし、サブサハラ・アフリカの人々も手をこまねいているわけではない。

例えばガーナではマハマ大統領（当時）が率先して国民の意識改革と具体的行動のための運動を起こした。

ガーナの現地調査を行った渡邉松男新潟県立大学准教授（当時）によれば、ガーナ国民の死因（2010年）は多い順に、1下痢性疾患、2脳卒中、3冠動脈性疾患、4HIV／エイズ、5インフルエンザ・肺炎、6結核、7肺疾患、8マラリア、9交通事故、10腎臓病であった。[61]

水と衛生についてガーナの現状を見ると、2015年に改善された飲料水を使用しているのは人口の88・7％（都市部92・6％、農村部84・0％）、改善された衛生施設活用は14・9％（都市部20・2％、農村部8・6％）であった[62]。

こうした背景のもと、2014年11月、マハマ大統領（当時[63]）が毎月第一土曜日を「全国衛生の日」と定めて[64] National Sanitation Day 運動を始めた。大統領は、ガーナでコレラが毎年発生するのは不潔な環境、受け入れることのできない社会的・文化的慣習およびインフラの不備によると指摘した上で、衛生は公共財でありそのインパクトは、民族、政治、宗教、地理的背景にかかわらずすべての人に及ぶと説いた。清潔、安全で、健康的な環境に住めるようにするために必要な措置をとることは全ガーナ人の責任であるので、皆でそのための活動に参加しようと呼びかけた。

水と衛生についての持続可能な開発目標が掛け声倒れにならないためには、ガーナに限らず、なによりも国民の意識変革が必要である。例えば排泄はトイレでする、トイレを清潔に保つ（せっかくトイレをつくっても不潔だと近寄らない）、そうすることによって死なないで済む病気から子どもも大人も守ることができることを理解し、実践することである。

そのため、呼びかけに際して大統領は、政治的指導者、オピニオン・リーダー、特に伝統的権威、宗教指導者、治安当局、労働者、学生を特に列挙して協力を呼び掛けた。大統領がここでわざわざ伝統的権威に言及したことに、部族長の力そして王母の力（第8章1－1）を垣間見ることができる。またここで言う宗教指導者はガーナ人の多数を占めるキリスト教徒だけを指すと考えるべきではなく、伝統的宗教の指導者も味方につけることの重要性を示唆している。

第8章　立ち上がる女性たち

1　闘う女性たち

1－1　アシャンティ王国の女性たち

1896年、イギリス・アシャンティ戦争で降伏したアシャンティ王国のペレンペ1世（Ashatehene Agyeman Prempeh I）と王母は四つん這いにさせられ、衆人環視の中、そして勝ち誇る英軍兵士たちが取り囲む中、王宮前広場に置かれた台の上の椅子に座った3人の英軍将校が広げた脚の間に頭を入れることを強要された。

ヨーロッパ諸国同士の戦いにおいては、相手の王を殺すことはあっても、このような辱めを敗戦の王に与えたことは聞いたことがない。ロダンの彫刻でもよく知られる百年戦争のときに包囲したフランスのカレーの市民たちに対してイギリス国王エドワード3世が「代表が下着姿で市の門の鍵を持って出てこい」と命じた屈辱はあったが、それは500年以上も昔（1347年）のことであったし、男性のみに対するものであり、同じ辱めにしてもこのような王と王母に対する辱めには及びもつかないレベルのものであった。19世紀、近代産業革命で勝ち誇るヨーロッパの諸帝国は、「文明」の名のもとに「野蛮」な王国を次々と攻め落としていったが、勇猛果敢なアカン族の連合王国だったアシャンティ王国は最後まで持ちこたえていた。しかし、かつて中世のマリ帝国やソンガイ帝国の富を生んだ金（きん）の産地を領内に有するアシャンティ王国を大英帝国が見逃すはずもあきらめるはずもなく、あらゆる口実のもとに攻め込んでいった。アシャンティ王国との戦争は8回に及び、1874年にはクマシに進軍して王都を焼き払った。

1895—96年の戦争は、大英帝国がアシャンティ王国をイギリスの保護国とするように要求したのに対して、プレンペ1世が拒否したことで起きた。大英帝国は、その戦争を仕掛けた上に、戦争で受けた損害を賠償せよとプレンペ1世に迫り、わずかな額しか払えなかったことを理由に王、王母、王の父と兄弟、主な貴族を逮捕し、海岸線ゴールドコースト（ポルトガル→オランダ→大英帝国と変遷した奴隷の積出基地エルミナ城で知られる海岸地方。エルミナ城には鎖につながれた王の写真が残されている）に連行した。そして王たちは国外に追放され、1897年から1900年までシェラレオネのフリータウンで幽閉、その後セイシェルスに島流しにされた。王都クマシは英軍兵士に略奪され、歴代王の墳墓は焼き払われた。そして、英軍を率いていた司令官フランシス・スコットはヴィクトリア女王からＳｉｒの称号をもらった。

軍事的敗北を喫した後のアシャンティ王国は大英帝国の保護国とされたが、その後のイギリス総督のあまりの苛斂誅求に怒ったアシャンティ王国は1900年に反乱を起こした。結果は鎮圧。そして1901年にアシャンティ王国はついに英領に組み込まれてしまった。勝利して意気揚々と乗り込んできた、イギリス人総督フレデリク・ホジソンは、こう言い放った。

「黄金のストゥールはどこだ。持ってこい。」

凍てつく空気。そして、敗戦の王宮前広場からアシャンティの人々はさーあっと引いて屋内に入ってしまった。

黄金のスツールこそは神がアシャンティ連合王国をつくることを示した神聖な椅子であり、アカン族が連合してアシャンティ王国をつくることの象徴そして王権の象徴そのものであった。歴代王とてそれに座る者など一人もいなかった。イギリス総督ホジソンは、その神聖な椅子に自ら座ると宣告したのである。

アカン族連合を構成していたエジス族の王母ナナ・ヤア・アサンテワがここで立ち上がった。屋内に引き揚げた男たちに向かって次の有名な演説を行った[1]。

「我らが王のために戦うことに恐怖を覚えている人たちがこの中にいるようだ。もしこれがオセイ・トゥトゥ、オコンフォ・アノキエそしてオポク・ワレ1世の勇敢な時代であったなら、族長王たちは一発の銃弾も撃つことなしに彼らの王が連れ去られるのを座して見ていることはなかったに違いない。今朝総督が話したような話し方をしようなどと考えたヨーロッパ人は今までに一人としていなかったではないか。アシャンティの勇敢さが消え去ったというのは本当だろうか。自分はそのようなことは信じられない。そのようなことがあってはならない。はっきり言おう、もしアシャンティの男たちが踏み出さないならば、我々がそうする。我々アシャンティの女が踏み出そう。仲間の女性たちに呼びかける。我々は闘おう。我々は最後の一人が戦場で倒れるまで戦うであろう。」

今日ガーナの子どもたちはこの英雄の演説を学校で習い、勇敢な王母に思いをはせている。王母とは何か。アカン族は母系社会のため、王の後継者を指名するのは王母であった（後述）ことを理解すると、アシャンティの心に深く刺し込まれた屈辱の深さ、そしてヤア・アサンテワのリーダーとしての勇気とこの演説の位置付けをより深く理解できるように思う。

１９００年3月、こうしてヤア・アサンテワは武装蜂起した。総督一行はクマシの要塞に立てこもるが敗北寸前、そこで食料を欲しいと言われた王母側の情けが災いを招いてしまった。食料ではなく１４００人の兵士を英軍は海岸地帯から送り込んだのである。王母は捕らえられ、セイシェルスに流された。21年に及ぶ流刑の後、その勇気ある生涯を島流しのまま終えた。しかし、ヤア・アサンテワの勇気は流刑中も衰えることはなく、アシャンティ王および王族の流刑の不当を訴え続け、その死後3年を経た１９２４年大英帝国は植民地支配についての方針を変えペレンペ1世と生きながらえた王族と貴族はアシャンティへの帰還を許された。ペレンペ1世はヤア・アサンテワはじめ流刑中に祖国を見ることなく死亡したアシャンティの人々の亡骸が祖国に戻ることを実現し、王族としての埋葬を行った。

王都クマシは17世紀の初めすなわち日本の江戸時代初期から繁栄し、近世その地を訪れたヨーロッパの「探検家」は街の清潔さに強く印象付けられていた。イギリス時代の破壊を生き延びることができた数少ない伝統的な建物は、今日ユネスコの世界遺産に登録されている。

さて、この黄金のストゥールについてイギリス人はどのように見ているのだろうか。ガーナ共和国をはじめとするアフリカ諸国が独立する以前の1950年代前半にアフリカ大陸を訪れてアフリカ事情を記したジョン・ガンサーはその著書『インサイド・アフリカ』に次のように記述している。[2]

「この黄金のストゥールはアシャンティの王たちにとり神聖なものであり、単なる象徴以上のものであった。それは天から黒い雲によって下賜された、そして象徴的にではなく実際にアシャンティの人々の魂であると考えられている。世紀の変わり目のゴールドコーストのイギリス人総督はあまり聡明でもなく学識もなかった。総督はアシャンティに彼らが崇めている神聖なストゥールを要求した。アシャンティはこれを拒否し、このことが8回目のそして最後のアシャンティ戦争を惹き起こした。イギリス人は戦争に勝ったが、ストゥールを取ることはできなかった。愛国的なアシャンティ人がストゥールを隠し、あまりにうまく隠したため1921年に偶然道路を掘っていた作業員が見つけるまで見つかることはなかった。そのとき、アシャンティの人々は、もしイギリス人がストゥールを奪えばもう一度戦争を起こすと通告した。ロンドンはそれまでに教訓を学んでおり、アシャンティの人々がストゥールを持ち続けることが許された。それからプレンペト王が追放先から戻され、その後1935年にイギリスは正式に黄金のストゥールをアシャンティ国の奪うことのできない神聖な象徴であると認めた。そのとき以来、イギリスとアシャンティの関係は円滑である。」

1−2　祖国のために戦った女王はヤア・アサンテワだけではなかった

アフリカの女性の英雄はヤア・アサンテワだけではない。度胸、巧みな交渉術、ヨーロッパ諸国間のライバル関係を利用した同盟締結と戦いで、17世紀のヨーロッパにその名を知られたンジンガ女王(Sweetman 1984)である。

ンジンガ姫はコンゴ王国の藩王国だったムブンドゥ族のンドンゴ王国に1581年頃生まれた。父親はンゴラ・キルアンジ。ンゴラはンドンゴ王国の王位を指し、それをポルトガル人が国名だと思ったことから今日の国名アンゴラにつながったと考えられている。コンゴ王国は有名な1520年代の国王アフォンソ1世(Mvemba a Zinga、1460—1542年)がポルトガル王マヌエル1世に何度も送った(そして無視された)書簡に書かれた予言通り、鉄砲などを入手しようとして諸侯がポルトガル人にコンゴ国民を売っていた奴隷狩りの結果急速に力が衰えていた。

そうした中、ンドンゴ王国はコンゴ王国からの独立を達成し、キルアンジ王は当初ルアンダ要塞を拠点とするポルトガルと平和裏な交易を行って王国は栄え、国力が増すにつれて周辺に領土を拡大していった。他方、この独立の意味を異なる観点から見ると、それまではコンゴ王国をポルトガルとの関係での矢面に立たせておけばよかったのに対し、ンドンゴ王国自身がポルトガルと直接対峙しなければならなくなった。関係が円滑なときは交易をしていればよいが、利害が対立すれば戦いとなる。両国はイランバ地方の領有をめぐって対立し、1581年にそれから数十年続くことになる戦争が始まった。これを百年戦争と呼ぶ人もいる。当時のポルトガルは植民地ブラジルでの労働力をますます必要としており、ルアンダ要塞は重要な奴隷の積出港であったが、総督パウロ・ディアス・デ・ノヴァイスは奴隷貿易をイエズス会宣教師たちの手に委ねて、ンドンゴ王国の向こうの内陸にあると思い込んでいた銀山を奪おうと考えていた。

ちなみに、このブラジルに「船積み」されていった奴隷たちを、ポルトガル人宣教師たちは「救って」いた。かわいそうだと思って逃がしたのではない。ポルトガル人の言う「救い」とは船積みされる奴隷に水をかけてキリスト教の洗礼を授けることを意味しており、イエズス会は奴隷貿易を担うにあたり「船荷」の記録をつけていた。

ンドンゴ王国の地理的位置付けも事態を難しいものとしていた。すなわち、ルアンダに拠点を置いたポルトガル人はダンデ川とクワンザ川の下流域を抑えており、それらの上流域に位置したンドンゴ王国はポルトガルの攻撃を受けやすい距離にあった。

キルアンジ王はよく持ちこたえてポルトガル軍の撃退に成功していたが、やがて国内では暴君となっていき、ついに1618年頃反乱が起きて王は廃位の上殺害された。こうした厳しい状況下、ンドンゴ姫の腹違いの兄ムバンディがンゴラとなった。ムバンディは独裁を確立するために弟とンジンガ姫の息子のみならず側近を殺すなどの暴虐を尽くし国内では圧政を敷いたが、いざポルトガルと戦いで対峙してみると腰が砕けてあっさり降伏、王都を含む国の中心部を奪われクワンザ川の川中島に逃げ込んでしまった。

1622年、兄王は妹にルアンダまで出かけてポルトガル人と和平交渉するように命じた。息子まで殺されたンジンガ姫はこれを断るべきか考えたものの、腹を決めてルアンダのポルトガル要塞にデ・スーザ総督を訪ねることとして面会を申し込んだ。敗戦の王が敗北の使者をよこす、ポルトガル側から見ればこれ以外の状況認識はない。逆にンジンガ姫としてはそのような状況をどのように変えられるか考えた。まず行列に工夫を凝らし、音楽隊に先導させ、先導隊に花々を撒かせて王の行進の形式を整えることにした。かつて俳優エディ・マーフィーが架空のアフリカの王国からニューヨークに留学中の王子役を演じた映画「星の王子ニューヨークに行く」があった。その中で、父である国王がアフリカからやって来て、王子の留守中に下宿を訪ねたことに気づいた王子が狼狽するシーンがあった。国王が訪ねてきたと王子が気づいたのは、下宿の玄関先に花弁が散り敷かれているのを見た瞬間であった。ンジンガ姫はそのような王の行進を演出したのである。

さて、ルアンダ要塞に着いたンジンガ姫が見たのは、がらんとした大広間の奥におかれた椅子一脚と、広間の真ん中に敷かれた一枚のじゅうたんであった。総督の前の床に敗戦の使者がひれ伏す設定であることを見抜いた姫は慌てることなく、侍女に命じて四つん這いにさせて応急の椅子を仕立て、その上に悠然と腰かけてデ・スーザ総督を待った。やがて入室した総督は床にはいつくばっている代わりにあわてず騒がず「椅子」に腰かけている敗軍の使者を見て度肝を抜かれ、交渉は姫のペースで進んだ。総督はまずンドンゴ王国側に捕らえられていたポルトガル人捕虜の解放を要求した。これを了承した姫は微笑みながらそのための交換条件として、ポルトガルがそれまでにブラジルなどに連れ去ったムブンドゥ族の人々を解放して連れてくるように述べた。ここから総督側も交渉に入らざるをえなくなり、ンゴラ・ムバンディを独立国ンドンゴ王国の国王として認め、占領軍の撤退に同意した。両者の合意にはポルトガルの奴隷貿易にンドンゴ王国が協力すること、奥地で猖獗をきわめていた無法集団ジャガに共同して対処することが含まれた。この交渉の様子が描かれた絵がヨーロッパに伝えられ、姫はヨーロッパでも知られる存在となった。

合意成立の後、姫はルアンダに暫時残り、キリスト教の教義を学んだ上でキリスト教に改宗、洗礼名をドナ・アンナ・デ・スーザとした。姫は、第1にキリスト教に改宗することで、そして第2に洗礼名にポルトガル総督の名前を使うことで、ポルトガルの自国に対する扱いが改善されることを期待したのである。

これで両国に平和が訪れたように見えたが、ポルトガル本国はこの合意を認めず、やがて宣教師団との関係もこじれたこともあってデ・スーザ総督は更迭された。後任の総督との関係は難しいものとなり、そうした中、兄ムバンディ王はポルトガルに対して弱腰を続けたため国民は父王に似ていると感じた妹ンジンガ姫に期待を寄せるようになった。脅威を感じた兄王はこともあろうにルアンダに出向いてポルトガルの庇護を求めるにいたった。ここに至りンジンガ姫は女王となって自ら戦いを率いることを決意し、奥地の狼藉集団ジャガと手を結ぶこととした。その上でゲリラ戦法をとってポルトガル軍を悩ました。戦いは紆余曲折を経たが、その頃勢いをつけていた新興国オランダが海岸線を脅かそうとしていることに気がついたンジンガ女王はオランダと同盟を結んでポルトガルを駆逐、1641年にルアンダ要塞はオランダの手に墜ちた。ポルトガル人は内陸に逃げ、女王の軍のたび重なる戦いをかろうじて持ちこたえるまでに追い込まれていった。その後ブラジルからのポルトガル援軍が到着してオランダ・ンジンガ連合軍は敗れ1648年にルアンダ要塞をポルトガルが取り返した。

この間、オランダとポルトガルの戦局に応じたコンゴ王国との連合とそのコンゴ側からの寝返り、またジャガの寝返り等の難しい時代が続いたが、女王はゲリラ戦法でよく持ちこたえ、やがて国民とともに内陸のマタンバ台地に下がった。そこに第2の祖国を築き、やがてポルトガルとの関係を落ち着かせるとともにローマ法王にも書簡を送り再度洗礼を受け、やがて妹が女王位を受け継いだ。こうして17世紀に興きたマタンバ王国は19世紀の植民地化の大波を受けるまで存続することとなった。女王はアンゴラを越えてアフリカの英雄の一人として記憶されており、今日のルアンダにはその銅像が建てられている。

2　母系社会の伝統

2-1　西アフリカの母系社会（Prah 1995, pp. 206-216）

アシャンティ王国のアカン族をはじめとして西アフリカには母系社会がある。

アカン族は、血（モグヤと呼ばれる）は母親から子へとつながり、父から子へは血はつながらないと考えてきた。父親は精神（ントロと呼ばれる）を子につなぎ、それが子どもの性格と人格に影響を与えると考えられてきた。また、女性は結婚後も自分が生まれた家のコミュニティーに属し続ける。こうしたことから、相続やコミュニティーにおける権利と義務については「血・モグヤ」が意味を持つのであって、モグヤこそは家・血統・一族（アブスアと呼ばれる）のメンバーであるか否かを決めるものであった。

具体的には、例えば相続は父親から息子には行かず父親の姉妹の息子に行く。逆から見れば男の子は父親からではなく母方の伯父・叔父から相続するのである。これを王位継承に当てはめると次のようになる。男子が族長（王）になるための最初の条件は、母親がそのコミュニティーの王族に属していることである。

つまり母系社会では、「王の息子は王にはなれないが、王族の中の最も貧しい女性でも潜在的に王の母親になりうる」。

現在のガーナ共和国は、アシャンティ王国の版図だった多くの部分とそれ以外の地域が混在する旧英領ゴールドコーストが独立したものであることはすでに書いたとおりだが、ガーナ共和国においても王母（Queen Mother）たちは金の装身具をつけて華やかに着飾り、社会的地位は高い。例えば筆者（石川）がローリングス大統領（当時）夫妻と日本の橋本元総理夫妻とともに日本からの水産無償援助で完成した漁港の関連施設の式典に出席したときのこと、いわゆるＶＩＰ席は王母を含むと見られる有力女性たちで埋め尽くされており、大統領のスピーチは一般参加者やその村の漁民に向けられつつも、しばしば有力女性の方に顔を向けて熱弁をふるい、例えば漁の資源保護のために網目の細かい漁網で漁をしてはならないことを説いたときには、有力女性たちに同意を求めながら、嚙み砕いて漁民を説得していた。

アカン族のような母系社会では、一族の女子が絶えると、たとえ何人男子がいようとも、その一族はそこで途絶えてしまう。このため今日でも、アカン族の女性は女の子が生まれるまで何人でも子どもを産み続ける。かつてイタリアのメディチ家が、あるいは現代では南ドイツのバイエルン王家が、女の子はいるのに男子が絶えたために家系が途絶えてしまったのと逆のパターンである。

さて、母系社会では先述したように女性は結婚した後も自分の兄または母方の伯父が族長（アブスア・パニン）を務める「アブスア」に属し、また母方の「アブスア」に畑を持ち続けていた。こうして既婚女性は経済的にも法的にも夫から独立しうる存在であった。族長の権力は極めて大きく、例えば自分の姉妹や姪を奴隷として売ることもできたが、逆に言えば女性はそのように強い族長のもとにあったので、離婚を恐れることがなかった。

アカン族の女性は「離婚しても石を食べることはない」ので、いつでも母方の「アブスア」に戻ることができた。19世紀にアシャンティ王国を訪れたヨーロッパ人は、女性の地位、尊厳、心と行動の独立性に印象付けられていた。ところが、19世紀末になると大英帝国による侵略とともにキリスト教の宣教師がアカン族社会に入り込んで離婚を禁止したため、女性の力が事実上根こそぎ崩れる事態が生じた。アカン族の伝統社会の方が宗主国のイギリス社会におけるよりもはるかにジェンダー平等が存在したのであって、ヨーロッパの価値観の押し付けが現地社会の秩序を乱した悪例がここにも見られる。

ただし、母系社会における父親の役割と力も決して小さくはない。父親から子どもに伝えられる精神（ントロ）が、父親の伝統的ないし法的権利の弱さを補っているからである。ントロが子どもの性格や人格に影響することは、父親こそが子どもの道徳的行動に責任を負うことを意味している。ントロには厳格に守るべき掟があり、子どもの安全、精神と社会的な成功のためには子どもの母親は夫のントロが定める宗教的、社会的、道徳的義務を守る必要があり、家庭の中では妻と子どもは夫・父親に服従していた。子どもが父親のントロに逆らうと、子どもは社会に出て成功せず、病気になったり、場合によれば死ぬこともあると考えられた。この父親のントロの力を信ずるがゆえに、離婚の場合には父親が子どもの養育権を持ったとされる。

中世に栄えたマリ帝国はイスラムの強い影響下に生きていたが、マリの社会では古来の伝統も残っていた。その代表例は西スーダン地域で見られる母系社会である。イブン・バトゥータはマリ北部のワラタ地方の相続について、父から息子へはなされず父の姉妹の息子（すなわち甥）へとなされるのを見て驚き、敬虔なイスラム教徒の人々がなぜそのようなことをしているのだろうかと問うている。

2-2 マーケット・マミーたち

サブサハラ・アフリカに行くと、多くの街や村の市場で威勢の良い「おかみさん」たちのパワーに印象付けられる。西アフリカのセネガルでも、中部アフリカのコンゴ民主共和国でも、市民たちの胃袋を賄う食料品の市場に行けば、おかみさんたちは美しいブーブー（長衣）を身にまとい、ブーブーとお揃いのプリント柄のターバンを巻いて、野菜や魚を売っている。中世の西スーダン諸王国・帝国のトゥンブクトゥーなどの市場では、食用油脂の商いは商家の女性がもっぱらこれを行い、また夫がお客をもてなす応接間にも同席していた。

アフリカの女性たちの「起業家精神」、もしかするとアフリカの市井の人々の経済的自立への一筋の光がここに射している可能性がある。

1873─74年のアシャンティ王国と大英帝国の戦争の際、ロンドンから現地を訪れたイギリスの新聞記者たちは、市場や道端のいたるところで活発に商いをする女性たちに驚いたと記録している。女性たちは、ビーズ、マンチェスター製の衣類、染色されたハンカチ、タバコ、イギリス製のパイプ、ナイフ、眼鏡、マッチ、食品、調理した食料を売り、また鉄鍋でヤシ油をつくってもいた。さらに、戦争のさなか英軍兵士たち相手の行商にも精を出し、例えばファンテ族の女性は、干し魚、ろうそく、タバコ、パイプ、ノート用の紙、コメ、調理用バナナなどを英軍キャンプまで出向いて売りさばいていた。英軍キャンプは、海岸のケープ・コースト要塞から70マイル離れたプラソに設営されていたが、女性たちはものともせずに武器などの運搬のために英軍に雇われ、そしてその移動の機会を巧みに利用して現地人には商いが禁止されていたラム酒とジンの瓶を数本衣類に隠して運び、半ば公然と兵士たちに酒を密売していた。中には特定商品や人集めを集中して手掛けるやり手の女性もおり、英軍はそのような女性と契約して、武器運搬人の人集めなども行っていた。

独立後のガーナ共和国でも女性の経済活動は活発であり、例えば独立後3年目の1960年の国勢調査では、272万人余りの経済活動人口のうち女性が約105万人を占めていた。

このような「起業家」や商いに長けた女性が多いこと、あるいはアカン族のような母系社会においては伝統的な女性の権利と法的な力があったことは、サブサハラ・アフリカの女性は虐げられてばかりいると思い込みがちな概念が実態とずれていることを示している。ただし、このことのみをもって、ジェンダー平等がアフリカ大陸にあまねく行き渡っていたと解釈することはできない。例えば、19世紀の農業での男性と女性の役割を見ると、伝統的には男性は開墾、伐採、土起こしといった力を必要とする作業は担ったものの、植え付け、雑草抜き、収穫、作物の運搬など毎日の重労働は女性が担い、ガーナ人の主食のヤム、食用バナナ、キャッサバ、モロコシや野菜の栽培は女性の農作業ないし重労働によるものであった。農作業は奴隷の仕事であり、奴隷がいない場合には妻子の仕事であった。妻たちは夫の所有する畑で農作業をするのに忙しく、多くは自分の畑（上述）を耕すことはできなかったとされる（もし自分の畑を耕せた場合にはそこからの収穫はすべて妻のものとなった）。妻の不倫は厳しく弾劾されまた夫は不倫相手に損害賠償を求めることができたとされるのに対して、夫が複数の妻を娶ることは社会的に許されていたばかりか、19世紀にヨーロッパ人が観察したところによれば、あまりにも辛い農作業の負担を軽減するために妻の側から夫に2人目の妻を娶ることを勧めることも多かった（Prah 1995, pp. 214-215）。

コラム　風呂好きだったマリとソンガイの女性たち

マリ帝国やソンガイ帝国の女性たちは、髪型や白い歯をはじめとするおしゃれに気を使い、またお風呂で清潔を保っていた。マリ帝国のマンサ・ムーサ王がメッカの巡礼に向かう途次、砂漠のただ中で王妃が体を洗いたいと言ってお風呂に入りたいと願ったときに、王の命令で随行者が革袋から水を注ぎ続けて大きな川のような風呂をつくり、女官たちも皆そのお風呂に飛び込んだと伝えられている。

女性に限らず人々はお風呂好きで、トゥンブクトゥーの富裕層は自宅に風呂を持ち、庶民は公衆浴場を利用した。これは北アフリカから伝わったイスラムのお風呂の文化の影響だと考えられている。ポルトガル人が西アフリカの海岸線を南下する中で観察したことの一つは、現地の人々のお風呂好きであった。

人々は衣服のおしゃれにも気をつかっていた。衣服はイスラムの影響が強く、洗濯して糊をきかせたブーブー（ゆったりとした足まで届く長い衣）をまとい、また金曜日の礼拝には白いブーブーをまとった。王宮の人々は派手な色の衣類をまとい金の装身具をつけていた。今日でも西アフリカや中部アフリカでは人々は実におしゃれなブーブーをまとい、女性は同じ柄の布で頭にターバンを巻き、男性は縁のない帽子をかぶっている。

ニジェール川流域では、少女たちは川に洗濯に行ったが、それは水浴びを楽しむ機会でもあった。ニジェール河畔は美しく、豊かな商家では美しい月夜には家族揃ってニジェール河畔に涼を求めてピクニックに行き、楽しい家族団欒の夕べを過ごしていた。

3 活躍する女性たち

3－1 進取の気性に富むのは女性

ジェンダー格差は、いまだサブサハラ・アフリカの多くの国が抱える課題の一つである。初等教育への就学率を見る限り男子100人に対し女子93―94人と男女格差は狭まっているが、小学校を卒業できるかとなるとトイレが学校にないことなどから高学年女子のドロップアウト率は今なお高い。そもそも学校に行かない、ないし行けない学齢期の女子も多いが、その最大の理由はアフリカの女子はたいへんに忙しいからである。水汲み、薪拾い、幼い弟や妹の子守り、こうして女の子の1日は過ぎていく。長じて嫁げば、医療機関へのアクセスの悪さから10万人当たり500人、つまり200人に1人という高い妊産婦死亡率に直面する。

このような切り口から見ると、サブサハラ・アフリカの女子には暗い人生が待っているかのように思えて、暗澹たる気持ちになる。他方、先に見たように「おかみさん」たちは元気に生き抜いているのもまた事実である。

そうした中で、実は新しいことに果敢に挑戦するのもまた女性たちである。

調理をするとき、アフリカの主婦は台所で立ったまま、そして腰を90度に曲げて鍋で煮炊きをする。彼女たちの台所とは屋外に置かれた3つの石のことであり、拾い集めてきた枯れ枝を石の間に置き、鍋を3つの石に乗せて煮炊きをする。私たちがイメージする「かまど」には程遠い焚火のようなものであるにもかかわらず「三つ石かまど」と呼ばれることもある。このような「かまど」で調理するには腰を曲げて苦しい姿勢をとることからくる健康問題のほか、焚火のように路地で枯れ木を燃すので熱効率が低く、これが薪拾いの重労働の一因であるとともに、砂漠化を加速させている。何より「かまど」が泥の上に置かれていることは、「台所」が泥にまみれて不潔である。

20世紀が終わる頃、ケニアの中部から西部の村々の10万世帯で主婦が主導する「かまど革命」が起きた。食物栄養学の研究家として1970年代からケニアで研究を続けていた岩手県遠野地方出身の岸田袈裟女史（1943―2010年）は、1994年からJICAの専門家としてケニアの人口問題に取り組んでいた。ケニア政府の専門家とともに人々の人口に関する教育を担ったが、なかなか結果を出せずにいた。現場に入るうちに主婦たちの意識改革こそ大切との考えを深めていった岸田氏は、主婦が苦労している「三つ石かまど」での調理に注目した。そしてある日、祖母の故郷岩手県遠野地方に古くから伝わって来た台所のかまどを思い出し、その土と水だけでつくられたかまどならば、ケニアの人々も村の土をこねればつくれるのではないだろうかと考えた。こうしてある日、派遣先[3]のケニア共和国・ビヒンガ州・エンザロ村のある農家の主婦に問いかけた。「自分の故郷に『かまど』と言うものがあるけれど、一緒につくってみませんか。」

　こうして遠野地方のかまどがケニア人の主婦の手によってつくられた。前面に薪をくべる焚口が一つ、上面には鍋を置く口が3つ。もはや立ったまま腰を90度に曲げて調理する必要はない。かまどはたちまちにしてその村全体に広まった。材料費はゼロ、何しろ自宅前の土をこねればできるのだから。筆者（石川）はこれを「ゼロ円ＯＤＡ」と呼んでいる。

　岸田氏は煙でマラリア蚊を屋外に追い出す現地の伝統的な方法を尊重して、あえて煙突をつくらなかった。また、かまどの上の煮炊き口の一つには蛇口をつけた壺を置きいつでもお湯を飲めるようにした。その結果、アフリカの乳幼児最大の敵である下痢と脱水による死亡がその村からなくなった。洪水が起きてケニアでコレラがはやって死者が出たときにも、遠野のかまどがあった村からは死者が出ず、このことがかまどの加速度的普及につながった。岸田氏はバナナやトウモロコシの葉で草履を編む方法も教え、子どもたちが草鞋を履いて足の裏の怪我を防ぐように説き、特に排泄をするときには必ず草履をはくように説いた。これも怪我のみならず感染症を減らすことに効果を発揮した。

　さらに、遠野のかまどは女性農民たちに自由時間をもたらした。路地で枯れ枝を燃やしていた「三つ石かまど」に比べて、遠野のかまどは熱効率が4倍のため、調理に必要な薪の量が激減、それにつれて薪拾いの時間も大幅に減り、自分のための時間ができたのである。日本で戦後プロパンガスが普及したことがもたらした主婦への時間のプレゼントと似た効果である。その段階で岸田氏は女性たちの意識改革に動き、出生率が低下するという結果を出した（2000人のモデル村で0～5歳が285人生まれていたのに対し、かまどを始めてから135人に半減した）[4]。その背景にはまた、自分たちの妻が幼児を死から守るという驚くべき結果を出したのを実際に見た夫たちが、妻の力を見直し、耳を傾けるようになったこともあった。

サブサハラ・アフリカでは、男性はメンツがつぶれることを恐れて新しいことに手を出すことは少ない。遠野のかまどの例でも、それをつくり、広め、そして乳幼児を下痢から守ったのは主婦たちであり、その主婦たちが自分たちの自由になる時間を獲得したことが全体の意識改革をもたらしたのである。

3-2　女性農民が現金収入を得る道を進む

コメにはアジア種とアフリカ種がある。アフリカ種はかつてニジェール川中流デルタでの富の蓄積をもたらしたものであり、西アフリカを中心に多くのアフリカ人が食する。また、中部アフリカでも、例えばコンゴでは祝いの席に供される高価な食物でもある。アジア種は苗に実る穂が多いが雑草に弱い。他方、アフリカ種は実が少ないが、葉が多く言わばべたっと地面の陣取りをするので雑草との競争に勝ちやすく、また病気に強い。

これを掛け合わせて丈夫で収量の多いコメをつくり出そうと、シェラレオネ出身のモンティ・ジョーンズ博士が考えて開発したのがネリカ米である。New Rice for Africa（NERICA）と名付けられ、さまざまな交配から多くの品種が生まれた。ジョーンズ博士は、西アフリカ稲開発協会（当時WAR

ＤＡ。２００３年にアフリカ稲センター（Africa Rice Centre）に改組。内戦中には本部がコートジボアールから逃れていたが、その後同国に戻った）において開発と研究を進め、フィリピンにある国際稲研究所（ＩＲＲＩ）の協力によってネリカ米を生み出した。日本のコメの専門家がＷＡＤＲＡでモンティ博士と出会い、ネリカ米がアフリカの食を必ずや改善すると信じた日本の国際協力機構（ＪＩＣＡ）が専門家と青年海外協力隊を派遣して地元農家と組んで普及と人材育成を行ってきた。その結果、今日では東アフリカのウガンダなどで大きくコメの生産と消費を伸ばした立役者である。ウガンダの自然環境と農民の気質を見てネリカ米の栽培を広めることができると読んだＪＩＣＡ専門家の成功例の一つである。ウガンダのネリカ米の作付面積はＪＩＣＡ専門家が赴任した２００４年から２００８年の4年間だけでも８０００haから5万３０００haに急増し[5]、その後も拡大が続いている。

しかし、異邦人がいくら推奨したところで、肝心の地元農家が栽培に関心を持ち、そして地元住民がおいしいと思わなければ新しい作物は広まらない。１９９０年代にネリカ米が開発されてそのアフリカ大陸での普及の戦略を考えていたときに、ＪＩＣＡがネリカ米を示し、栽培に関心があるか否かの意思を尋ねたときに、まず興味を示したのは西アフリカのギニヤの女性農民であった。

ギニヤの女性農民たちはネリカ米を栽培し、それが地元消費者の口に合ってよく売れた結果、現金収入が女性たちの手に入った。女性が自分の自由になる現金を手にしたこと、これは革命的なことであり、彼女たちの生活は一変した。そのとき日本の関係者はギニヤの女性農民に、他のアフリカの農民たちに自分たちの経験を話してくれないかと依頼し、これを快諾したギニヤの女性農民たちはアフリカ各地に飛んでいかに自分たちの生活が変わったかを話した。彼女たちの起業家精神は実は他の局面でも発揮された。それはネリカ米が陸稲のため、水稲と違って土壌劣化を防ぐためにマメ科の植物との輪作を必要としたことにからむ。日本の農業専門家が大豆などの案を示したときに、ギニヤの女性農民たちは、大豆は地元ではなじみがないので自分たちもつくりにくいしそもそも消費者が購入しないだろうと反対し、地元でなじみのある落花生の栽培を逆提案した。当時ＴＩＣＡＤにかかわっていた筆者（石川）はこの女性農民たちにも、アフリカで新しいことを始めるのは女性たち、男性は失敗してメンツがつぶれることを恐れて新しいことがうまくいったあとでしかそれに着手しないとのアフリカの姿を見た思いであった。

3－3　公開講座の女性農民

ケニアの首都ナイロビ近郊にある、１９７０年代から日本の協力でつくられたジョモ・ケニヤッタ農工大学（第６章４－１参照）は、実学を教えることにも日本らしさを出してきた。職業訓練学校として発足したが、そのカリキュラムの良さを見たケニア側関係者から大学にしてほしいとの要望が出され、ケニア独立の英雄にして初代大統領のジョモ・ケニヤッタの名前を冠して大学となった。今や東アフリカ随一の理系の大学、ケニアで最も入学競争率が高い理系の大学となった。日本のＯＤＡ理念はヨーロッパと異なり、地元の人々が自立するにつれて日本人専門家はフェーズ・アウトしていくことが真の開発援助だと考えてきた。したがって、ジョモ・ケニヤッタ農工大学でも次第に日本の専門家がひきケニアの教授陣に引き継いでいった。ところが、その間隙をヨーロッパなど他の援助国が突いて、同大学はあたかも自分たちの援助であるかのごとき振る舞いをしつつ、旧宗主国対旧植民地の関係を前面に出したアプローチで同大学に入り込んできた。また、ケニア側も世代が移り、井戸を掘った日本人のことも、人づくりこそ国造りであるという日本の根本的な哲学も忘れられがちとなった。こうした中、1998年の第2回アフリカ開発会議（TICAD2）において日本政府は同大学を「アフリカ人づくり拠点計画」の中心に据えて、あらためて、人材育成の本質である「人は石垣、人は城」の精神をもって日本の関係者が関与することとなった。

職業訓練センターから1981年にカレッジとなり、1988年に国立大学になってから20年を経た2015年には、ウルフ・ケニヤッタ大統領も出席して両国関係者による20周年式典が開かれた。同大学は、ケニアの他大学がやる丸暗記ではなく、理論についても基礎から教え、さらに理論だけではなく実学も実際に指導し、そして日本企業との連携も始めている。こうして、実際に役に立つ人材をケニア社会に送り込み始めている。また、公開市民講座も開いており、その好例が女性農民のリーダーたちを対象とした合宿である。

TICAD2の人づくり拠点計画決定後の1999年に同大学を訪問した橋本龍太郎元総理は、帰国後ブログに次のように記した。

「ケニアのジョモ・ケニヤッタ農工大学を訪れたとき、公開市民講座に女性農民のリーダーたちが参加していて、お互いの知恵を交換している場面に出くわしたことがあります。ある女性農民は、畝に刈り取った藁を敷いて水分の蒸発を防ぐという自分の村に伝わる古くからの農法を他の地方から参加している女性農民に示していました。大規模畑作で農業用水の大半が蒸発してしまう先進国の農家も見習えないものかとひそかに思ったものです。また、大学では農民たちが自分でメンテナンスできるような簡単な手押し車を作り、農作業が楽にかつ効率がよくなるよう工夫していました。女性リーダーがこのような講座に参加すること自体が女性のエンパワメントを象徴しているとの印象をもちましたが、公開市民講座に合宿参加している間にお互い議論したり、それぞれの村について語ったりすることは、いずれは草の根民主主義にもつながるものです。[6]」

筆者（石川）もこの訪問に同行していたが、ここに記されている畝の水分蒸発はアフリカの農民にとっては極めて重要な課題であるため、議論は活発で、別の地方から参加していた女性リーダーは、自分たちはプランテーン（食用バナナ）の葉で畝を覆っていると説明するなど、侃々諤々であった。

4　働く女性たち

4−1　バラと女性農民と飛行機

毎年2月のバレンタインデーが近づくとケニアの女性農民はバラの収穫に忙しくなる。チョコレートではなくバラを贈る風習があるヨーロッパ向けの出荷の最盛期だからである。主要生産地域のナイヴァシャ湖周辺では一つ当たり1haの広さを持つビニールハウスが立ち並び、その時期には2万5千人がバラの収穫に忙しく働いている。周辺ではホテルなどの建設ラッシュもあり、その様をイギリスのテレグラフ紙は「新しいゴールドラッシュ＝切り花」と書いたほどである。[7]首都ナイロビの北西約90kmに位置するナイヴァシャ湖は、水と気候に恵まれていることに加えて地元の農民が長い花卉栽培の経験があることから、ケニアの約130の花卉農園のうち約半数が集中している。

ケニアのバラ栽培は１９８０年代から伸び始め、今や日米英などで主要報道機関が特集を組むほどの主要輸出品目となるまでに成功している。バラ農園で働くのは主に地元の女性たちであり、多くの報道はバラの栽培にいそしみ、そして微笑んでいる女性農民の写真を掲載している。世界の花卉産業の王をもって任じているオランダは、ケニア産バラの台頭当初はそれをオランダの花卉産業に対する脅威であるとみなしたが、その品質の良さと気候などの栽培条件の良さから方針を変えて現地に進出、イギリスと並んで現地に大規模農園を経営している。[8]

ケニアのバラは主に世界の花卉市場のハブであるオランダと旧宗主国のイギリスに輸出されてきたが、次第に市場の多角化にも力を入れている。こうした中、アメリカでもCNN放送が、２０１６年3月のロサンジェルスでのWorld Floral Expoの機会にケニアの花卉産業を取り上げ、ケニアは世界第3位の花卉輸出国であり、輸出の3分の2はオランダ向けでオランダから再輸出されていること、EUでの市場シェアは35％であり、ケニア国内では花卉関連産業が50万人以上を雇用し、そのうち9万人が農場勤務、花卉輸出は12万５０００トンで輸出額は5億７００万ドル（いずれも２０１３年）であること（出典はKenyan Flower Council）などと報じた。

ケニアの花卉産業の成功の要因は気候条件に恵まれていることのほか、第1に、花卉農園地域からナイロビ空港までの道路が舗装されたことでトラックが揺れることなく生花を運搬できるようになり、かつ輸送時間も短縮されたために品質を保持できるようになったこと、第2に、ナイロビ空港に花卉と野菜専用のターミナルがつくられたこと、そして第3に、ナイロビ空港からアムステルダム空港をはじめとする消費国の空港への直行便ないし至便の乗継便が運航されるようになったこと、そしてこれらの一連の動きがコールドチェーンとしてしっかりした冷蔵気温管理のもとで行われていることが指摘されている。さらに、ケニア側関係者がEU市場だけに依存するリスクを回避する必要性を感じ始めたていたところに、新たな航空便が開設され、ケニアの花卉の新たな市場としてオーストラリア、カナダそして日本が急成長した。

日本への輸出急増の大きな要因は、航空網の世界的なハブとなったドバイ空港とまず関西空港との間に直行便が開設され、ついで成田空港に直行便が開設されたこと、およびドバイ空港に大型の冷蔵・保税倉庫が建設されたことである。かつてアムステルダム空港経由で輸入されていたルートでは37時間かかったバラがナイロビ空港からドバイ経由で日本に輸送される場合には18時間に短縮された。[9]

成田空港を管轄する東京税関の調査によれば、ケニア産バラが日本の店頭に並ぶまでの所要日数は、ケニアでの収穫から成田空港までが約3日、成田空港到着から輸入通関、検品・再梱包、花卉市場を経て花屋の店頭に並ぶまで約3日である。日本のバラの輸入が最も多いのは3月で、これは卒業式、入学式、転勤・栄転祝いなど年度の変わり目に需要が最も多いからだが、日本のバラの輸入先（数量ベース）は2004年（総輸入量3422トン）には韓国（62・7％）、インド（21・0％）、オランダ（5・5％）、ベトナム（3・0％）、エクアドル（2・7％）、コロンビア（1・4％）、ケニア（1・2％）であった。それから10年経た2014年（総輸入量2939トン）には、韓国（37・7％）、ケニア（25・7％）、インド（10・9％）、コロンビア（10・0％）、エクアドル（5・6％）、ベトナム（4・6％）、中国（2・0％）であり、ケニアの大きな伸びが見られる。[10]

金額ベース（2015年）で見ると、ケニアからの輸入が44・2％と2位のコロンビア、3位のエクアドルを離して圧倒的な最大輸入先となっている。

ケニアからバラを輸入しているAFRICA ROSE社の日本人女性起業家[11]は、2016年の第6回アフリカ開発会議(TICAD6)の「アフリカ広場」(JICAホームページ)で次のとおり述べている。

「アフリカのケニアで育てられたバラを販売しています。花の大きさと色鮮やかさ、持ちの良さが特長です。アフリカのエネルギーを感じられるバラは現地のお母さんたちが大切に育てておりアフリカのバラの素晴らしさが広まることで、現地の雇用促進にも繋がっています。[12]」

この女性起業家はケニアのバラを輸入しようと現地に赴き、いくつもの農家に断られたのちにナイヴァシャ湖付近の女性を中心としたバラ栽培農園との提携契約に成功。ケニア政府の証明書を得たものだけを輸出できる品質管理体制のもと、1区画ごとに1人の同じ女性職員が苗の育成から収穫まで担当して段ボールに詰めた後は、男性職員に引き継ぐ。男性職員はカートを運転してトラックに積み込み、トラックで空港まで輸送する。こうしてバラはナイロビ空港でコンテナに積み込まれたのち、ドバイ空港経由で成田空港に到着する様子が紹介されている。

航空路の開設によるバラの輸入への影響は、エチオピア産のバラについても見られる。エチオピアでは近年バラの生産に力を入れ始め、主にヨーロッパ向けに輸出していたが、2006年頃からドバイ空港経由で日本にも輸出を開始した。さらに2015年4月、エチオピア航空が日本とアフリカ大陸を初めて直行便で結ぶ航空路を開設した。その結果、エチオピア産のバラの輸入が、量的にはまだ少ないものの、2015年から増加を続けている(東京税関調べ[13])。

4－2　茶を摘む女性たち

世界農業機関（FAO）は、ケニアの農業部門でのサクセス・ストーリーとして茶、園芸農業、酪農をあげている[14]。2015年のケニアの最大の輸出品目は紅茶であり、1230億2500万ケニア・シリング（1米ドル＝98・18ケニア・シリング、2015年）、全輸出額の24・6％であった。2番目に大きな輸出品目は園芸作物（花卉、野菜、果実）で1009億6300万ケニア・シリング、全輸出額の20・2％であった。コーヒー（生豆）は第4位で205億8000ケニア・シリング、全輸出額の4・1％を占めていた[15]。

ケニアの高原地方での茶摘みの光景はインドやスリランカの高原地方の茶摘みかと見まがうばかりである。ケニアの茶の生産は世界の16％を占め、インド、スリランカに次いで世界第3位、また生産量の半分以上が海外市場向けであるため輸出量は世界一であり、先に見たようにケニアの輸出総額の4分の1を稼いでいる。

茶産業はケニアの約300万人の生計を直接ないし間接に支えている[16]。高原地方の農村部で労働集約的に生産されるため、バラ栽培同様地方の農民の雇用を創出している。ケニアの茶の生産の60％は小規模茶農家が担っている。茶の生産地域はケニアの中西部であり、ほとんどのケニア茶はリフト渓谷の西に位置するケリチョ地方など標高1500から2700メートルの高原地帯で栽培されているが、このほかの生産地としてはリフト渓谷の東側の高原やケニア中部があげられる。ケニアの茶の都とも呼ばれるケリチョ地方では大規模な茶のプランテーションが茶の生産を行っている。こうした中、茶摘みには女性の方が男性より向いていると言われることもあり茶産業にかかわる労働者の6割は女性であり、また小規模農園で切り盛りしているのは農園主ではなくその妻であることが多い。こうしたことから、ケニアの茶は女性が支えているとの見方もある。

茶の生産増加の成功をFAOは次の要因によるとしている。適切な投資政策、制度上の支援、良好な国際市況、独立後1970年代半ばまでかけて行われた土地の再分配政策、換金作物栽培制限の撤廃。制度上の支援とは、ケニア茶開発機構（Kenya Tea Development Authority）を設立し、小規模茶農家へのサービス、茶の収集・加工・出荷を支援したことがあげられる。

ケニア茶の主要輸出先はパキスタン、エジプト、イギリス、アフガニスタン、スーダンの5か国で、総輸出量の75％を占める。ケニアの茶はブレンドされることが多いため消費者は気がつきにくいが、ジェトロによれば[17]イギリスで飲まれるお茶の62％はケニアやマラウィなどのアフリカ産であり、日本で売られているイギリスブランドの紅茶の生産国はケニアやマラウィと記されているものも多い。日本が輸入している紅茶の9％がアフリカ産である。現にスーパーなどで売られているティーバッグの箱をよく見ると、ケニアと記されていることに気がつかされることも多い。

第9章　ニュー・インダストリーの興隆

1　アフリカの農業

1-1　赤道直下の花の王国

第8章で見たように今日のアフリカでは女性農民たちがトンネルの先に一筋の光明をもたらしている。ケニアやザンビアなどの東アフリカで「ニュー・インダストリー」と呼ばれて農村部の生活改善のみならず、外貨獲得に貢献しているのは園芸農業を柱とする農業であり、酪農も盛んとなり始めている。そして、「ニュー・インダストリー」を支えているのは多くの女性農民である。

世界有数の花卉専門の国際見本市、オランダのVIJFHUIZEN見本市に参加している主要花卉栽培業者はどこの国の人々であろうか。地元オランダのチューリップ栽培農家で占められているだろうとまずは想像するが、例えば2015年1月の同見本市についてのウェブ[1]を見ると、花卉栽培の最も重要な4か国が参加することを前面に掲げている。その4か国とは、南米のエクアドル、南米のコロンビア、アフリカのケニア、アフリカのエチオピアであり、これら4か国から250の花卉栽培者が参加すると記されている。この見本市には100か国以上からバイヤーが参加する、ということはこれら4か国の花々が世界中で飾られていることを示唆している。

エクアドル、コロンビア、ケニア、エチオピアの共通の特色は、赤道直下ないしその近くの低緯度に位置し、高原地帯があり、日照時間が長く、高原地帯ではおおむね気温が安定していることである。いずれも園芸農業やコーヒーなどの栽培に適している。

コロンビアは1920年代後半からコーヒー生産に力を入れ、戦後ブラジルをも脅かすコーヒー生産国・輸出国に成長したことで知られ、石油と石炭に次ぐ主要輸出品目となっているが、今日ではバラやカーネーションなど花卉の一大輸出国でもある。こうした中、花卉栽培で社会的弱者に現金収入をもたらそうとの活動も盛んで、コロンビア切花輸出協会（ASOCOLFLORES、1973年設立）は、「シングルマザーの雇用と保険などの保証。花農場で働く従業員とその子どもたちのために、家を提供したり教育を受けられる場を設けています」と述べている。[2]日本の切り花の最大輸入先は急速に伸びてきたコロンビアであり、カーネーションを中心に2015年の輸入額は90億円を突破した。2015年7月に安倍昭恵夫人が訪問したコロンビアのセレスエラ花農園は多くの女性、中でもシングルマザーとその子女を雇用していることで知られている。同農園からはカーネーションなど多くの花が日本にも輸出されているが、同農園の職員は「日本は世界で最も高い品質が求められる市場であり、私たちの農園から日本の市場に花を輸出で来ていることを誇りに思っています。」と述べている。[3]日本向けの輸出（2015年）はコーヒーと切り花を中心として1169億円に上っている。[4]

1－2 ケニア農業の出発点

ケニアについていだく一般的イメージは、おそらく壮大なサファリとそこに住む野生動物、万年雪をいただくキリマンジャロ山、大陸を縦断する大地溝帯などであり、外貨獲得は観光すなわちライオンとキリンのお蔭だと思い込みがちである。現に観光は重要な産業だが、実は雇用の6割以上は農業部門であるし、園芸作物が輸出の稼ぎ頭となっている。

1963年にケニアがジョモ・ケニヤッタたちの武装闘争をへてイギリスから独立を勝ち取ったとき、新しい独立国の黒人政府は白人の所有する大農園を接収しなかった。植民地時代の黒人農民は換金作物の栽培を厳しく禁じられており、やがて解禁されたのちも厳しい制限下に置かれていた。そのような差別のみならず、植民地時代には白人農園主が一致して課税に反対したため納税の負担は黒人農民に負わされていた。このような過去があるにもかかわらず、独立後の黒人政府は接収などの恨みを晴らすがごとき政策はとらず、1970年代半ばまでかけて農地を少しずつ買い上げていき、それを黒人の農民たちに再配分していった。

その結果、第1に白人大農園主との関係は基本的にはこじれなかった。他方、第2にほとんどの農家が小規模農家という戦後の農地解放後の日本の農村と同じ環境となったため生産性の向上やマーケティングについての工夫が必要であった。人口増加率が高いケニアでは、1戸当たりの農地がさらに細分化されていくことを意味している。現在アフリカ全体で見ても、農家の85％は２ha以下の農地しか有していない。第３に指摘されるべきは、血気盛んな反植民地運動と独立達成の後、ソ連型の社会主義経済、すなわち政府とひと握りのエリートが何でもすべてを決める（そして実態経済がうまくいかない）という国造り方式を選択しなかったことである。ギニアやマリなどソ連型のエリートがすべてを命ずる国造りに走ったところはすべて経済的離陸に失敗した。第４に、独立の熱気と経済的自立の掛け声のもとで、市場競争力のない粗悪品を製造するための工場建設やまだ見ぬ工場への電源としての発電所建設とそのための借金に無駄な金を使って沈んでいった多くの新独立国（イタリアからの多額の借金で全ヨーロッパの電力需要を賄えるほどの発電量を持つインガ・ダムを建設したザイールが典型例。多くの場合工業化に失敗してヨーロッパ諸国からの借金が残った）を尻目に、ケニアはできることからやっていったという点である。

こうして２０１５年のケニアのＧＤＰの30％は農林水産業が生み出し[5]、雇用の60％は農業部門であり、主要農産物はコーヒー、紅茶および園芸作物である。世界銀行によれば[6]２０１６年の経済成長は５・９％と推計されており、２０１６年第２四半期は対前年同期比６・２％成長であった。これを牽引したのは、農林水産業、運輸・倉庫、不動産、卸売業・小売業であった。２０１５年の人口は４６００万人、ＧＤＰ６３４億ドル、１人当たりＧＤＰ１３４０ドル、平均余命61歳は決して悪い数字ではない。

１－３　欧米の検疫をクリアして栄えるインゲン

アイルランドがＥＣに加盟する前の１９６０年代と加盟した後の１９７０年代末の2度にわたり現地に住んでいたある日本人女性は、ＥＵ加盟前とＥＵ加盟後の日常生活面での大きな違いとして、「加盟後は冬でも果物を食べられるようになったわ」と実感を込めて述べていた。

このアナロジーで行けば、もしかするとＢＲＥＸＩＴ後にはイギリス・ロンドンの店頭から南欧のＥＵ加盟国産の野菜や果物が激減するか、あるいは高価になるのだろうか。少なくともその日の朝デンマークの鶏が産んだ卵で朝食のポーチド・エッグをつくるのに値段は少々高くなりそうではある。そうなったときに、イギリスは国民の胃袋を満たすために昔のように英連邦からの農産物について特恵関税を導入するのであろうか。それこそはフランスのドゴール大統領（当時）がイギリスのＥＣ加盟申請を拒否した大きな理由の一つであったことが思い出される。

ＥＵの加盟国としてのイギリスはＥＵ共通農業政策のもとにあるので、今や一つの貿易と食卓の秩序ができあがっているが、イギリス人の食生活の中にがっしりと組み込まれているＥＵの諸制度を離脱した後にイギリス政府の頭痛の種の一つになるのは農産物輸入の問題ではないかと考えられる。そのときに、英連邦のケニアやマラウィ産の紅茶が高くなるのかイギリス人の口には苦くなるのかはともかくとして、現在イギリスの主婦たちが毎日のようにスーパーや八百屋で購入しているものの一つにインゲンがある。

ロンドンのどこのスーパーで買ってもインゲンはおいしい。たっぷり太陽を浴びた匂いがしているばかりか、シャキッと元気がよい。それもそのはず、多くはケニアから届いたばかりである。ケニアの農民が換金作物としてのインゲンおよびベニバナインゲンの生産に力を注いだだけではなく、残留農薬などについてのＥＵ基準を満たさない場合には輸入を禁じられるのでケニア政府が農民を教育してきたことが背景にある。

ケニアの野菜の輸出の3割程度を占めてきたインゲンだが、ケニア政府はＥＵだけに市場を依存するリスクを分散しようとしてアメリカ政府に働きかけを行い続けた。その結果、２０１１年11月アメリカ政府[7]はケニアからのインゲンとベニバナインゲンの輸入に関する検疫基準を特に梱包、洗浄、加工について策定した上で輸入を認めることとした。この検疫基準はケニアから野菜の病気と害虫が侵入することを防止するためであり、ケニアの検疫当局が梱包されたインゲンに対して厳格な輸出前検査をすること、収穫されたインゲンは飲用に適する水で洗うこと、加工については細かく裁断されるべきこと（特に裏や中に潜む小さな害虫を見つけやすくするため）、そしてケニア検疫当局の証明書が付されていることなどを定めた。これを受けてケニア政府は、アメリカ向け輸出が円滑に行われるように農家の指導に力を入れてきている。

ただ、制度上の問題を解決しても、モノが売れるか否かは流通業に依存するところも大きい。アフリカの太陽を浴びて土の香りがする野菜のおいしさはヨーロッパのひ弱な太陽や日本の温室栽培と比べると際立っているが、しかしいくら美味であっても財布を持って買い物に来た消費者の目の前の棚に置かれていなければ買う人はいない。この明白な事実を前にして、消費国側の政府がアフリカ開発支援の観点から、ケニアの農民の収入を安定させるために自国企業によるケニア産野菜の仕入れを奨励する具体例も出ている。イギリス開発省は２００９年に食料品小売業チャレンジ基金（Food Retail Industry Challenge Fund, FRICH）[8]を設定して、サブサハラ・アフリカ（ただし南アフリカ共和国より北の諸国）の食糧をイギリスおよびヨーロッパの市場で売ろうとチャレンジする大手スーパーなどイギリスおよびEUの小売業者に審査の上資金を供与、企業側も同額以上をマッチングしてリスクを背負いつつ、単発輸入にとどまらない持続的なビジネスとなるきっかけをつくっていった。同省はその目的について次のように説明している。[9]

アフリカからヨーロッパに輸出される食糧はアジアおよび中南米に比べて少量だが、イギリスおよびヨーロッパ向けの食糧輸出はアフリカの小規模農家、アグリ・ビジネス、農業労働者に大きな収入源となりうる。食料品小売業チャレンジ基金は貧しいアフリカの農民を市場に結びつけることを通じてその生活を改善することを狙いとしている。同基金は、ケニア、コンゴ民主共和国、マラウィ、ルワンダ、サントメ・プリンシペ、ガーナ、ウガンダ、セネガル、ナミビア、ジンバブエ、エチオピアで25の支援を行い、その対象は茶、コーヒー、切り花、魚、ベリー類、ジュースなどであった。

かつてケネディ大統領の掛け声のもとで生まれて一世を風靡しながら30年ほどで衰微してしまったコーヒーなどの商品協定に比べて、この試みでは生産者と消費者の距離が圧倒的に近い。サプライチェーンを握る民間企業の日常の商いにアフリカの農民を組み込むきっかけをつくるというこの発想は、豊かな国の消費者にとっては少額に感じる金額によって、１日当たり百数十円ないしそれに近い生活をしている生産者の生活が大きく改善されることにつながる。

2　地元消費者が支えた酪農

他方、先進国の消費者ではなく、アフリカの地元の消費者が現金収入を得るに至ったことから消費が増えて、生産が拡大するという好循環が生まれたケースもある。ケニアの酪農がその好例であり、ここでも女性農民の活躍が開発関係者に注目されている。

ＦＡＯ[10]およびＵＳＡＩＤ[11]によれば、ケニアの酪農は次のとおり急速に成長し、多くの雇用を生み出している。

酪農生産額　：20億ドル（ＧＤＰの４％、農業生産の14％）
乳牛飼育農家：１５０万戸（80％が小規模農家、１９９０年から25年足らずで２６０％増加、多くは協同組合を組み収入安定）
雇用人口　　：30万人
間接雇用創出：１２５万人（牛乳輸送、加工、流通）

ケニアに乳牛がヨーロッパから持ち込まれたのは１９００年代の初めであり、１９３０年までに酪農家は検疫、獣医学の研究、人工授精、価格統制などについて植民地政府の財政的かつ政策上の支援を取り付けることに成功していた。その後１９５０年代から60年代にかけて小規模酪農家が増えていった。ＦＡＯは乳牛飼育農家の増加について需要と供給双方の要素を指摘している。一つには、農村部の可処分所得が増えてきたことが牛乳への需要を増大した。もう一つは、獣医と人工授精サービスの提供、集中的生産への広範な支援、および協同組合の振興が供給を大幅に伸ばした。

こうした背景のもと、ケニア政府、大手外国企業、海外の開発援助機関が乳業に注目し参入している。例えばアメリカ国際開発庁（ＵＳＡＩＤ）は、ケニア政府の国家酪農基本計画の策定に協力し、小規模酪農家への技術指導、協同組合設立などの支援を行ってきた。大地溝帯のリフト・ヴァレイで細々と乳牛を飼っていたある女性酪農家は、２００４年のある日、思い立って搾乳と飼料についての技術的アドバイスを近隣の協同組合に求めに行き、1日1回ではなく数回搾乳することと自分の畑で飼料を育てて乳牛に与えるという小さなヒントを得た結果、搾乳量と牛乳の売値が大幅に上昇し、雌牛を2頭買い増すことに成功した。これで俄然起業家精神に芽生えて、２００９年にまず15人の仲間と協同組合をつくり、２０１２年には３６５人が加盟する協同組合長となっている。この例にも見られる協同組合方式により、酪農家は搾乳を個人で売却するよりも高値で売ることができ、また、それまでオートバイで散発的に牛乳を集めていたにすぎなかったバイヤーもトラックに投資して組織的に牛乳を集め始め、さらに冷蔵庫にも投資を始める等の好循環が生まれている。

こうした状況についての援助国側の報道ぶりを見ると、例えば２０１４年1月22日のファイナンシャル・タイムス紙は、'Kenyan dairy farmers aim to raise yields and process more milk'[12]と題する記事でDanone社が東アフリカ最大の牛乳加工メーカーのBrookside Dairy社の株式の40％を取得したと報じつつ、ケニアの乳製品加工業はまだ端緒に着いたばかりであるとして民間主導のさまざまな取り組みが始まったことを紹介している。記事では、ケニアの農産品は茶をはじめとして加工されないまま輸出されていることを指摘しつつ、国内における付加価値付与の重要性にも触れている。

ＦＡＯはこの成功の要因について、茶と園芸農業と同様、法律と政策的枠組みを整備したこと、当初公的資金による制度的支援を行い次第にそれを生産者組合や民間企業に移管していったこと、輸送などのための公共インフラを整備したことをあげている。

3 「ニュー・インダストリー」の影をチャンスに

ただ、「ニュー・インダストリー」の成功には影もある。例えばケニアのナイヴァシャ湖周辺では、バラ農園が急増した結果、水資源減少と水質汚染という環境への負荷も指摘されており議論となってきた。過剰な水資源の濫用はないのか、また農業排水は適切に処理されているのか、農薬の過剰投与はないのか。日本としてできることの一つに、かつて「日本の奇跡」と「公害列島」が裏腹であった教訓を伝えつつ、経済成長と環境を両立することが持続的成長の基礎であり、かつ現代の技術をもってすれば低コストで両立が可能であることの理解を現地関係者に広めることがあるのではないか。

また、女性農民や女性農業労働者たち、特に夫をエイズで失った女性たちが花卉栽培、茶の摘み取り、それらの関連輸出産業に職を得て現金収入を稼げることの意義は大きい一方で、急成長する産業にありがちな劣悪な勤労条件が課されていないのかについては注視していく必要もある。仮にそのような実態があるとすればそれは輸出を取り仕切っている現地企業の経営方針に起因するものなのか、あるいは消費国側の輸入企業がなんらかの厳しい要求をいわゆる下請けいじめのような形で行っているからなのか。女性農民たちや女性労働者たちが声をあげる機会が少ないというケニア社会の現実を理解した上で、事実関係を把握していくことも「ニュー・インダストリー」の持続的な成功のためには必要である。

こうした課題はさまざまな関係者が力を合わせることによって解決に近づくことが可能となる。その一つの例として、1998年にイギリスで設立されたETHICAL TRADING INITIATIVE（ETI）[13]のように政府支援のもと、企業、組合、NGOが組んで特に途上国の労働者を念頭に置いてサプライチェーン全体における勤労条件改善に努力する活動があげられる。このような活動について一層関心を高めることは、アフリカの女性労働者や女性農民が現金収入を得ることができ、多くの場合それを子どもたちの教育機会に充てているというせっかく生まれたチャンスの芽を育てていくためにも有効ではないだろうか。

ケニアの農業の労働力の7割は女性であり、また総じて言えばケニア社会での女性の発言力が弱い中で、女性に安定した現金収入をもたらしていくことは、一歩ずつながら女性のエンパワメントと子どもたちの教育を実現し、もって貧困と非識字・低知識の悪循環を断ち切る上で有効である。ETIは先進国の企業・組合・NGOの集まりであるから、途上国の労働者の勤務環境改善や権利確保のために活動していると言っても、もしかすると建前と本音に乖離があるのではないか等の疑問もありえよう。しかし、84企業、8組合、16NGOが加盟して（2014年現在）（林 2015）、一緒に考え行動するというユニークな取り組みは生産から販売までの過程がグローバル化された企業の問題意識を高め、具体的な問題を見つければそれを指摘し[14]、解決の糸口をつくるといった努力もなされていることは評価されてよいのではないか。

4　換金作物コーヒー

4−1　コーヒーの生産

花卉栽培が新しい産業となっている赤道直下の国々は、従来コーヒー生産国として知られていた。コロンビア、エチオピア、ケニアなどはその代表例である。それは花卉とコーヒー双方にとり、赤道近辺の高地が日照時間、気温、降雨量などから栽培に適しているからである。[15]

コロンビアは、伝統的にはカーネーションやバラの国と言うよりもコーヒー生産国・輸出国としてのイメージが強かった。戦前の1927年にコーヒー生産者連合会をつくりコーヒーの生産と輸出に本格的に力を入れ始めたコロンビアは、現在では約65万トンのコーヒーを生産してブラジル、ベトナムに次いで世界第3位の生産国である。アラビカ種の中でもマイルドな味で人気を博し、ブラジル産コーヒーを脅かすまでになっている。2016年のコロンビアのコーヒー生産量は1450万袋（1袋＝60kg）であり、これはブラジル（5500万袋）、ベトナム（2550万袋）に次ぎ世界3位（第4位はインドネシアの1000万袋）であった。[16]ドルベースでは生豆の輸出が19億ドル、焙煎豆4176万ドル、濃縮液2・5億ドル（2014年、FAO統計）。1トン当たりの生産者価格は2061ドル（2014―16年を100とする指標は110）。日本への積極的輸出戦略も行ってきており、コロンビア・コーヒー生産者連合会（Federación Nacional de Cafeteros de Colombia、1927年設立、56万世帯以上の生産者が加盟）の事務所を東京に設置したばかりか、1991年には東京駅丸の内南口に直営店を開き、当時の東京駅駅長、国際コーヒー理事会議長（筆者：石川）らがテープカットを行った。日本のコーヒー消費がさらに伸びると予測し、力を注ぐべき市場と見込んでの輸出戦略の一環であった。

ケニアは植民地時代の20世紀の初めにコーヒー栽培を始めた。ロバート・レッドフォードとメリル・ストリープが主演した映画'Out of Africa'の舞台であったケニアのコーヒー農園。映画の原作はイギリス植民地だった第一次世界大戦前後のケニアでのコーヒー農園経営への挑戦と失敗の自分の経験を書いたデンマーク人女性 Karen Blixen によるものだが、時代からして農園主たちは当然すべて白人でそのほとんどはイギリス人。コーヒー農園の女主人 Blixen のデンマーク訛りの英語を話しきったメリル・ストリープの演技は絶賛されたが、それはそれとしてデンマーク訛りをドイツ訛りと誤解した周囲のイギリス人たちが不信の眼で彼女を見る場面は、やがて第一次世界大戦に敗れたドイツが植民地タンガニーカをイギリスに奪われる序章のごとくでもあった。そしてせっかく軌道に乗りかけたコーヒー農園が火事で焼け落ちる悲運から、コーヒー農園を手放してケニアを去らざるをえなくなったときに、Blixen がイギリス総督にひざまずいてキクユ族の小作人たちのことをよろしくと懇願する場面は、そのようなことを言う白人の女主人に驚きそしてあきれる周りのイギリス人の白人たちの態度とも相まって極めて印象的であった。標高5000メートルを優に超えるケニア山を仰ぐ高地でのコーヒーの栽培は霜害との闘いでもあったが、その味覚の良さから高度が高い畑の豆ほど高値がつき、また植民地時代からコーヒーの仲買人たちが競りで豆を購入してきたことが品質競争にもつながり、ケニア産コーヒーの質を高めたと言われている。

21世紀に入ってからケニアのコーヒー農園の面積は縮小傾向にあるが、国際コーヒー機関（ICO）によれば[17]2013年以降のアフリカのコーヒー生産量は**表9－1**のとおりであり、ケニアはエチオピア、ウガンダ、コートジボワール、タンザニアについでアフリカでは5番目の生産国であり、その8割以上（66万袋）を輸出し、輸出額は約2・6億ドルに上る。コーヒー生産においても小農の活躍が見られ、ケニア輸出振興評議会によれば、ケニアのコーヒーの99％はアラビカ種で、65万世帯の小農と3000の大規模農園において生産されており、このうち小農は作付面積の70％、市場の48％を占めている。[18]

アフリカ最大のコーヒー生産国エチオピアは、その昔山羊の群れが「赤い実」を食べて暴れたことがコーヒーを人間が食するきっかけとなったと言い伝えられる国である。アラビカ種コーヒーの原産国であり、アフリカ最大のコーヒー生産国、692億ドルのGDPで1億人近い人口を養い、貧富の格差は比較的小さい（ジニ係数は0・336）[19]ものの、1人当たりGDPは619ドル（2015年）にとどまっている。しかし、21世紀に入ってからGDPは2けた成長ないしそれに近い成長を続けており、アフリカ大陸でナイジェリアに次ぐ人口を有するエチオピアがある日離陸できるのではないかと、期待の星ともなっている。急成長しているのは運輸部門を中心とした[20]サービス産業であり、GDPの45％を生み出して農業を超えるに至った。とは言え、農業はGDPの40％近く、輸出の約60％、そして雇用の80％を担っている。輸出総額は29・3億ドルであり、主要輸出品はコーヒー27％、油糧種子17％、野菜17％、金13％、切り花7％である。

かつて暴れて山羊飼いの少年を困らせた山羊たちは1500年後の21世紀になってもエチオピアに

表 9-1　アフリカのコーヒー生産量

（単位：1000 袋、1 袋は 60kg）

収穫年	2013	2014	2015	2016	% 2015–16 変化
合計	**152,130**	**148,724**	**151,438**	**151,624**	**0.1%**
アラビカ	90,163	86,151	88,273	95,204	7.9%
コロンビア・マイルド	13,528	14,593	15,403	15,779	2.4%
その他マイルド	26,887	25,678	26,092	26,951	3.3%
ブラジリアン・ナチュラル	49,748	45,880	46,778	52,474	12.2%
ロブスタ	61,967	62,572	63,165	56,419	-10.7%
アフリカ	**16,243**	**15,987**	**16,229**	**16,353**	**0.8%**
ブルンジ	163	248	274	235	-14.3%
カメルーン	404	483	391	480	22.8%
コンゴ民主共和国	347	335	323	335	3.7%
コートジボアール	2,107	1,750	1,893	2,000	5.7%
エチオピア	6,527	6,625	6,714	6,600	-1.7%
ギニア	101	147	177	200	13.1%
ケニヤ	838	765	789	783	-0.7%
マダガスカル	584	500	449	475	5.7%
ルワンダ	258	238	278	240	-13.8%
タンザニア	811	753	930	800	-14.0%
トーゴ	172	143	81	119	47.3%
ウガンダ	3,633	3,744	3,650	3,800	4.1%
その他	299	255	280	286	2.1%

資料：http://www.ico.org/prices/po-production.pdf, 2017 年 8 月 31 日アクセス。

外貨をもたらして人々を喜ばせているわけだが、エチオピアでコーヒーを生産しているのは小農たちであることを考えれば、切り花などの新しい農業の振興のみならず、伝統的なコーヒー生産の質と量の向上もエチオピア経済の離陸には欠かせないと考えられる。２０１４年には52万haのコーヒー畑から２・７億トンのコーヒーを生産し、輸出額は８・88億ドルであったが、生産者価格は１トン当たり１４３９・61ドルにとどまっていた。しかし、この生産者価格は２０１４―16年を１００とした指標では２７７と急伸した結果である。それでもケニアの生産者価格３２９９ドルの半額以下にとどまっているのは、コーヒー畑の高度が高いほどコーヒー豆の値段が上がることも背景にあろうが、同じアラビカ種の生産についてエチオピアにはいまだ改善工夫の余地がありうることを示唆している。

なお、インスタント・コーヒーなどに使われるロブスタ種のコーヒーは価格が安く、例えばコートジボワールのロブスタ種の生産者価格は１トン当たり９５０・３ドルである。[21] 同国のコーヒー輸出は生豆が１・５億ドル、焙煎前３千ドル、濃縮液７２５４万ドルである。

日本にコーヒーが伝わったのは、長崎出島でのオランダ（すなわち今日のインドネシア）コーヒーを捨象すれば、文明開化なるものの中でコーヒーが鹿鳴館で登場し、ブラジル産のコーヒー豆が伸びていった。第二次世界大戦で輸入が途絶えてコーヒーはしばらく冬の時代を迎えたが、戦後の経済復興とともにコーヒー豆の輸入も再開された。そうした中、戦後の貿易自由化の中で農産物については多くの反対があったが、昭和36年（１９６１年）のインスタント・コーヒーの全面輸入自由化についてコーヒー業界は日本の消費増加につながるとして反対せず、現に消費が伸びていった。保護主義に走るトランプ大統領に聞かせたいような慧眼である。また、日本での自動販売機による街角の席巻は、麻薬中毒者などに金目当てに破壊される恐れから自動販売機が普及しない欧米ではありえない光景である。

4－2　ケネディ大統領の慧眼

コーヒーは新興の花卉と異なり、伝統的な換金作物である。商品貿易では石油に次ぐ規模を誇るその圧倒的に大きな世界貿易量があり、多くの途上国にとって重要な外貨収入源であり続けている。他方、高地での栽培に起因する霜害などの気候条件による市況の思わぬ変動、過剰生産による価格の下降、第二次世界大戦後1950年代に見られたような急激なブームとその反動による価格の乱高下などの課題も抱えている。これまで第8章では、市場への売り込みに起業家精神を発揮している女性農民たちの活躍を見てきた。他方、伝統的換金作物のコーヒーについてはその生産量、貿易量、70か国にも達する生産国の数、そしてなによりも圧倒的多数の小農たちがコーヒー生産に生活を依拠していることを考えた場合、起業家精神だけですべてが解決するわけでもない。その実態を、一つの留意事項として考えていきたい。

1962年9月28日、代表的商品協定となる国際コーヒー協定（the International Coffee Agreement）が署名された日、ケネディ大統領は大きな満足を示しつつ議会の早期承認を求めるとして、次のように演説した[22]。

「アメリカ合衆国が世界のコーヒー輸入の50％を占めているので、アメリカ合衆国が批准するまでこの協定は発効しえない。

この協定は、極めて重要な経済問題を解決するための心温まる協力の手本である。コーヒーは世界で3番目に貿易量が大きい商品であり、多くの後進国の、なかんずくラテンアメリカ諸国の、主たる外貨収入源である。生豆1ポンドにつき1セント下落するとラテンアメリカの生産者の輸出収入は5000万ドル減少する。これは我々が the Alliance for Progress[23] で達成しようとしていることを優に無に帰させるものである。

協定はコーヒー輸出と輸入のクォータを定める。消費者への価格が公正で合理的であることを確保するため、クォータ設定については輸入国は輸出国と同じ発言権を有する。」

アジア・アフリカ諸国がヨーロッパ諸帝国のくびきから解放されていった1950年代から1960年代にかけて、途上国は独立の夢に燃えたっていた。しかし現実は厳しく、冷戦のさなかにどのように国造りを進めるかについての選択肢は多くはなかった。反植民地闘争をソ連（およびその支援を受けた中華人民共和国）が応援したという現実から、あるいは、独立したばかりの自国民は自由経済や資本主義経済にいきなり入れるほど成熟していないと思い込んだ独立の指導者（例：ガーナ共和国のエンクルマ）もいて、新しい国の体制として社会主義に走った国も多い（ギニア、マリ、旧仏領コンゴなど）。また、動乱（例：旧ベルギー領コンゴ）やイデオロギーによる東西の代理戦争的な内戦（例：マラヤの共産ゲリラ）ひいては戦争（例：ベトナム戦争）も起きた。

そのような国際情勢の中にあって、自らの手で稼いで経済開発を行う、という認識も生まれていった。1960年代のプレビッシュの「援助よりも貿易を」がその代表的な例であったが、遺憾ながら失敗した。そしてその原因を多国籍企業の責めに帰したり、先進国の市場閉鎖に帰したりする多くの議論がなされた。それぞれに一抹の真実はあったが、筆者（石川）が途上国に住み、多くの途上国の指導者と会い、また二国間および多国間の貿易交渉に携わった数十年の経験から言えることは、多くの途上国（独立が盛んだった時代にはケネディ大統領を含めて「後進国（underdeveloped countries）」と呼んでいた）が夢と現実のはざまに墜ちたということである。彼らは、比較優位のなんたるかについての理解が足りなかった（ザイールのインガ・ダム建設、エジプトのヘルワン製鉄所はその悪例）ばかりか、商品の流通を旧宗主国などの企業に握られていた（ベルギーのユニオン・ミニエールがザイールの鉱山を事実上握っていた、あるいはダイヤを産出しないベルギーのアントワープがダイヤの世界的ハブの一つであったことなど）。さらに述べなければならないのは、地元のエリートのすべてではないが、独立後の新興エリートの中には旧白人の椅子に代わって座ったかのごとき立ち居振る舞いを行い、自ら汗をかいて工場や農場で陣頭指揮をしようとしなかった者も少なからず見られた。いや今日なお、そうしない者もいる。「技師」、「博士」は日本の明治時代の小説で扱われるがごときエリートであり、名刺には必ずその肩書を付し、お互いの呼びかけにおいてもミスターやミセスではなく、「エンジニア誰それ」といった具合である。また、旧宗主国に「頭脳流出」してしまった知識人も多い。その理由は子どもの教育のためが多いが、ナイジェリア人などはひとたび帰国した場合の自国のガバナンスの欠如への恐怖、すなわち突然政治犯として投獄されてしまう怖れである。独立後半世紀以上過ぎた今日でも、例えば英語圏アフリカ諸国から多くの法律家、看護師、医師などがイギリスに流れてしまい、地元のガバナンス改善や医療アクセス改善の阻害要因となっている。

このような難しい状況の中にありながら、新たな国造りのうねりが女性、小農、海外機関・企業とのパートナーシップなどから起きていることを本章でも見てきたところだが、実は、途上国の草の根レベル、すなわち多くの途上国経済の底辺にいる小農たちに目を向けたのは今が初めてではない。それは1960年代以降の一連の商品協定（千葉 1987）、なかんずく上述したようにケネディ大統領がリーダーシップを発揮した国際コーヒー協定であった。同協定は1962年から89年までバッファーストックの運用等でおおむねうまく機能していた。機能的にはコーヒー価格を安定させるための産消一体となったいわばカルテルであったが、別の視点から述べれば、一人一人は市況への影響力を持ちえない小農たちを念頭に置きつつ、「神以外の手」を市場に加えるということであった。この間、輸出国・途上国の生産者および消費国の消費者双方に恩恵をもたらしていた時期は長かった。

しかし、1980年代から1990年代に冷戦が崩壊する過程で時代は変わっていった。例えば英仏などの西ヨーロッパ諸国は対アフリカ援助に疲れた'aid fatigue'と称してアフリカを見捨て、それにあてていた資源を東欧や旧ソ連の民主化と経済開発に注ぎ込み、欧州復興開発銀行（EBRD）までつくってしまった。西欧諸国にとっては、旧社会主義の東欧諸国および旧ソ連諸国がせっかく民主主義になると宣言したのに共産主義に逆戻りしないことが、自国の安全保障上決定的に重要であった。したがって、その行動は身勝手で不快なものではあったが、あらゆる国は自国のサバイバルのために千載一遇のチャンスを捕らえるという冷徹な国際社会にあっては合理的なものであった。とは言え、この民主主義への熱気によって開発への国際的関心はほとんど消されてしまったというのが、当時の筆者（石川）の実感であった。

そうした中、遺憾ながら最大のコーヒー生産国ブラジルの自国中心主義、マイルド・コーヒーでアメリカなどの市場の心をつかんだコロンビアの急速な台頭とブラジルへの対抗心、かつてケネディ大統領がその価格維持の重要性を熱心に説いたコーヒーについてさえも、「神以外の手」を否定するにいたったアメリカの市場経済至上主義などのあおりを受けて、国際コーヒー協定は揺らぎ、1989年に輸出、輸入クォータの経済条項は終わってしまった。

経済条項（クォータ制）付きの商品協定が機能するためには、第1に鷹揚なリーダーが生産国、消費国双方に存在してリーダーシップを発揮すること（コーヒーの場合にはなんといってもブラジルとアメリカ）、生産量と輸出量に秩序をもたらすこと、そのためにお互いの利害を超えて妥協を図り各国それぞれの輸出量に枠をはめること、輸入国側もこれに協力して、抜け駆けを図る輸出国からはコーヒーを輸入しないようにすることなどが必要である。ところが、コロンビア産のマイルド・コーヒーの快進撃を一つの背景として、ブラジルでは国際コーヒー協定はブラジルの犠牲の上に成り立ってきたとの声が国内で執拗に繰り返されるようになり、そうこうするうちにブラジル政府による政策の大転換が起きたことが協定に大きな挑戦を突きつけることになった。すなわち、従来ブラジルは南北問題においては南側の雄であり、ＵＮＣＴＡＤやＧＡＴＴ（当時）の場ではとにかく強硬派をもって任じていた。自由化の責めはすべからく先進国側が負うべきであり、途上国側は多角的貿易交渉では譲歩をする必要はないと言わんばかりの発言を筆者（石川）はジュネーヴの会議場で耳にタコができるほど聞かされていた。商品協定においてもその価格維持メカニズムを支持してきたのはブラジルであった。ところが、１９９０年に発足したブラジルのコロール政権はそれまでの国内における価格支持メカニズムから市場メカニズム万能へと一気に政策転換を行い、あっと言う間にコーヒー公社の解体まで行ってしまった。[24] これは混乱を招いたと言わざるをえない。

その後、国際コーヒー協定はアメリカの脱退と復帰などの紆余曲折を経て、現時点では２００７年協定のもとでロンドンに本部を置く国際コーヒー機関が情報の集積などを行っている。経済条項がない商品協定の効果とその機関の役割を疑問視する向きもあろうが、極めて大規模な貿易が行われている商品についての情報の集積とその発信は市場の透明性を確保するとともに、コーヒーというセクターに関与する人々にとっての知恵袋としての役割を果たし、また品質向上につながっている。

国際コーヒー2007年協定のもとでの国際コーヒー機関[25]には世界のコーヒー生産の98％、および消費の83％を担う国が参加している。加盟国総数76か国、輸出国42か国、輸入国33か国（2017年2月13日現在）である。その輸出国のうち19か国は後発開発途上国（LDC）である。世界の1億2500万人の人々は生活をコーヒー生産に依拠しており、生産国の中には全輸出の50％がコーヒーという国もある。コーヒーと言えば植民地時代からのプランテーションの名残のイメージがあるが、実際には世界のコーヒーの70％は小農とその家族が生産している。消費側を見れば、コーヒーは世界の広範な地域で人々の日々の生活の一部となっており、総消費量は1億3000万袋（国際コーヒー協定上は1袋＝60kg《132・276ポンド》）である。

FAOによれば[26]、世界の70か国以上がコーヒーを生産しているが、その半分以上は上位3か国の生産である（傍線はアフリカ諸国）。

主要生産国（2013年）は多い順に次の諸国である：ブラジル、ベトナム、インドネシア、コロンビア、インド、ホンジュラス、エチオピア、ペルー、グアテマラ、メキシコ、ウガンダ、コートジボワール、ラオス、ニカラグア、フィリピン、ヴェネズエラ、コスタリカ、タンザニア、マダガスカル、パプア・ニューギニア
コーヒーが収穫された畑の面積（2013年）を見ると、多い順に次のようになっている：ブラジル、インドネシア、コロンビア、メキシコ、ベトナム、エチオピア、ペルー、インド、ウガンダ、ホンジュラス、グアテマラ、タンザニア、コートジボワール、カメルーン、ヴェネズエラ、エルサルバ

ドル、マダガスカル、フィリピン、ケニア、ニカラグア
主要輸出国（2012年）を見ると次の諸国である：ブラジル、ベトナム、コロンビア、ドイツ、ホンジュラス、インドネシア、ペルー、グアテマラ、エチオピア、ベルギー、メキシコ、インド、ニカラグア、コスタリカ、ウガンダ、エルサルバドル、パプア・ニューギニア、ケニア、タンザニア、アメリカ合衆国

コーヒー生産量は2008年以降毎年3・5％以上の伸びを示しており、2012年には生豆の生産額は160億ドルを超え、輸出額は240億ドルであった。多くのコーヒー生産国は貧しく、人口の10％以上が一日当たり1・25ドル以下で生活しているが、貧困から脱却しようとしてより良い品質のコーヒー豆の生産に取り組んでいる人々も多い。

三大生産国（ブラジル、ベトナム、インドネシア）を除けば、ほとんどは中米の小国とサブサハラ・アフリカ諸国である。コーヒー生産に携わる小農たちの経済状況改善なくして多くの途上国の農村部が貧困から脱却することは難しいというのが一つの現実である。半世紀以上前のケネディ大統領の発言は今日なお時代遅れとはなっていないと考えるべきではないか。[27]

このように考えた場合、生産環境や途上国経済へのインパクトが花卉や園芸作物とは大きく異なるコーヒーについて、市場メカニズム絶対主義とも呼ぶべき政策だけで対応することは常に正しいのだろうか。市場メカニズムを基礎としながらも神の見えざる手に、そっと人の見える手を添えることも必要なのではないだろうか。小農の生活が立ち行かなければコミュニティーは崩壊する。[28]コーヒーにおいて小農の生活が立ち行かない最大の要因は突然の市況の乱高下であり、その点についての予見可

能性の欠落である。ここに国際コーヒー機関の情報集約と発信、品質改良努力の一層の推進、霜害あるいは干ばつに対する一定の備え、そしてこれらの点についてのいわゆる the last one mile の接続、すなわち実際に小農たちからの、あるいは小農への、アクセス確保について一層の工夫も必要ではないだろうか。生活の向上、少しでも明日は今日よりも明るいかもしれないと思えれば、村にとどまる人は増えるし北に向かう貨物列車の屋根に自分の子どもを押し上げて運を頼りにアメリカに送り込む（そして多くが人身売買の犠牲になる）ことは減るであろうし、そのコミュニティーは活気を取り戻して、究極的にはその国のガバナンスの向上にも資することになる。

ちなみに、日本においてもこの市場メカニズム絶対主義は本当に常に正しいのだろうか。かつて、おもちゃ屋のトイザラスを日本に進出させようとしたアメリカはUSTRを先頭に、「日本の流通業は生産性が低い」、「時代遅れの『パパ・ママ・ショップ』がまだある」、云々と追及してきた。町や村の商店街でおじいちゃん、おばあちゃんがやっている店のことである。しかし、古来日本の子育ては地域ぐるみで行っていたのではなかったのだろうか。それを支えていたのはコミュニティーであり、向こう三軒両隣に加えて、駄菓子屋のおばあちゃんやおじいちゃんではなかっただろうか。アメリカはこのようなコミュニティーの人的ネットワークとソーシャル・セーフティー・ネットの価値を認めず（したがって国民皆保険につながるオバマケアも認めようとせず）、個人個人のパイオニア精神で国づくりを行ってきた観すらある新興国家である（外国人留学生の息子オバマと移民の三代目トランプが相次いで大統領になったのはその一つの顕れではないか）。そのようなアメリカが、市場メカニズム万能主義を掲げて迫って来た平成10年、日本政府は大規模小売店舗立地法を制定した。同法を推進した政治家たちはおじいちゃんやおばあちゃんが重要な担い手であった村型のコミュニティーを否定したつもりはなかったのであろうし、また、同法制定だけが理由ではないであろうが、現実として起きた結果は日本の地方におけるコミュニティーの壊滅ではなかったか。アメリカの企業どころかA社などの日本企業がなりふりかまわず郊外型大型ショッピングモールをつくり、町や村の多くの個人商店が壊滅的な打撃を受け、シャッター通りが全国に現れる結果を招いた。「パパ・ママ・ショップ」で見られた光景は消え去り、買い物に行っても、あるいは夕餉の時間になっているのにモールにたむろしていても、子どもたちに話しかけるおじいちゃんやおばあちゃんはおらず、ましてや「この頃太郎ちゃんはなんだか寂しそうだ」とは誰も気づかず、あるいは「花子ちゃんどうしたんだい」とそっと問いかける人もいない。効率を上げる商品棚の並べ方や、レジの効率の良い会計処理だけが称賛される。けれども、経済はコミュニティーなしには生き延びることが難しい。そのことをもしかしてこの法律を制定した人たちは十分考えなかったのではないだろうか。そしてこの例を国際社会に当てはめて考えたとき、中米の小国やアフリカの村の片隅で悄然として佇む小農に誰が寄り添うのだろうか、と思わざるをえない。[29]

4-3 コーヒーの起源、コーヒーと戦争と革命

ケネディ大統領はラテンアメリカ諸国を念頭にコーヒー価格安定の必要性を説いた。確かに中南米諸国が世界のコーヒーの55%ないし60%を産出し（うちブラジルが世界生産のおよそ25%）、アジアが25%を産出しているのに対してアフリカ諸国は15%ないし20%である。しかし、コーヒーが生まれ

たのはラテンアメリカではなく、アフリカがコーヒーの故郷である。

コーヒーの起源には、エチオピア説とイエメン説の2つの言い伝えがあり、いずれもイスラム教、キリスト教を問わず修行僧の秘薬となり、爾来数百年にわたり門外不出とされていた。

文書による記録を見ると、イスラム世界ではアラビアのラーゼスという医師が西暦900年にバンという木の種子を砕いて煮だしたバンカムという液が胃に良い薬だと記した記録がある。これがコーヒーの最初の記録とされている。コーヒーはイスラム僧たちの秘薬として数百年の時が流れたが（山田 2005, pp. 25-26）、1454年になってイスラム法学者シェイク・ゲマルディンがコーヒーを民衆に開放し、コーヒーが広まっていった。ただし当時は焙煎した飲みものではなく、柔らかく煮た実を食べたり、上澄みを飲んでいた。焙煎は同じ頃ペルシャで始まったと伝えられているが、1510年にはカイロに焙煎した飲料「カーファ」（エジプトの口語方言ではアファと発音する）が伝わり、さらに1517年にオスマン・トルコのセリム1世によって都のイスタンブールへと伝えられ、1554年にはコーヒーハウスが開店した。こうしてオスマン・トルコ帝国の華の都イスタンブールがヨーロッパへのコーヒー転達の出発点となった。その後のヨーロッパへの広がりについて、全日本コーヒー協会によれば次のとおりである（全日本コーヒー協会 1990, p. 9）。

1602年ローマ、1615年ヴェネチア、1616年オランダ、1637年イングランド、1638年砂糖を入れたコーヒー出現、1644年マルセイユ、1645年ヴェネチアにヨーロッパ初のコーヒーハウス開店、1652年ロンドンにコーヒーハウス開店、1657年パリ、1668年アメリカ、1670年ドイツ、1671年マルセイユにフランス発のコーヒーハウス開店、1674

年スウェーデン、1679年ハンブルグにコーヒーハウス開店、1683年ウィーンにコーヒーハウス開店、1696年ニューヨークにコーヒーハウス開店、1700年ロシア。

この伝播の軌跡を見るとイスラム世界の繁栄のもと、当時の大都イスタンブールやカイロとの地中海交易の中で広がっていった地中海ルートが目につく。ちなみに、コーヒー、紅茶、砂糖いずれの語源もヨーロッパ語ではないことは周知のとおりであり、アラビア語のカーフアとスッカルからカフェ・カフィー、スュクル・シュガーとなった。

コーヒーがオスマン・トルコのウィーン包囲失敗の結果ウィーンに伝わったことは第1章で述べたとおりだが、コーヒーと戦争の逸話はこれにとどまらない。1648年のウェストファリア条約で法的にスペイン・ハプスブルグからの独立を列強に認めさせたオランダ共和国は海洋帝国として栄えていた。1658年にセイロン(現スリランカ)でコーヒーの栽培を始め、また17世紀末にはジャワでのコーヒーのプランテーションを始めた。ただ、17世紀のヨーロッパは混乱の世紀でもあった。イギリスでは清教徒革命が起きて国王チャールズ1世が処刑された。カトリックのアイルランドは清教徒のクロムウェルによって蹂躙され、「(石ころだらけの)コネマラに行け、さもなくば地獄に墜ちろ」と奈落の底に突き落とされた。そしてオランダとイギリスという2つの海洋帝国は覇を競って1652年から74年の間に3度戦争を繰り返した。この英蘭戦争のさなかオランダはイギリスへのコーヒーの供給路を断ったと言われている。

こうしてコーヒーの入手に困ったイギリスは紅茶の国へと変わっていったが、紅茶をたしなむことをイギリス人に伝えたのはチャールズ2世に輿入れしたポルトガルの王女カタリーナ・デ・ブラガンサであった。当時のヨーロッパで最先進国だったポルトガルは、その海洋帝国の東端マカオ、そして日本でお茶に出会った。カタリーナ王妃は王政復古後のイギリスで貴族たちに紅茶をふるまってこれが人気となった。

ヨーロッパにカフェが次々と開かれていった一つの結果は、人々が集う場所が初めてできたことである。人々が集まれば議論が起き、2つの大きな革命がカフェ（コーヒーハウス）で生まれた。イギリスの清教徒革命はコーヒーハウスに集まった人々によって支えられ、当時は大学よりもコーヒーハウスが知の殿堂であったと伝えられている。また後年フランスではパリに現存するカフェ「ル・プロコップ」に百科全書派が集い、革命時にはロベスピエール、ダントン、マーラーらが革命を論じた。アメリカ革命の立役者ベンジャミン・フランクリンがパリ滞在中通っていたことでも知られる。

第10章　サブサハラ・アフリカの経済発展――Africa Rising?

1　サブサハラ・アフリカの経済――アフリカは元気か？

アフリカは、「失われた大陸」だったり「希望の大陸」だったり忙しい。つい最近まで、アフリカは希望の大陸だった。２０１１年12月３日の *The Economist* は、"The hopeful continent: Africa rising."（勃興するアフリカ：希望の大陸）という記事を掲載して「長い停滞を越えて、アフリカはついにアジアの跡を追う機会を得た」と論じ、２０１３年３月２日の *The Economist* は "The world's fastest-growing continent: Aspiring Africa"（高度成長を目指すアフリカ）とフォローした。その号の表紙は「長あ～い首のキリンがサバンナを歩いている絵」で、"Emerging Africa"（勃興するアフリカ）というSpecial report（特別レポート）を掲載して、「勃興するアフリカ：希望の大陸」を論じたのであった。しかし、最近ではそういった「手放しの楽観論」は影を潜めている。

数年前、NHKスペシャルでも「アフリカンドリーム〝悲劇の国〟が奇跡を起こす」という番組が放映された。大虐殺を乗り越えて驚異の復興を遂げたルワンダを「アフリカの奇跡」として描いていた。[1]でも、そのような楽観論は影を潜めている。例えば、今年（2017年）7月15日の*The Economist*には、"Intimidation nation: Many Africans see Kagame's Rwanda as a model. They are wrong"（恐怖政治の国――多くのアフリカ人がカガメのルワンダを自分たちが目指すべきモデルだと思っているかもしれないが、それは間違い）という記事が出ていた。大虐殺からの回復はめざましいが、恐怖政治の国が幸せで安心できる国にはなれないという趣旨だ。

確かに、サブサハラ・アフリカは、1980年代や90年代のような低成長を脱して、21世紀になってから成長率が高くなっているが、経済成長率が加速化しているわけでもないし、[2]他の地域、例えば東アジアや南アジアと比べてサブサハラ・アフリカの成長率が高いということはない。

大体、アフリカ大陸を、あるいはサブサハラ・アフリカをひとくくりにして論ずること自体に無理がある。**表10－1**は、世界銀行のデータベース（World Development Indicators: WDI）で2016年あるいは2015年の1人当たり所得（GNI per capita, Atlas method, current US$）の数字がとれるサブサハラ・アフリカ諸国の所得水準を比較したものである。名目価格、名目ドル表示の数字なので数字の意味を考えるときは注意が必要だ。国名のアルファベット順に並んでいる。参考のため表の下の方にブラジル、日本、韓国、アメリカの数字も載せてある。**表10－1**の「指数」は、比較のために日本の所得を100としたときの各国の所得水準である。各国の所得が日本の何％かという指数だ。

表 10-1　サブサハラ・アフリカの所得水準

		（名目 US ドル）			指数（日本 =100）		
	独立年	1970	2015	2016	1970	2015	2016
アンゴラ	1975	n.a.	4,070	3,440	n.a.	10.5	9.1
ベナン	1960	120	870	820	6.6	2.2	2.2
ボツワナ	1966	150	6,640	6,610	8.3	17.1	17.4
ブルキナファソ	1960	90	650	640	5.0	1.7	1.7
ブルンジ	1962	70	280	280	3.9	0.7	0.7
カーボヴェルデ	1975	n.a.	3,150	2,970	n.a.	8.1	7.8
カメルーン	1960	170	1,350	1,200	9.4	3.5	3.2
コモロ	1975	n.a.	790	760	n.a.	2.0	2.0
コンゴ民主共和国	1960	250	430	420	13.8	1.1	1.1
コンゴ共和国	1960	210	2,350	1,710	11.6	6.1	4.5
コートジボアール	1960	290	1,490	1,520	16.0	3.8	4.0
赤道ギニア	1968	n.a.	9,190	6,550	n.a.	23.7	17.2
エチオピア	—	n.a.	600	660	n.a.	1.5	1.7
ガボン	1960	570	8,010	7,210	31.5	20.7	19.0
ガンビア	1965	110	450	440	6.1	1.2	1.2
ガーナ	1957	250	1,470	1,380	13.8	3.8	3.6
ギニア	1958	n.a.	490	490	n.a.	1.3	1.3
ギニアビザウ	1973	n.a.	610	620	n.a.	1.6	1.6
ケニヤ	1963	130	1,310	1,380	7.2	3.4	3.6
レソト	1966	90	1,300	1,210	5.0	3.4	3.2
リベリア	—	250	380	370	13.8	1.0	1.0
マダガスカル	1960	180	420	400	9.9	1.1	1.1
マラウィ	1964	60	340	320	3.3	0.9	0.8
マリ	1960	60	760	750	3.3	2.0	2.0
モーリタニア	1960	190	1,230	1,120	10.5	3.2	2.9
モーリシャス	1968	n.a.	9,780	9,760	n.a.	25.2	25.7
モザンビーク	1975	n.a.	590	480	n.a.	1.5	1.3
ナミビア	1990	n.a.	5,260	4,620	n.a.	13.6	12.2
ニジェール	1960	150	390	370	8.3	1.0	1.0
ナイジェリア	1960	170	2,870	2,450	9.4	7.4	6.4
ルワンダ	1962	60	710	700	3.3	1.8	1.8
サントメ・プリンシペ	1975	n.a.	1,700	1,730	n.a.	4.4	4.6
セネガル	1960	250	980	950	13.8	2.5	2.5
セーシェル	1976	350	14,680	15,410	19.3	37.9	40.6
シエラレオネ	1961	160	550	490	8.8	1.4	1.3
南アフリカ	1961	790	6,090	5,480	43.6	15.7	14.4
南スーダン	2011	n.a.	820	n.a.	n.a.	2.1	n.a.
スーダン	1956	170	2,000	2,140	9.4	5.2	5.6
スワジランド	1968	n.a.	3,130	2,830	n.a.	8.1	7.4
タンザニア	1961	n.a.	910	900	n.a.	2.3	2.4
トーゴ	1960	130	540	540	7.2	1.4	1.4
ウガンダ	1962	n.a.	680	660	n.a.	1.8	1.7
ザンビア	1964	450	1,560	1,300	24.9	4.0	3.4
ジンバブエ	1980	400	960	940	22.1	2.5	2.5
ブラジル	1822	450	10,080	8,840	24.9	26.0	23.3
日本	—	1,810	38,780	38,000	100.0	100.0	100.0
韓国	1948	280	27,250	27,600	15.5	70.3	72.6
アメリカ	—	5,360	56,070	56,180	296.1	144.6	147.8

資料：世界銀行データベース。

まず1970年について見てみよう。日本の高度成長期は1950年代末から1970年代初めだから、1970年という年はそろそろ高度成長が終わろうとしている頃だ。[3] 1970年で目に付くのは、韓国の所得水準だろう。280ドル。日本の所得の6分の1弱。1970年の南アフリカ、ガボン、ザンビア、ジンバブエ、セーシェル、コートジボアールの所得は、韓国より高い。朴正熙のクーデターが1961年5月、韓国の第1次5カ年計画がスタートしたので1962年だ。1970年というと、韓国が重工業化を志向した第3次5カ年計画の準備が進められていた頃だ。2016年のジンバブエの所得は940ドル。これに対して韓国は2万7600ドル。このパフォーマンスの違いは、開発経済学、開発政策論として興味深い。

1970年のサブサハラ・アフリカ諸国を見ると、一番所得が高いのが南アフリカの790ドル。一番貧しいのは、マラウィ、マリ、ルワンダの60ドル。格差は13倍だ。一方、2016年を見ると、一番所得が高いのはインド洋に浮かぶ小さい島国セーシェルの1万5410ドル。一番貧しいのは、ブルンジの280ドル。格差は55倍だ。[4] 格差が広がっているということは、経済成長パフォーマンスのバラツキがあることを示唆している。

経済成長論に「収斂」という仮説がある。乱暴に言えば、「経済発展の初期に貧しい国の方が、経済成長率が高くて豊かな国に追いつく」という仮説だ。常識で考えても、そんなことが無条件に実現するわけはないと思うだろう。もし無条件に「収斂仮説」が実現するなら、世界中みんな豊かな国になってしまう。「収斂仮説」は、ある条件が満たされたときに実現すると考えるべきだろう。ガーシェンクロンの「後発性の利益」とも相通ずるモノがある。[5]「収斂仮説」を厳密に実証するのは難しい

図10-1　1970年の所得と年平均成長率（1970-2015）

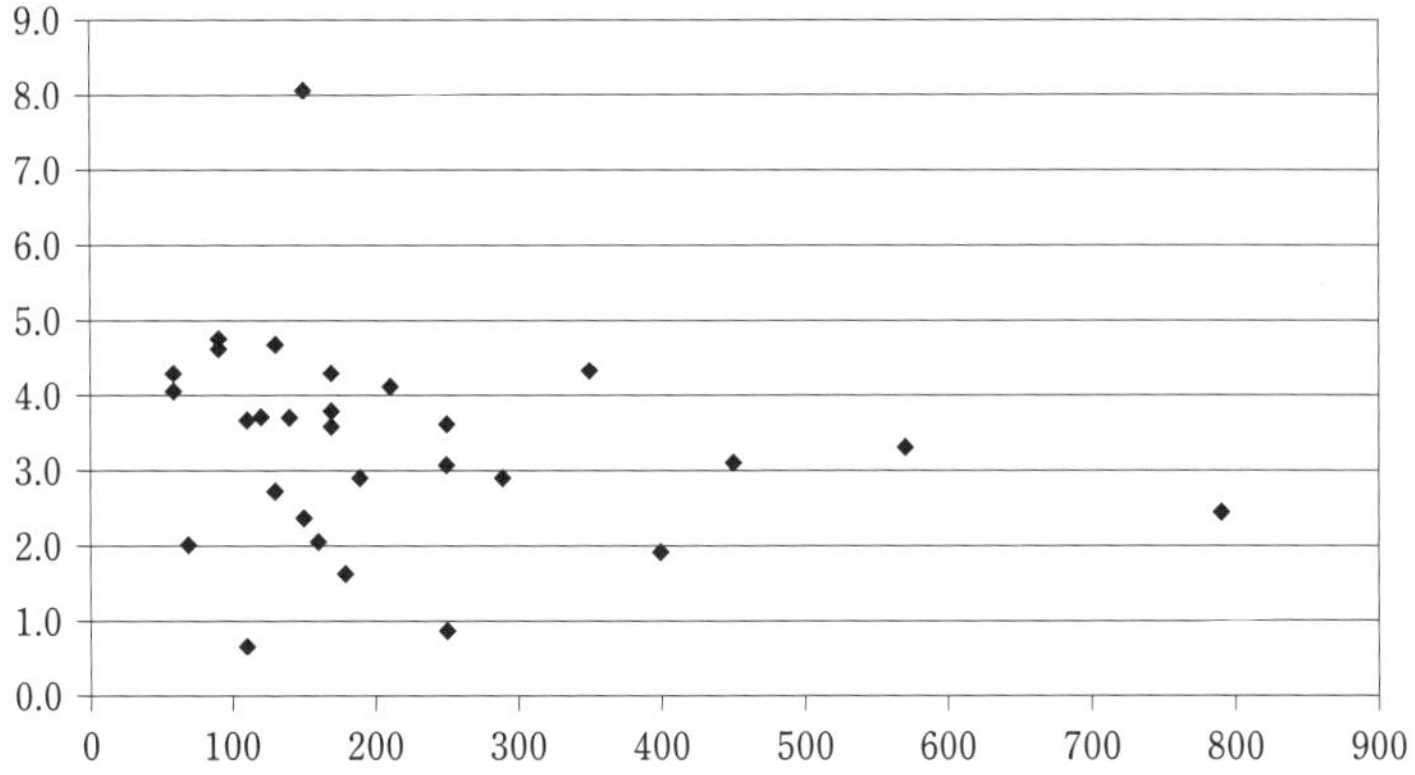

資料：世界銀行データベース（WDI）。

が、サブサハラ・アフリカの国のうち「１９７０年の所得水準」と「１９７０年―２０１４年の年平均成長率」のデータがとれる30か国について散布図を書いてみた（図10－1）[6]。突出して成長率が高い国はボツワナ（８・１％）。収斂仮説通りマイナスの関係だけど、統計的に有意ではない。

われわれは、貧困削減を実現するのは経済成長だと考えている。「Growth is good for the poor」（経済成長は貧しい人たちに優しい）だ。[7] 貧困関連のデータはとりにくい。多くの国で時系列ではとれないし、世界銀行のデータベース（ＷＤＩ）で断片的な数字がとれるのも１９８１年からである。サブサハラ・アフリカの貧困人口比率（ここでは１日１・90ドル以下で生活している人の割合）[8]がＷＤＩに登場するのは１９９０年で54・３％。21世紀に入っても２００２年で55・６％、２００８年47・０％、データがとれる最新年の２０１３年でも41・０％であった。

東アジアの貧困人口比率がとれる一番古い年は

図 10-2　サブサハラ・アフリカの就学率と平均余命

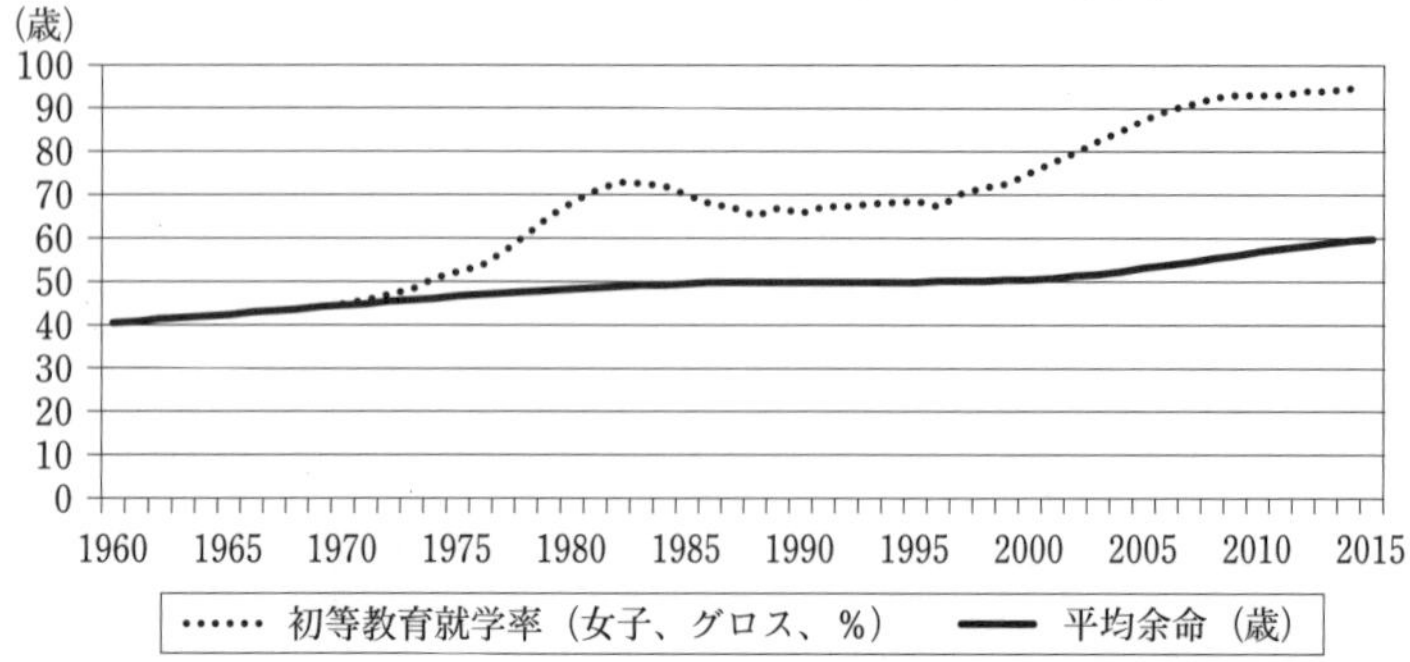

資料：世界銀行データベース（WDI）。

図 10-3　南アジアの就学率と平均余命

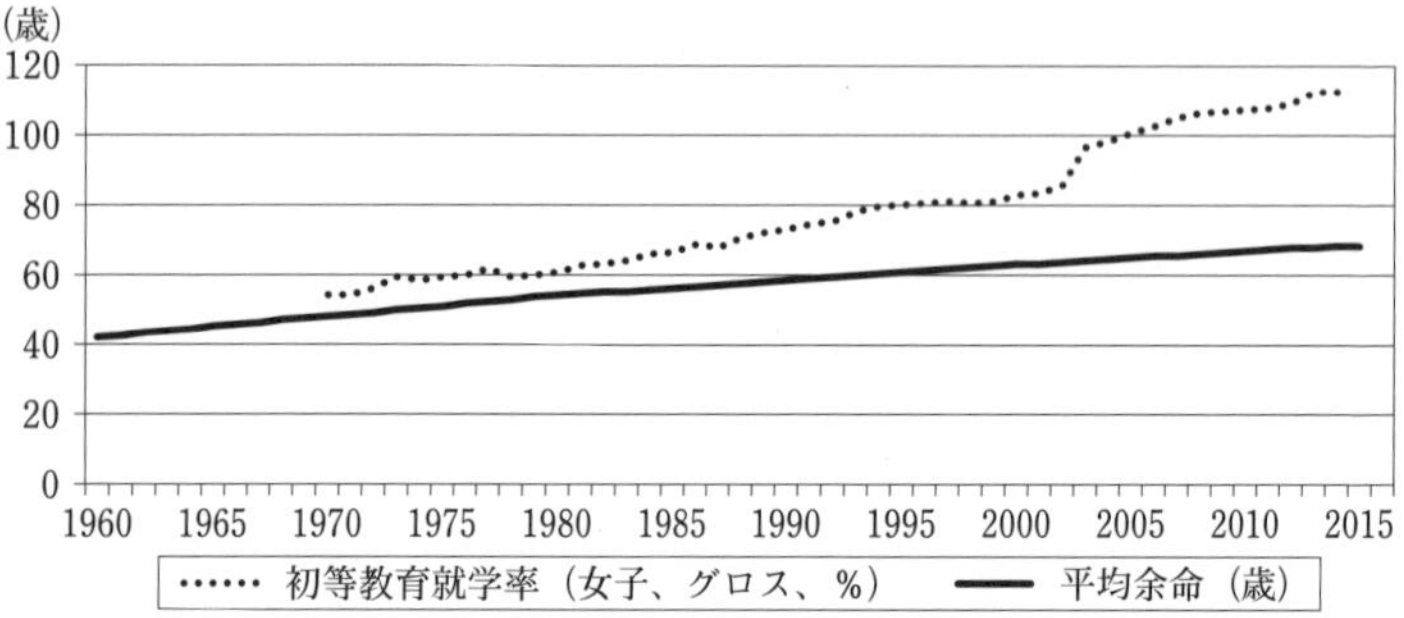

資料：世界銀行データベース（WDI）。

表 10-2　サブサハラ・アフリカ諸国の人口分布（2016 年）

（単位：人）

人口計	1,033,106,135
最大人口（ナイジェリア）	185,989,640
最少人口（セーシェル）	94,677
平均値	20,040,988
中央値（24 位：ギニア）	12,395,924
中央値（25 位：南スーダン）	12,230,730

資料：世界銀行データベース（WDI）。

1981年で80・5％。[9] それが、1984年には70・0％、1990年には60・2％に低下したが、それでも東アジアの貧困人口比率は、上述のように、同じ年のサブサハラ・アフリカの貧困人口比率よりも6％ポイントも高い。しかしだ。東アジアの貧困人口比率は1996年には40％を切り、2002年には30％を切り、2005年には20％を切った。2013年は3・5％である。これは中国とインドの高い経済成長によってもたらされたことは間違いない。

経済成長や所得水準は、経済発展を考える上で大事な指標だが、社会指標についても見ておこう。**図10－2**はサブサハラ・アフリカの平均余命と初等教育就学率の推移を見たものである。初等教育就学率は女子のグロスの数字をとった。就学率も平均余命もサブサハラ・アフリカで着実に改善されている。しかし、これはアフリカがとても良いパフォーマンスを示しているとは読めない。南アジアについてサブサハラ・アフリカと同じ図を書いてみた。**図10－3**を見ると、南アジアの方がサブサハラ・アフリカよりパフォーマンスがいいことがわかる。[10]

アフリカには、大きい国も小さい国もある。2016年のサブサハラ・アフリカ諸国の人口分布が**表10－2**に示してある。一番人口が多いのはナイジェリアで1億8599万人。最も人口が少ないのはセーシェルで9万4677人である。アフリカは若い大陸だ。**図10－4**はサブサハラ・アフリカの2017年の人口ピラミッドである。多くの読者が知っているように、最近の日本の人口ピラミッドは「釣り鐘型」だ。**図10－4**のような人口ピラミッドは、日本で言うと1950年頃の形だ。[11] **図10－5**は、地域別の人口増加率の推移を見たモノである。1960年代、中東や中南米の人口増加率はサブサハラ・アフリカより高かったが、トレンドとしては低下傾向にある。サブサハラ・アフリカの人口

図 10-4　サブサハラ・アフリカの人口ピラミッド（2017 年）

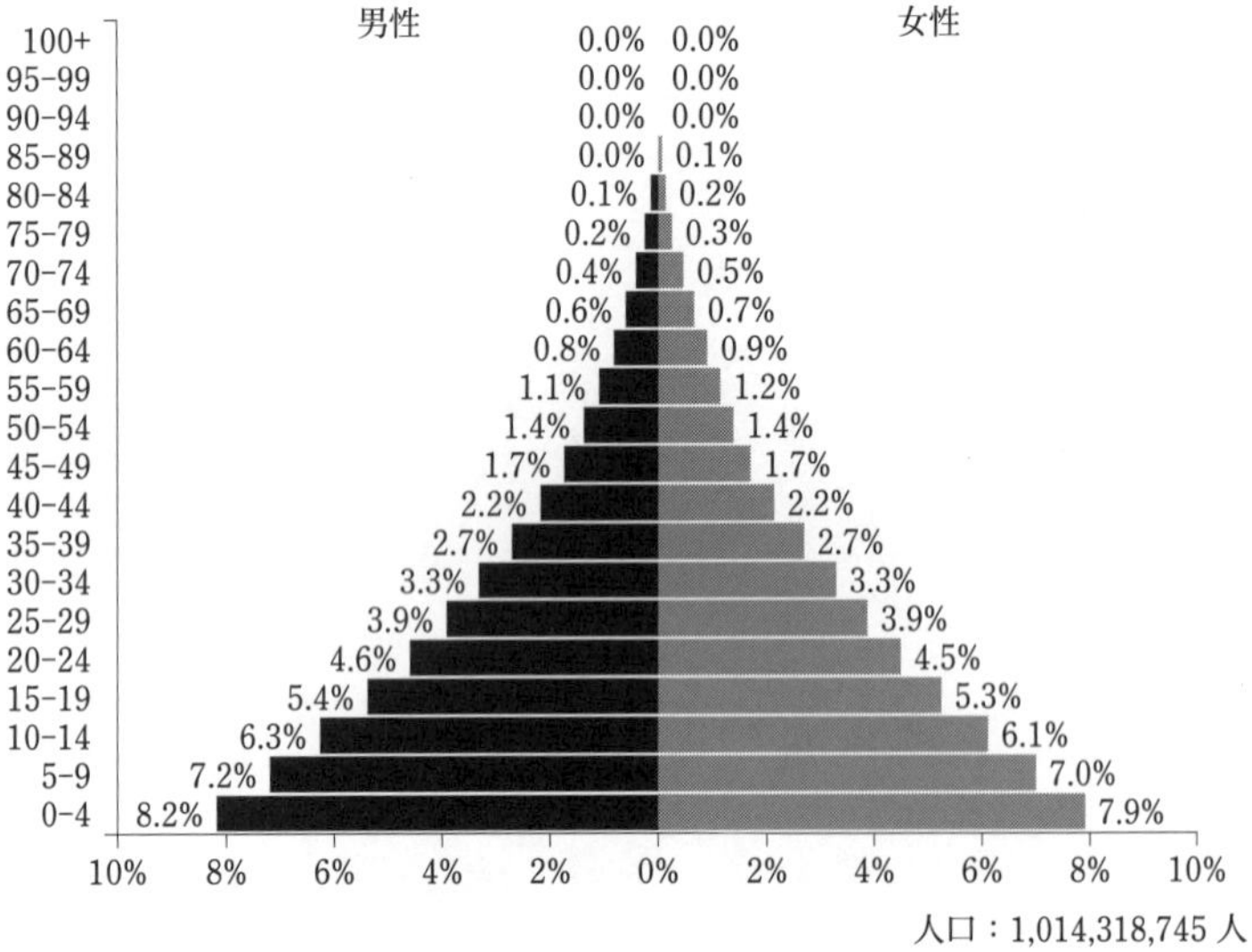

出所：https://www.populationpyramid.net/

図 10-5　地域別人口増加率

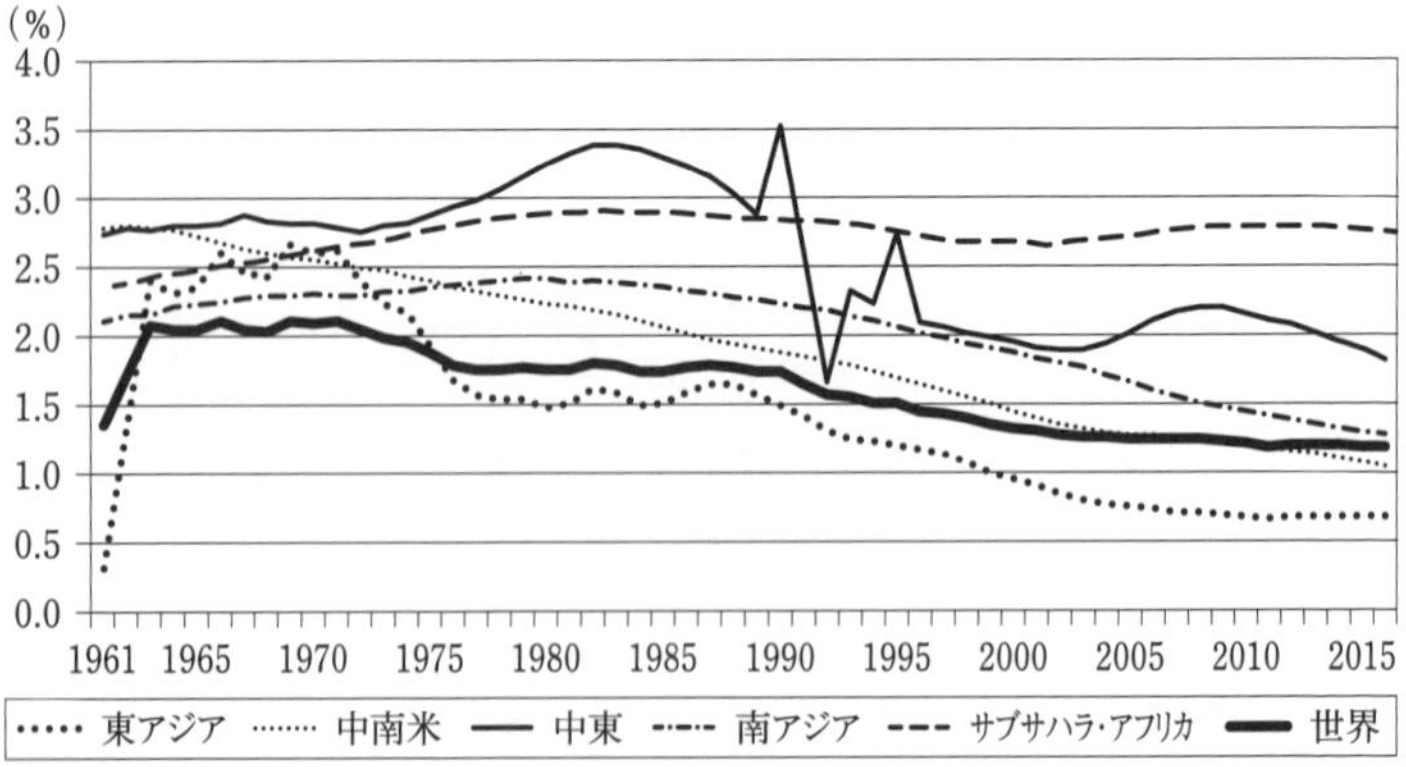

資料：世界銀行データベース（WDI）。

増加率だけが、2%台後半で推移していて、今のところ低下傾向は見られない。

2 資源の呪い

図10－6は、世界銀行のデータベース（WDI）からとったサブサハラ・アフリカの経済成長率を描いたモノである。比較のため世界全体の成長率も描いてある。リーマンショック時を除けば、サブサハラ・アフリカの経済成長率の方が世界平均の成長率より変動が大きい。一次産品価格の変動が大きいことはよく知られている。この図だけで断言することはできないが、サブサハラ・アフリカの一次産業依存の高さが経済成長率の大きな変動をもたらしていることは十分考えられる。インフレ率も、サブサハラ・アフリカのトレンドは、1994年を除いて世界のインフレ率のトレンドと大差ない（**図10－7**）。

ある発展段階で自然資源に依存するのは悪いことではない。しかしいつまでも石油や一次産品に依存し続けていては、持続的経済発展は望めない。その意味で、「資源の呪い（resource curse）」という仮説は、かなりの程度現実的だと言っていい。Frankel（2012, Figure 1）は、1970年から2009年の経済成長率と一次産品輸出依存度の関係をプロットしていて、緩やかなマイナスの相関がある。因果関係を証明するのは難しいが、示唆に富んでいる。

「資源の呪い」は、ちょっと見には逆のように見えるが、資源、特に石油・天然ガスを産する国が、自然資源豊富であるがゆえに、自然資源希少な国に比べて経済成長に不利である、という仮説だ。[12]

図 10-6　サブサハラ・アフリカの経済成長率

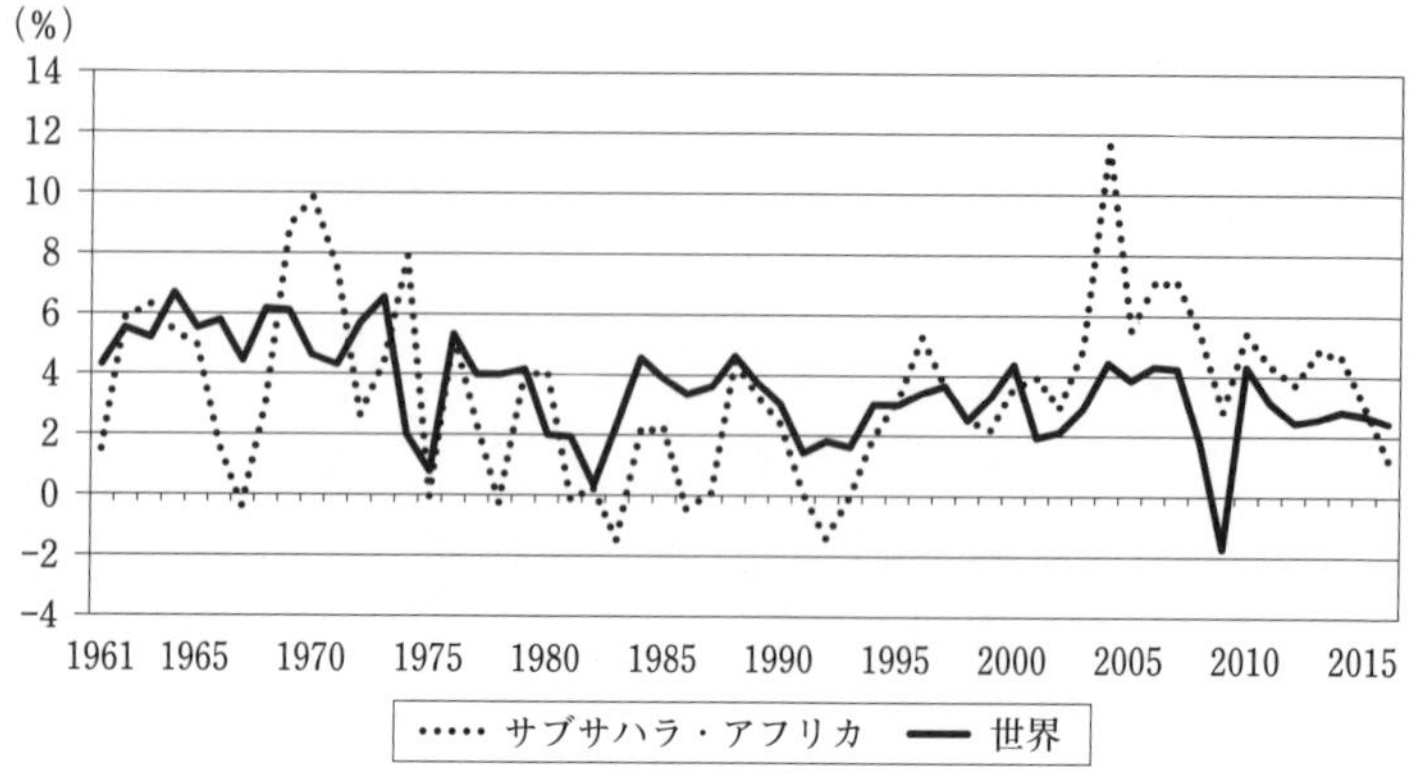

資料：世界銀行データベース（WDI)。

図 10-7　インフレ率の推移（GDP デフレーター）

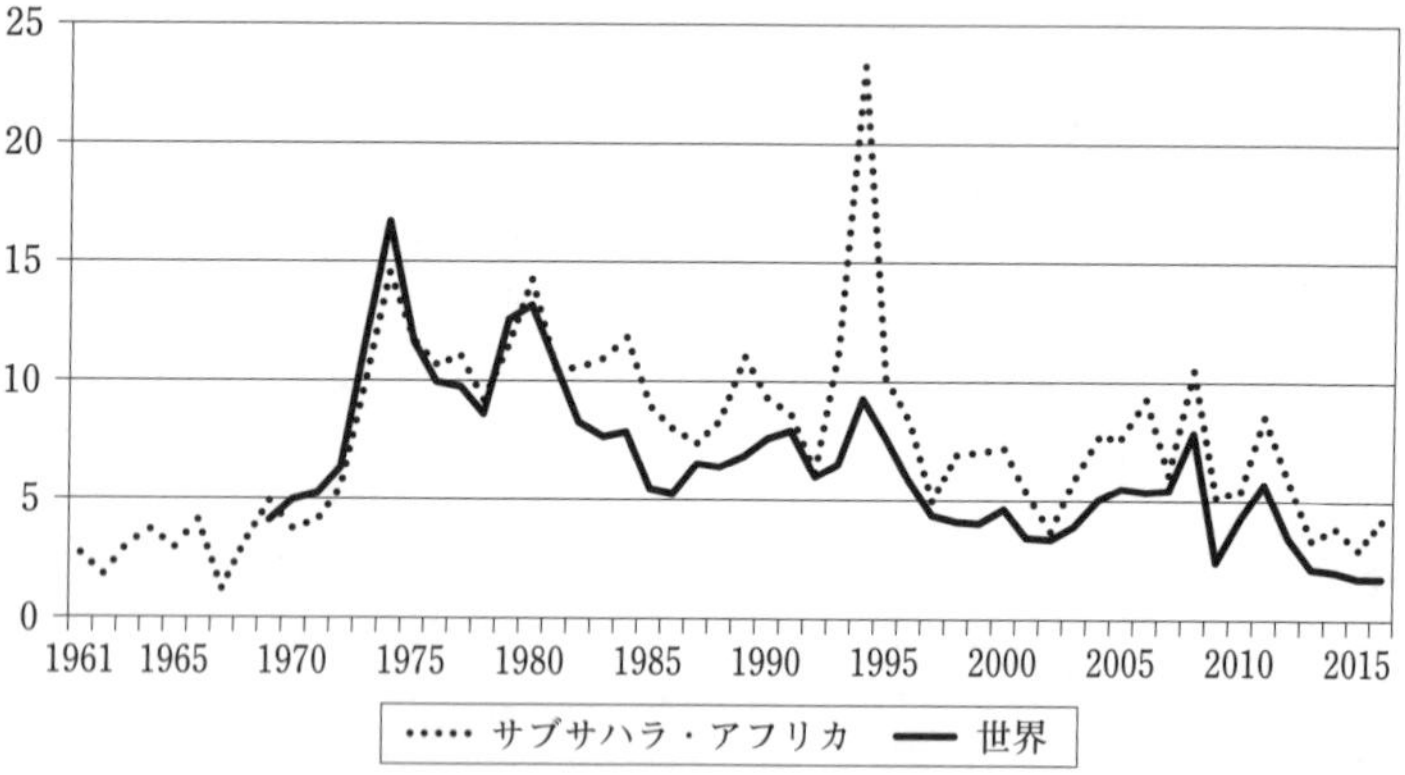

資料：世界銀行データベース（WDI)。

図 10-8　燃料輸出比率（%）と所得水準（ドル）（2015 年）

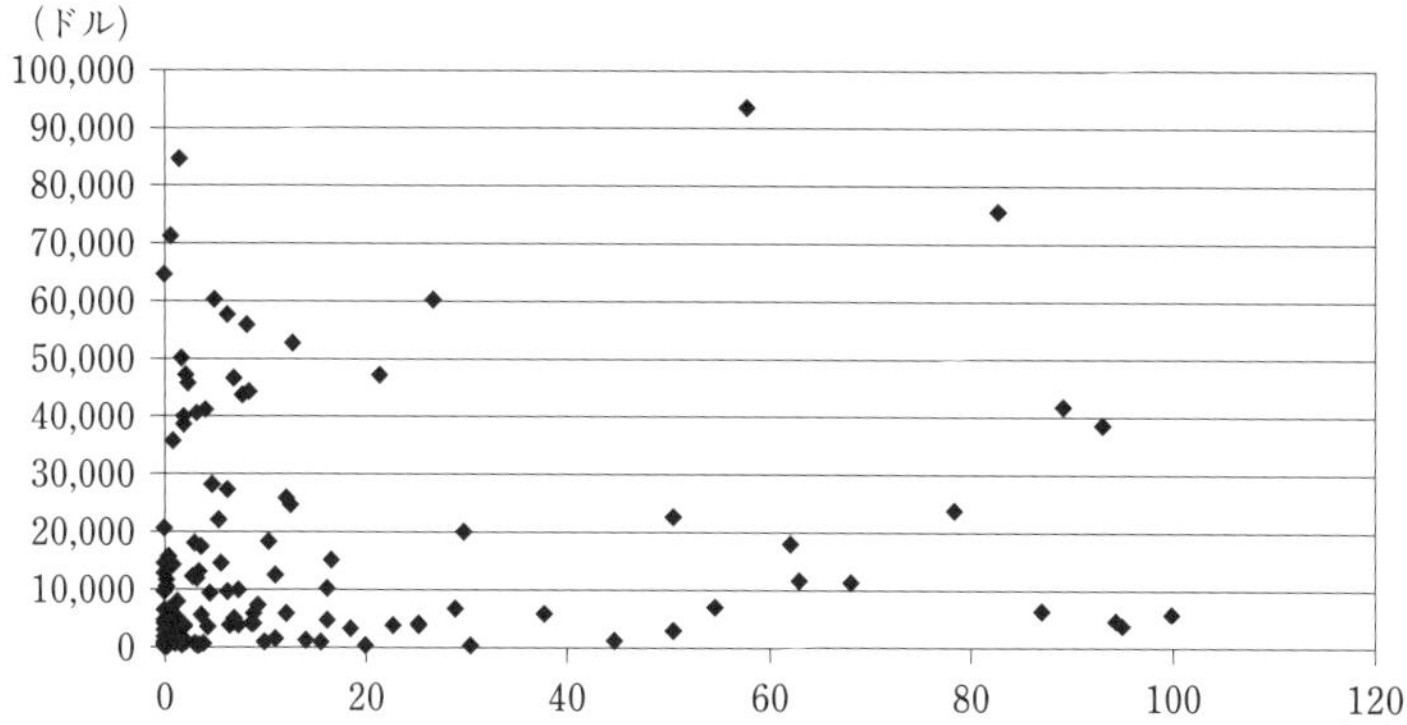

資料：世界銀行データベース（WDI）。

図10－8はこのことを確認しようとして、2015年の石油輸出比率（燃料輸出の総輸出に対する%）と所得水準（1人当たりGNI）の関係を見たものである。[13] しいて言えばプラスの相関だが、統計的に有意な関係はない。

石油や鉱物資源が豊富なことは、経済発展にも良くないし、民主主義の普及にも悪いと主張する論者は多い。自然資源が豊かだと、経済発展に必要な開放的で市場経済型経済運営、政治的自由といった制度発展や価値観が阻害されるというわけだ（Birdsall and Subramanian 2004）。

Birdsall and Subramanian（2004）によれば、石油・天然ガス輸出が少なくとも総輸出の3割以上を占める34の途上国について見ると、[14] 自然資源が豊かであるにもかかわらず34か国中12か国は年間所得が1500ドル未満であり、国民の半分くらいが1日1ドル未満で暮らしている。さらに34か国の3分の2が民主体制でなく、わずか3か国（エクアドル、サントメ・プリンシペ、トニダッド・トバゴ）だけが、Freedom House の「政治的自由」ランキングの上位半分のスコアをとっているにすぎない。

表 10-3　地域別の燃料輸出比率（2014 年）

（単位：％）

アラブ諸国	69.2
中東・北アフリカ	64.6
ヨーロッパ・中央アジア	48.7
サブサハラ・アフリカ	40.2
南アジア	17.6
北アメリカ	15.1
中南米	12.8
東アジア・太平洋諸国	7.7
世界	15.3

資料：世界銀行データベース（WDI）。

同じような論旨で Friedman（2005, p. 460）は、ヴェネズエラ、ナイジェリア、サウジアラビア、イランで民主主義が根付かない最大の理由は石油だと論じている。地面を掘れば、金が入ってくるのだから、専制君主や独裁者は国民の能力を高めようなんてことは考えないと言うのだ。石油収入で軍隊・警察・諜報機関を維持できるのだから、国民に自由を与える必要もない。このことをよく言われる言葉をもじって、*Without taxation, there is no representation* と言っている。

ヨルダンは、石油の出ない国だが近隣のアラブ諸国から石油の援助を受けていた。それが１９８９年のオイル・グラットで近隣アラブ諸国からの石油援助が期待できなくなり、教育制度の向上、民営化、近代化、経済の規制緩和を開始したという事実は重要だと、トム・フリードマンは言う。ヨルダンが１９９９年にアメリカと自由貿易協定を結んだときの対米輸出は１３００万ドルだったが、２００４年には10億ドルを超えているという。当時のバセム・アワダッラー計画大臣は「危機に直面して改革の必要性を知ったのだ」と言ったという（Friedman 2005, pp. 461–462）。

ヨルダンの計画大臣のこの言葉は先進国途上国を問わず、どこ

表 10-4　地域別鉱石・金属輸出比率（2014 年）

（単位：%）

サブサハラ・アフリカ	15.4
中南米	12.7
北アメリカ	4.1
東アジア・太平洋諸国	3.8
ヨーロッパ・中央アジア	3.2
南アジア	2.8
アラブ諸国	2.2
中東・北アフリカ	2.0
世界	4.1

資料：世界銀行データベース（WDI）。

の国にも当てはまるだろう（Kimura and Kohama 1998, pp. 150–151）。こう見てくると、日本や韓国は「幸運なことに」自然資源に恵まれなかったと言うことになるのだろう。

サブサハラ・アフリカの資源依存度は高い。2014年の世界銀行データ（WDI）で見ると、サブサハラ・アフリカの燃料輸出比率[15]は40・2%で、アラブ諸国の69・2%に次いで高い（**表10－3**）。鉱物・金属輸出比率[16]はサブサハラ・アフリカが15・4%で一番高い。次に鉱物・金属輸出比率が高い地域は中南米で12・7%である（**表10－4**）。

ここでの作業仮説は、いかにして豊かな自然資源賦存という有利な「自然からの贈り物」を利権争いに使わずに、長期的・持続的経済発展に繋げることができるかが、アフリカの将来を決めるだろうと言うことである。

順調に経済が発展するということは、当たり前のことだが、動態的な比較優位にしたがって経済構造転換がうまく実現するにかかっている。動態的な比較優位は、資本、労働、技術、制度などによって決まってくる。この点については、Acemoglu and Robinson（2012）、Lin（2012）などを参照。

3　経済発展は不断の構造調整[17]

経済発展とは「庶民の暮らし」がよくなることだ。経済発展を考える上で、経済成長率は大事な指標だが、所得分配が悪化していては、いくら経済成長率が高くても庶民の生活は良くならないかもしれない。GDPは、必ずしも一国の厚生水準を表す指標ではない。[18]同じように、経済発展水準を考える上で1人当たり所得は大事な指標だが、所得水準だけで経済発展水準を考えることはできない。

経済発展はさまざまな変数によって規定される。ロストウの真意はわからないが、彼の「経済発展段階論」で「離陸（テイクオフ）」の条件を貯蓄率・投資率の急上昇に注目したことから、「一変数アプローチ」との批判がある。経済発展の段階論をとりながら「一変数アプローチ」と発想を画して「多変数アプローチ」が現実的であると考え、「経済発展局面移行」という表現を使う論者もいる。「経済発展局面移行論」については、大川・小浜（1993、第I部）参照。

経済発展は構造変化が連続する過程である。政策的意味合いを込めて言えば、「不断の構造改革」が持続的経済発展を実現する。[19]ロストウの一連の著作で人口に膾炙した「経済発展段階論」で言えば、構造変化を伴ってある発展段階から次の発展段階に移行する過程だ（Rostow 1960）。発展局面と言っても発展段階と言ってもいいが、経済発展局面の移行は、言ってみれば量的拡大ではなく異なる性質を持った経済社会構造に移行することだ。

経済発展のある局面から次の局面への移行は、自動的量的拡大による移行ではない。さまざまな障害を解決しつつ経済的政治的社会的に見て質的に異なる局面に移っていくことだ。例えば、1人当たり所得が上がることは、ある意味経済発展の大目的だろう。生産性が上がらずに賃金だけが上がって産業構造が変化しなければ国際競争力は低下する。アフリカや中南米のように高生産性部門から低生産性部門に生産要素が移動する例まである。[20]

Gill and Kharas (2007, pp. 17-18) は、(i) 産業構造をより高度化しなくてはならない、(ii) それまでの物的投資でなく、よりイノベーションが重要となる、(iii) より高度な経済社会に求められる人材育成のために広い意味での教育制度を改善しなくてはならない、と述べている。さらに、それまでのように生産要素蓄積による経済発展を追求していては「罠」から脱することはできない。単純な規模の追求ではなく、新たな貿易構造、アイディアとイノベーションの導入、新しい金融システム、効率的な都市の拡大を伴う規模経済の追求が必要だと言う。

経済発展水準、経済発展のスピードを決めるのは、複雑に絡み合った「国内要因」と「対外要因」である。世界経済との関係も重要だし、政治状況も影響するし、国内の制度も重要だ。[21]

4 植民地主義・資源・まともな政府

「赤鼻のおじさん」が10年くらい前に書いた一般向けの本で、チャドについて興味深いエピソードを紹介している。２００４年、チャドの大蔵省は農村の健康改善のための予算がどれくらい農村の診療所に届いているかの調査を実施したという。予算がうまく使われているかの調査ではなくて、ただ単に中央政府の予算がどれくらい農村の診療所に届いたかという調査だという。驚くなかれ、農村の診療所に届いた予算は、中央政府が送った額の1％以下だったという（Collier 2007, p. 66）。

このエピソードをどう考えるか。人種差別論者は、「だからアフリカの土人は駄目なんだ」と思うかもしれない。[22] マーガレット・サッチャーは、「我々が彼らを文明化した」と植民地主義を合理化したし、戦前イギリスで初めてノーベル文学賞を受賞したキプリングは、「白人の責務」という詩を書いている。[23]

でもちょっと歴史を振り返れば、「時間がかかるだけだ」と思う人もいるだろう。幕末の日本にタイムスリップしてみよう。江戸幕府は幕末、長崎で海軍教育を始め、オランダにその指導を要請した。第二次教育班の長カッテンディーケは、興味深い日記を残している。そこにはたくさんの興味深い記述があるが、日本人の時間の観念のなさ、約束を守らないなど、今では考えられない日本人の性癖も指摘されている（カッテンディーケ 1964, pp. 56–58）。[24]

今のジンバブエは、サブサハラ・アフリカでも最もダメな国だろう。**表10－1**によれば、1970年ジンバブエの所得は日本の5分の1強だった。それが2016年では40分の1だ。小浜は、アフリカの専門家でもないし、ハラレも会議で一回しか行ったことがない。[25] Guest（2004）の受け売りだが、まともな政府ならジンバブエはもっといい国になっていたと思う。

植民地の遺制は大きい。御厨貴に言わせれば、明治日本は制度形成期で、いわゆる元勲たちは自分たちで制度をつくらなければならなかった。それで元勲たちは制度に対する愛着も人一倍強く、その制度を何とかして活かして行こうと頑張ったという（御厨・芹川 2016, p. 111）。幕末、司馬遼太郎風に書けば、幕府もフランスに国を売らず、薩長もイギリスに国を売らなかったから、今私たちが知っている日本の近代があるのだろう。幕府の要人も、倒幕派もアヘン戦争の教訓を心の奥底に沈殿していた[26]。明治大正期の日本の姿に関心の読者には、中村（2015）はとても面白い。こういう本が歴史なんだと思う。

植民地の分捕り合戦に狂騒した欧米列強は、アジアや中南米やアフリカの有色人種のことなど一顧だにしない。自国の利益のために有用だと思ったときだけ「黒い人間」や「黄色い人間」と仲良くする。植民地に住む「原住民」のことなど、まったく関心がない。字にできないが、欧米列強は「黒い人間」や「黄色い人間」は、どちらかというと動物に近いと考えていたとしか思えない酷いことをした。

アジアではまだ地勢や歴史を踏まえた国境が植民地でも維持されたが、アフリカ大陸の国境は、ビスマルクが提唱した１８８４—85年のベルリン会議で、列強が勝手に線を引いたのだ。川でもない山脈でもない、適当に陣取りをしたから直線の国境なのだ[27]。

ポール・コリアーは、「どうすれば『資源の呪い』を克服できるか」という問いかけに、「解決策は、市民が、天然資源が生み出す収入について理解し、ルールと制度で政治権力の専制を防ぐしかない。南アフリカでは（資源高がもたらした成長の）貴重な機会が失われたことへの認識が広がっている。資源国がなぜいま苦境に陥っているか大衆が知ることは将来の発展にとって重要なプロセスとなる」と答えている（『日本経済新聞』２０１６年12月2日、第二部、11面）。確かにそのとおりだが、あくまで「プロセス」だ。

ボツワナのような「成功物語」が増えていけば[28]、アフリカの未来も明るいかもしれない。しかし、アフリカには依然一億人弱の児童労働が存在すると推計されている。[29] ワシントンポストは、2016年12月8日の社説で、「South Sudan could repeat Rwanda's horrors」(南スーダンはルワンダの悲劇を繰り返す可能性がある)と書いているが、そのような「失敗物語」が繰り返されないことを祈るのみ。

あとがき

「序章」にも書いたように、石川薫は、ある意味「アフリカの専門家」で、思い入れも強い。でも、日本の多くの「アフリカ専門家」とはえらく考え方が違うし、知見も異なる。あの「広いおでこの裏側」に、妙チクリンな知識がいっぱいいっぱいいっぱい詰まっているのだ。

小浜は、「アフリカ専門家」でもないし、アフリカに住んだこともない。と言うより、70年近く生きてきたが日本以外の国に住んだことはない。まあ、世間では開発経済の研究者ということになっているから、調査や研究のために多くの国に出かけた。数えたこともないが、100回とか200回は出張しているかもしれない。南米のある国には十数回行って、すべてホテル住まいだけど合計すると7か月くらいいた国もある。石川薫がカイロにいたとき、彼の家に何度か泊めてもらった[1]。一回などは、誘ってもいないのに妙な友だちまでくっついてきて、彼の家に泊めてもらった。思い起こせば、ロンドンでもパリでも石川薫とメシを喰ったと思う。

自分がバランスがとれた思考の持ち主だとは思わないが、石川薫の「妙チクリンなアフリカ論」を本にしたら、ちょっとは「世のため」になるかなと、まずは悪友の石川薫を騙してから、勁草書房の宮本詳三さんに話した。宮本さんは、あの容貌からは想像できないが、えらく過激だ。いつも「もっと過激に、もっと」と言われてる。[2]

記録を見ると、石川薫と宮本さんと田村町にあった居酒屋でこの本について相談したのは、2002年5月だ。「仕事が遅い」のは人後に落ちない、おっといけねえ、そんなこと自慢しちゃいけないんだ。それにしても15年はなかなか。いつものことながら宮本さんには迷惑を掛けっぱなしだ。浅沼・小浜（2017）の「あとがき」にも書いたように、宮本さんとは長いつきあいだ。いつどこで初めて会ったか記憶は定かじゃないけど、『日本と発展途上国』（大川 1986）の出版打合せで当時渋谷にあった勁草出版サービスセンターで会ったことは確かだから、つきあいは30年を超える。

『「未解」のアフリカ』という書名も気に入っている。初めの頃、『「野蛮」なアフリカ』というタイトルも考えたが、「野蛮」という言葉自体もそうだけど、ヨーロッパ人たちの方がよっぽど「野蛮」なのだから、内容にそぐわない。

最近次の本のために少し「幕末」の勉強をしている。井上（2006）は、19世紀半ば「未開」とされた黒人伝統文化には、欧米とちがって、少数を真に尊重するような独自の包容力があった。……反アパルトヘイト運動を支えた伝統文化の根強さは、まさに敬服に値する。それは、未開どころではない力量をもっていたのであり、欧米の文明を逆転したのである、と書いている（p. iii）。

ある時期まで仮題として『「未開」のアフリカ』にしていたが、それじゃあまりにまともすぎて、石川薫の「過激な」記述にそぐわない。何しろ「常識人の小浜さん」がビックリするくらい「ヨーロッパ史観の欺瞞と傲慢」を、これでもかこれでもかと書いているのだ。

頭を柔らかくして、教科書を盲信しないで、世界の歴史を勉強してきたつもりだけど、石川薫の原教育の罠にはまっていたかと思うことがある。

稿を読んでいると、「おとなしくて従順な小浜さん」[3]も「ヨーロッパ史観」に毒された日本の世界史教育の罠にはまっていたかと思うことがある。

何はともあれ、この妙な本が、出版にこぎ着けることができてほっとしている。畏友石川薫は「はしがき」に「叱咤激励」と書いているが、小浜さんとしては、「そっとやさしくリマインド」しただけだと思っている。数年前、高校の先輩が本の「はしがき」かなんかに、「小浜教授の叱咤激励、というよりも叱咤オンリーも本書の完成に大きく貢献した。いつもわたしの方が後輩であるかのような錯覚を起こさせる小浜教授の叱咤であるから、とても効くのである」と書いていたのを思い出す（大来 2010, p. viii）。

明治以来の「ヨーロッパ史観」に基づいた日本の世界史教育に影響された人たちが、この本を読んで、アフリカの歴史や現実に目を向けてくれればとても嬉しい。第10章に「まともな政府ならジンバブエはもっといい国になっていたと思う」と書いた。大統領が替わって、ジンバブエの庶民の暮らしもよくなるといいなあと思う。

2017年11月

小浜裕久

著者紹介

石川　薫（いしかわ　かおる）

1972年　東京大学法学部卒業
1973-74年　ポワティエ大学留学
1974-75年　仏国立行政学院 ENA 留学
外務省入省，エジプト，ジュネーヴ，ザイール（現コンゴ民主共和国），英，仏の海外勤務，国際社会協力部長，東京大学客員教授，経済局長，エジプト大使，カナダ大使などを経て（この間アフリカ大陸7年半在住）
現在　川村学園理事，川村学園女子大学特任教授，国際教養大学客員教授など
著書　『アフリカの火―コンゴの森ザイールの河』（学生社，1992年）；『統合 EC のすべて―ポイント早わかり』（編著，日本経済新聞社，1992年）；*Nation Building and Development Assistance in Africa* (Macmillan Press Ltd., 1999)；*External Factors for Asian Development*（共著，Institute of Southeast Asian Studies, 2003）；『61人が書き残す橋本龍太郎』（共著，文藝春秋社，2012年）；*The Challenge of Making Cities Livable in East Asia*（共著，World Scientific, 2016）
訳書　『貧困なき世界』（ジャスティン・リン著，小浜裕久監訳，東洋経済新報社 2016年）（共訳）

小浜　裕久（こはま　ひろひさ）

1974年　慶應義塾大学大学院経済学研究科修士課程修了
現在　静岡県立大学名誉教授
著書　*Lectures on Developing Economies -Japan's Experience and its Relevance*, Tokyo: University of Tokyo Press, 1989 (with Kazushi Ohkawa)；『日本の国際貢献』勁草書房，2005年；*Industrial Development in Postwar Japan*, London: Routledge, 2007；『近代経済成長を求めて―開発経済学への招待』勁草書房，2007年（浅沼信爾氏と共著）；『ODA の経済学（第3版）』日本評論社，2013年；『途上国の旅：開発政策のナラティブ』勁草書房，2013年（浅沼信爾氏と共著）；『ODA の終焉：機能主義的開発援助の勧め』勁草書房，2017年（浅沼信爾氏と共著）など。
訳書　『エコノミスト南の貧困と闘う』東洋経済新報社，2003年（共訳）；『傲慢な援助』東洋経済新報社，2009年（共訳）；『援助じゃアフリカは発展しない』東洋経済新報社，2010年（監訳）；など。

索　引

カ　行

サ　行

タ　行

ナ　行

ハ　行

マ　行

ヤ　行

ラ　行

ワ　行

注

序章

1『途上国の旅：開発政策のナラティブ』は、いくつかのの途上国がそれぞれ異なった「地理と歴史」という重荷を抱えながら、どのような開発戦略と政策を追求してきたかの物語だ（浅沼・小浜 2013)。この点については、浅沼・小浜（2017）も参照。
2 大きな図書館や大学の図書館で、アメリカやイギリスの新聞・雑誌を読むことができるだろう。小浜は、*Financial Times* と *The Economist* を購読している。
3 *Why Nations Fail*（Acemoglu and Robinson 2012）は、経済発展に関心のある向きにはとても面白い。内容的には難しくないが、何しろ500頁を超える大部の本だから、電車の中で読んだり寝っ転がって読むには向かないかもしれない。2013年にはペーパーバックが出たし、キンドルだと1000円しない。翻訳には「文庫版」もある。同書については、浅沼・小浜（2013、終章）も参照。
4 ヘーゲルだけでなく、近代ヨーロッパの史観では、アフリカは「歴史なき大陸」と認識されていた。奴隷制はよくないが、アフリカの黒人がアメリカに「輸出」されて、アフリカでの生活よりも改善されたという考え方もあった。しかし、学生時代キンドルバーガーの『経済発展論』を読んだが、「白人であれ黒人であれ黄色人種であれ、人種・民族による能力の違いはない」という記述が印象に残っている。
5 以下の記述は、一部小浜（2015）によっている。
6「衛星写真」、「朝鮮半島の衛星写真」で検索すると見ることができる。わかりやすい経済成長理論の入門書である Jones and Vollrath（2013）の表紙が、まさに朝鮮半島の夜の衛星写真だ。Easterly（2013, p. 267）にも同じような写真がある。
7 Gross Domestic Product Estimates for North Korea for 2014, Press Release, July 17, 2015、Bank of Korea.
8「庶民」という言葉は、古代から使われているらしい。網野（2012、p. 59）参照。
9 具体的には1648年としている。これは三十年戦争を締めくくったウェストファリア条約が締結された年であり、探検史ではロシア人セミョン・イヴァノヴィッチ・デジニョフがアジア北東端のチュクチ半島のデジニョフ岬に到達し

た年である。
10 コロンブスが「アメリカを発見」したのと同じ意味での「発見」。
11 この点に関心の読者は、Kremer (1993)、Becker, Glaeser, and Murphy (1999)、Galor and Weil (1999) などを参照。
12 以下の記述は、一部小浜（2005、第5章）によっている。
13 その経緯について関心があれば、Halberstam (2002) を読んで下さい。武力介入が行き過ぎても行けないし、武力介入に逡巡しても行けないという、「国際政治の難しさ」の一端を知ることができるだろう。
14 マーシャルは、「Furthermore, the people of this country are distant from the troubled areas of the earth and it is hard for them to comprehend the plight and consequent reactions of the long-suffering peoples, and the effect of those reactions on their governments in connection with our efforts to promote peace in the world.」と言っている。「マーシャル・プラン」「Marshall Plan」で検索すると、スピーチの原文を読むことができる。

第1章

1 筆者（石川）はここでタゴールの「アジアは一つ」を論じているのではない旨念のため付言したい。
2 http://www.tbs.co.jp/heritage/1st/archive/20010429/onair.html、「世界遺産ARCHIVE SITE INFO 第250回 2001年4月29日タッシリ・ナジェール（アルジェリア）」。
3 これがフツ族とツチ族の出会いである。今日、他に類を見ない大虐殺となったルワンダの惨劇においては、もとより虐殺を行った側（フツ族）は糾弾されるべきではあるが、しかし、ここにおいても勝者であるツチ族とそれを応援してきたイギリスによって書かれているストーリーが本当にすべてなのであろうか、虐殺のきっかけとなったハビヤリマナ大統領（当時）搭乗機撃墜の本当の犯人は誰なのか、その際使われた地対空ミサイルは誰が渡したのか、カガメ（現ルワンダ大統領）はなぜウガンダのある北から攻めてきたのか、なぜイギリスは自国民を虐殺していたイディ・アミン・ダダ（ウガンダの元独裁者）をさえかつて支持し、今はムセヴェニ（現ウガンダ大統領）を支持し続けているのか、従来フランス語を公用語としていたルワンダが英語の英連邦に入ったのはなぜなのだろうか、単にカガメがウガンダに亡命していて英語に堪能だからなのだろうか、ムセヴェニの右腕であったカガメがザイール（現コンゴ民主共和国）に攻め込んだのはなぜか、ザイールのモブツ政権を倒したロラン・カビラ（コンゴ民主共和国初代大統領、後に暗殺され息子が引き継いだ）がムセヴ

ェニの盟友であったことは偶然なのだろうか。ルワンダの虐殺にいたる経緯とその後の大湖地域をめぐる実情と「国際正義」、それは歴史と正義は勝者が書くという典型的な事例ではないだろうか。

4 例えばルモンド紙の 'Modigliani l'Africain', 06/06/2009, jeanmichelneher という記事にも明らかである http://jeanmichelneher.blog.lemonde.fr/2009/06/06/modigliani-lafricain/

5 例えばジュンヌ・アフリク（JEUNE AFRIQUE）誌の、'Peinture: Picasso envoûté par les fétiches', と題する Léo Pajon 記者の 02 janvier 2015 à 17h36 付の記事は次のように報じている。http://www.jeuneafrique.com/35870/culture/peinture-picasso-envo-t-par-les-f-tiches/：'En 1907, au Musée d'ethnographie du Trocadéro, face à "l'art nègre", Picasso avoue avoir compris le sens de la peinture. Les trouvailles des artistes africains l'accompagneront pendant toute sa vie.'

6 https://www.margaretthatcher.org/document/107332

第2章

1 The British Museum, www.britishmuseum.org The Meroe Head of Augustus, 2016年8月11日アクセス。

2 Niane（1984), p. 8より筆者（石川）が邦訳。

3 BENEATH THE SURFACE? CONTEMPORARY AJAMI WRITING IN WEST AFRICA, EXEMPLIFIED THROUGH WOLOFAL Friederike Lüpke, Sokhna Bao-Diop SOAS, London, INALCO, Paris, Université Cheikh Anta Diop, Dakar http://eprints.soas.ac.uk/19019/1/03%20Luepke%20%2526%20Bao%20Diop%20clean.pdf#search='ajami+letters+in+west+africa' 2016年8月28日アクセス

第3章

1 Davidson（1991), p. 211より筆者（石川）が邦訳。

2 Shephard, Reid, and Shephard（1993), p. 71は、18世紀末には、大西洋の航海の途中での奴隷の死亡率は55%に上ったと指摘している。

3 http://genius.com/Nzinga-mbemba-afonso-i-letters-to-the-king-of-portugal-1526-annotatedより筆者（石川）が邦訳。

4 ルアンダでイエズス会宣教師が船積み前の奴隷たちの記録をつけていたほかはあまり資料がないため、何人のアフリカ人が連れ去られたのかは正確にはわからない。

5 Shephard, Reid, and Shephard（1993）, pp. 42-43 より筆者（石川）が邦訳。
6 Heinrich Barth（1821-65）、ドイツ人のアフリカ研究家、西スーダン諸国に滞在し、詳細な記録を残した。
7 http://www.wedgwood.jp/ww/heritage/jw/
8 http://www.bbc.co.uk/history/historic_figures/sharp_granville.shtml
9 Davidson は 'free republic of Palmares' と記している。Davidson（1991）, p. 219.
10 http://www.britanica.com/place/Palmares
11 このコラム執筆に当たり、佐藤（2008）を参考にした。
12 キャッサバのアフリカへの伝播については筆者（石川）のザイールなどの現地での観察のほか、主に児玉谷編（1993）、第2章「ザイール河口地域のキャッサバ生産に関する一考察—その伝播過程と商品化—」（武内進一）を参考にした。
13 http://www.fao.org/faostat/en/#data
14 http://www.jica.go.jp/topics/news/2012/20120712_01.html

第4章

1 Davidson（1991a）, pp. 126-127. 'a light of tolerance and social progress through centuries when Europe, impoverished, provincialized and almost illiterate, lay in distant battle and confusion.'
2 ピラミッドの下でナポレオンは配下の将兵に対して、'Quarante siècles vous contemplent!'（4000年が諸君を見つめている！）と檄を飛ばして士気を鼓舞した。
3 *Egypt handbook for travellers*（1898, p. 420, http://readux.library.emory.edu/books/emory:bsnpn/pages/emory:mrwfm/　2016年2月10日アクセス。
4 亡命から帰国してカイロで生活していたファルーク国王の甥は筆者（石川）に対し、「自分は革命のときにアレキサンドリアの離宮に王妃と共に滞在していた。その時ずかずかと離宮に入って来て、王妃に向かって『ここを出てあの船に乗れ』と命令した男がいた。誰あろう、アメリカ大使だった。」と述べた。当時、アメリカ合衆国は、ファルーク国王は退廃的でありこのままではエジプトが共産化してしまうと考えてこの革命を主導したと考えられている。いわゆるマッカーシー旋風の時代であった。
5 新約聖書のマタイによる福音書2.13-15は次のように記している（共同訳聖書実行委員会『聖書』日本聖書協会、1987年）。
「エジプトに避難する
13 占星術の学者たちが帰っていくと、主の天使が夢でヨセフに現れて言った。

「起きて、子供とその母親を連れて、エジプトに逃げ、わたしが告げるまで、そこにとどまっていなさい。ヘロデが、この子を探し出して殺そうとしている。」14 ヨセフは起きて、夜のうちに幼子とその母親を連れてエジプトへ去り、15 ヘロデが死ぬまでそこにいた。それは、「わたしは、エジプトからわたしの子を呼び出した」と、主が預言者を通して言われていたことが実現するためであった。」

また、旧約聖書のホセア書 11.1 は次のように記している（同上）。

「神の愛

1 まだ幼かったイスラエルをわたしは愛した。エジプトから彼を呼び出し、わが子とした。」

6 エジプト観光省 http://touregypt.net/holyfamily.htm　2016 年 2 月 10 日アクセス。

7 エル・ナトゥルーンには今日でも多くのコプト教の修道院が存在し、コプト僧が生活している。またエル・ナトルーンに塩湖がありその塩を使って古代エジプトではミイラが作られた。ナトリウムの語源でもある。

8 教会は聖母マリアに捧げられ、Sitt Mariam ないし St. Mary's Church とも呼ばれ、コプト教の最も重要な聖地のひとつとなっている。また教会に隣接してユダヤ教のシナゴーグがあり、そこにはモーゼが実はここから籠につるされて隣接するナイル川の葦の中に置かれてエジプトの王女の目に留まることとなったとの伝承が伝わる「モーゼの井戸」もある。また同じ界隈には 7 世紀にアラブがエジプトに来た時に建てられたカイロ最古のイスラム教のモスク（建物は再建）があり、ユダヤ教徒、キリスト教徒およびイスラム教徒をいずれも 'People of the Book'（聖書の民）としているイスラム教本来の共存と寛容の具体的姿を見ることができる。

9 北からの十字軍の侵略および東からのモンゴルの侵略という二重の戦争を強いられたエジプトは戦費調達のためにコプト教徒への課税を強化したところ、課税を嫌ってイスラム教に移った者が多い。

10 ムバラク政権下ではユースフ＝ブトロス・ガリ財務相（2004-2011 年）（故ブトロス＝ブトロス・ガリ元国連事務総長の甥）など有能なコプト教徒が活躍した。

11 宣教師ジュリアンなどの布教活動については必ずしも全容が判明しているわけではない。

12 故ブトロス＝ブトロス・ガリ元国連事務総長は筆者（石川）に対し、1905 年の日本の対露戦勝のインパクトはエジプトでも大きく、当時生まれた男児にはトーゴ―・モハメドなど、東郷元帥にあやかった命名が多かった、と語った。

また同元事務総長は訪日すると乃木神社に参拝していた。
13 ただし、エザナ王の在位時期については4世紀はじめとする説もある。
14 ハトシェプスト女王葬祭殿の壁に浮き彫りされているプント国との通商の様子によれば、女王はプント王にビールやワインなどのエジプトの産物を贈り、プント王国からは黒檀、象牙、金、香木などを持ち帰った。ザヒ・ハワス著、吉村作治他訳『古代エジプトの女性たち』原書房 pp. 27-36。
15 現エチオピア東部の南北逆三角形の平野部はアフリカ大陸を南北に走る大地溝帯の北端（紅海につながる）となっている。
16 紀元前からエチオピアに居住してきたと見られる。現代では、1974年にハイレセラシエ皇帝を倒した革命政府による弾圧およびその後の内戦による混乱を契機とする、1980年代から90年代にかけてのイスラエルへの集団空輸で知られる。ただし、イスラエル国内では彼らがユダヤ人であるか否かラビによる裁定が行われた結果初めてファラシャの受け入れが可能になったほか、移住後のイスラエル国内での人種差別が取り上げられたりしてきた。
17 能の石橋は獅子の舞で知られる。
18 人口：トルコ7700万人（2014年）、イラン・イスラム共和国7850万人（2014年）、エジプト9000万人（2015年）http://www.mofa.go.jp/mofaj/area 2016年2月11日アクセス。
19 当時のエジプト情報機関のトップはこのことを幾度となく筆者に述べた。
20 シリアのアサド家およびバース党にはアラウィー教徒が多いが、これにはサイコス＝ピコ密約によって第1次大戦後シリアを奪ったフランスが、正統イスラムからは認められていなかった極めて少数派のアラウィー教徒を優遇し、また意図したか否かは別として結果として軍人として養成したとの歴史的一段階が絡んでいる。
21 http://www.aljazeera.com/news/africa/2010/11/20101112191176127788.html 2016年2月14日アクセス。
22 http://www.aljazeera.com/news/africa/2011/02/201122392022223897.html 2016年2月14日アクセス。

第5章

1 *General History of Africa* 全8巻、Heinemann, UNESCO, 1984
2 オランダ東インド会社はケープタウンを船の補給のための寄港地と定めており移住は認めていなかった。それを変更し、かつて長崎出島にいたヤン・ファン・リーベックに1652年に植民をゆだねてから、移民が始まった。
3 ナントの勅令（1598年、アンリ4世発布）がルイ14世によって1685年に

廃止されてユグノーはオランダに逃げたが、そこで食い詰めた人はさらにケープタウンに再移住した者が多かった。彼らは再移住先では極貧のためお茶も飲めず、野草を摘んでお茶変わりにしていた。それが今や健康茶として人気があるロイボス・ティーの始まりである。また、艱難辛苦の末ユグノー達が始めたワインづくりは今や南アフリカ産ワインを世界の一流銘柄にまで押し上げている。ケープタウンで、南アフリカの人は、これぞまことのフランスワインだと半ば冗談半ば本気で筆者（石川）に語っていた。

4 http://unesdoc.unesco.org/images/0018/001886/188642e.pdf 'Why and how Africa should invest in African languages and multilingual education', UNESCO Institute for Lifelong Learning, 2010.

5 1961 年、ケネディ大統領がフランス訪問に降り立った時、ドゴール大統領は「アメリカ合衆国はフランスの長女である」と言った。この発言は、「フランスは教会の長女である」ことをもじって、1784 年のアメリカの独立を資金面および軍事的に支援したのはフランスであったことを世界に思い出させた。筆者は、ケネディ大統領がアメリカ大統領で初めてのカトリック信者であり、そのことが WASP（白人＋アングロ・サクソン＋プロテスタント）が支配するアメリカの一部では物議をかもしていたことも、この発言の裏にはあったと考えている。

6 'the Story of Africa-Between World Wars', www.bbc.co.ik

7 Ibid.

8 'Ghana is Free forever' Kwame Nkrumah's speech at independence, 6th March 1957, BBC WORLD SERVICE, www.bbc.co.uk より、筆者（石川）が邦訳。

9 Nkrumah, K., *I speak of freedom*, Westport, 1976, Greenwood Press (first edition 1961).

10 http://www.columbia.edu/itc/history/mann/w3005/nkrumba.html 2017 年 3 月 6 日アクセス。

11 https://americancenterjapan.com/aboutusa/translations/2547/#jplist 2017 年 3 月 6 日アクセス。

12 http://www.blackpast.org/1958-patrice-lumumba-speech-accra#sthash.hv1SJFCq.dpuf 2017 年 3 月 6 日アクセス。

13 'Paroles', Henri Konan Bedie, 1980-95 の演説集。

14 http://avalon.law.yale.edu/20th_century/wilson14.asp 2017 年 3 月 6 日アクセス。

15 http://www.unic.or.jp/info/un/charter/membership_language/ 2017 年 3

月6日アクセス。

第6章

1 http://www.nobelprize.org/nobel_prizes/peace/laureates/2014/yousafzai-facts.html　2017年6月21日アクセス。
Much of the world's population, especially in poor countries, is made up of children and young people. To achieve a peaceful world, it is crucial that the rights of children and young people be respected. Injustices perpetrated against children contribute to the spread of conflicts to future generations. Already at eleven years of age Malala Yousafzai fought for girls' right to education. After having suffered an attack on her life by Taliban gunmen in 2012, she has continued her struggle and become a leading advocate of girls' rights.

2 http://hdr.undp.org/sites/default/files/hdr_2015_statistical_annex.pdf　2017年6月21日アクセス。

3 http://uis.unesco.org/en/topic/gender-equality-education　2017年6月21日アクセス。

4 http://www.mofa.go.jp/mofaj/gaiko/jido/zenbun_1.html　2017年6月21日アクセス。

5 同上。

6 http://www.shugiin.go.jp/internet/itdb_kaigiroku.nsf/html/kaigiroku/000515920040318008.htm　2017年6月21日アクセス。

7 http://uis.unesco.org/en/topic/education-africa　2017年6月21日アクセス。

8 同上。

9 NEXT11は、バングラデシュ、エジプト、インドネシア、イラン、韓国、メキシコ、ナイジェリア、パキスタン、フィリピン、トルコ、ベトナム。アメリカの投資銀行などがBRICSに続く経済的新興国たりうる国として指摘した。

10 http://www.jp.undp.org/content/tokyo/jp/home/mdgoverview/mdg_2/　2016年12月13日アクセス。

11 http://www.unicef.org/esaro/5481_girls_education.html　2016年11月29日アクセス。

12 http://walkingtheroads.blogspot.jp/2009/07/in-africa-poverty-has-female-face.html　2009年5月8日、在ワシントン・イギリス大使館とNational Geographic Society共催の'Women and the Changing Global Outlook'会議にて　2016年12月20日アクセス。

13 http://www.unesco.or.jp/terakoya/issue/
14 途上国の教育関連データについては、世界銀行のデータデース（World Development Indictors）参照（http://data.worldbank.org/data-catalog/world-development-indicators）。
15 http://www.mofa.go.jp/mofaj/gaiko/oda/bunya/education/　2017年3月3日アクセス。
16 同上。
17 http://www.mofa.go.jp/mofaj/area/mali/data.html#section1　2017年3月2日アクセス。
18 http://www.jica.go.jp/project/mali/001/genba/10.html　2016年11月29日アクセス。
19 http://www.jica.go.jp/project/mali/001/genba/05.html　2016年11月29日アクセス。
20 http://www.jica.go.jp/project/mali/001/genba/01.html　2016年11月29日アクセス。
21 http://www.jica.go.jp/project/mali/001/genba/02.html　2016年11月29日アクセス。
22 http://www.uis.unesco.org/Education/Documents/UIS-literacy-statistics-1990-2015-en.pdf　2016年11月29日アクセス。
23 http://response.jp/article/2014/10/20/235417.html　2017年11月29日アクセス。http://www.invest.gov.tr/ja-JP/successstories/Pages/Toyota.aspx 2017年3月3日アクセス。
24 http://www.mofa.go.jp/mofaj/area/turkey/data.html#section1　2017年3月3日アクセス。
25 http://www.mofa.go.jp/mofaj/area/nigeria/data.html#section1　2017年3月3日アクセス。
26 www.unicef.or.jp
27 http://www.ja.wfp.org/activities
28 http://ja.wfp.org/news/stories/12-03　2017年3月2日アクセス。
29 http://jica-ri.jica.go.jp/IFIC_and_JBIC-Studies/Jica-ri/publication/archives/jica/field/pdf/2003_05b.pdf　2017年3月3日アクセス。
30 https://kyoto-nicco.org/africa/ecosan.html および https://kyoto-nicco.org/about/index.html（公益社団法人日本国際民間協力会（NICCO）の活動）、2017年3月3日アクセス。
31 http://www.jica.go.jp/publication/j-world/1206/pdf/04.pdf　2016年12月

13 日アクセス、および https://www.jica.go.jp/topics/news/2014/20150331_01.html　2017 年 3 月 5 日アクセス。

32 https://www.jica.go.jp/oda/project/5151061E0/index.html　2017 年 3 月 5 日アクセス。

33『Highlighting JAPAN』2014年 8 月号　http://www.gov-online.go.jp/eng/publicity/book/hlj/html/201408/201408_08_jp.html

34 エジプトの人口増加率は 2.51％（2016 年推計）、年齢別人口構成は 24 歳以下が 52.45％、15 歳— 24 歳は 19.24％（https://www.cia.gov/library/publications/the-world-factbook/geos/eg.html）。

35 ノーベル化学賞：アハメド・ズウェイル（当時カリフォルニア工科大学教授）、文学賞：ナギーブ・マフフーズ、平和賞：サダト大統領、同：ムハマド・エルバラダイ IAEA 事務局長。

36 人口 8 千数百万人×増加率 2.51％×大学進学率 4 割弱のおおよその数字。

37 出生率は、サダト政権下の 1980 年の 5.5 人からムバラク政権下の 1990 年代には 3 人強となった。

38 https://www.jica.go.jp/project/egypt/0604392/01/　2017 年 3 月 6 日 アクセス。

https://www.jica.go.jp/oda/project/1300580/index.html　2017 年 3 月 6 日アクセス。

「窓、論説委員室から—日本が担う希望」（『朝日新聞』2010 年 6 月 28 日付夕刊）、白井克彦早稲田大学総長「E-JUST（エジプト日本科学技術大学）の開校」（『財界』2010 年夏季特大号 p. 12）。

39 https://www.jica.go.jp/project/egypt/004/news/20160530.html　2017 年 3 月 6 日アクセス。

第 7 章

1 http://atm.eisai.co.jp/ntd/filaria.html 「フィラリアという寄生蠕虫（ぜんちゅう）を病原体とし、蚊に媒介されて人に感染する病気です。……感染すると、急性期の症状として悪寒戦慄を伴う発熱があります。しかし、感染初期はあまり症状がないため、多くの人は感染に気付きません。その後、成人になってから、リンパ管炎、リンパ節炎を伴う発熱を繰り返すうちにリンパ液の還流障害をきたすようになります。そして、リンパ浮腫、象皮病、生殖器の浮腫といった諸症状を発症します。」（熱帯病対策に取り組んでいる製薬会社エーザイのホームページ）

2 最近ではマダガスカルで 100 人以上がペストで死んだと報道されている（「マ

ダガスカルで感染症ペストが猛威 死者100人超」NHK、2017年10月25日)。
3 http://online.wsj.com/ww1/influenza　2017年3月8日アクセス。

https://www.ncbi.nim.nih.gov/pmc/articles/PMC2862337/　2017 年 3 月 8 日アクセス。

4 世界銀行のホームページより http://data.worldbank.org/indicator/SP.DYN.LE00.IN?end=2014&locations=ZW&start=1960&view=chart

Life expectancy at birth, total (years)

Derived from male and female life expectancy at birth from sources such as: (1) United Nations Population Division. World Population Prospects, (2) Census reports and other statistical publications from national statistical offices, (3) Eurostat: Demographic Statistics, (4) United Nations Statistical Division. Population and Vital Statistics Report (various years), (5) U.S. Census Bureau: International Database, and (6) Secretariat of the Pacific Community: Statistics and Demography Programme.

5 同上、http://www.whitehouse.gov/news/releases/2003/09

6 http://www.mhlw.go.jp/toukei/saikin/hw/life/life14/dl/life14-02.pdf　2017年3月8日アクセス。

7 http://www.mofa.go.jp/mofaj/files/000026609.pdf

8 http://www.unic.or.jp/info/un/unsystem/specialized_agencies/who/　2017年3月8日アクセス。

国連広報センターは世界保健機関(WHO)について次のように説明している。

「世界保健機関は1948年に設立され、国連システムの中にあって保健について指示を与え、調整する機関である。WHOは、グローバルな保健問題についてリーダーシップを発揮し、健康に関する研究課題を作成し、規範や基準を設定する。また、証拠に基づく政策選択肢を明確にし、加盟国へ技術的支援を行い、健康志向を監視、評価する。その政策決定機関は世界保健総会で、毎年開かれ、194全加盟国の代表が出席する。執行理事会は保健の分野で技術的に資格のある34人のメンバーで構成される。150か国以上の国々の国籍を有するおよそ8,000人の職員が、150の国別事務所、ジュネーヴ本部、ブラジル、コンゴ、ワシントンDC、カイロ(エジプト)、コペンハーゲン(デンマーク)、ニューデリー(インド)、マニラ(フィリピン)所在の6地域事務所で働いている。2012-2013年度事業計画予算額は39億ドル強であった。そのうちの9億4900万ドルは加盟国の分担金(通常予算)で、残りは任意の拠出金である。」

9 http://www.who.int/topics/tropical_diseases/en/ より筆者(石川)が邦訳、2016年11月22日アクセス。

10 http://www.jica.go.jp/topics/news/2013/20140219_01.html 2016年11月22日アクセス、および http://www.jst.go.jp/pr/announce/20131212/ 2017年3月9日アクセス。

「結核、アフリカ睡眠病の100円診断キットを開発」平成25年12月12日—北海道大学、科学技術振興機構（JST）、国際協力機構（JICA）共同発表—

「独立行政法人 科学技術振興機構（JST）と独立行政法人 国際協力機構（JICA）が連携して実施する地球規模課題対応国際科学技術協力プログラム（SATREPS）……の一環として、北海道大学人獣共通感染症リサーチセンターの鈴木定彦教授らは、開発途上国に実装可能な安価で操作が簡便な結核……ならびにアフリカ睡眠病……の迅速診断法を開発し、ザンビア共和国の研究・検査従事者が自国で独自に実施できるように技術導入を行いました。

従来からの結核確定検査は喀痰（かくたん）中の結核菌の培養によるものでしたが、操作が煩雑であること、実験室感染のリスクが伴うこと、結果の判定までに約1ヵ月と長時間を要することから簡便、安価で迅速な確定診断法の開発が望まれていました。一方、アフリカ睡眠病の従来検査は、血液中のトリパノソーマ原虫を顕微鏡下で見つけることでしたが、感度が低く早期発見ができないことから、高感度で迅速な診断法の開発が望まれていました。

本研究グループは、試験管内等温遺伝子増幅法であるLAMP法……を応用することにより、1検体あたり約100円で迅速に臨床検体中の結核菌あるいはトリパノソーマ原虫の遺伝子を検出する技術の開発に成功しました。

本技術により、結核ならびにアフリカ睡眠病の安価な早期診断が可能となり、適切な治療が発病早期から開始されるようになります。これにより、治療率が向上し、当該感染症による死亡者数の低減につながるとともに患者数の大幅な低減にも貢献します。

本研究は、ザンビア共和国保健省大学研究教育病院ならびにザンビア大学獣医学部とのSATREPS共同プロジェクトとして、北海道大学人獣共通感染症リサーチセンターの梶野喜一准教授ならびに鳥取大学の松葉隆司講師らをメンバーとするグループにより実施したものです。」

11 WHO, Situation Report, Ebola Virus Disease, 10 June 2016 http://apps.who.int/iris/bitstream/10665/208883/1/ebolasitrep_10Jun2016_eng.pdf?ua=1

12 http://www.mhlw.go.jp/bunya/kenkou/kekkaku-kansenshou19/ebola_qa.html 2017年3月9日アクセス。

13 同上。

14 1962年レイチェル・カーソンがDDT等の害を知らしめた著作（Carson 1962）。これをきっかけに環境問題への世界的関心が高まった。

15 http://fgfj.jcie.or.jp/topics/2014-10-21_mark_dybul_japanvisit　2017年6月16日アクセス。

16 同上。

17 http://www.unaids.org/en/resources/fact-sheet

18 現在のUNAIDSへの参加機関は、国連難民高等弁務官（UNHCR）、国連児童基金（ユニセフ）、世界食糧計画（WFP）、国連開発計画（UNDP）、国連人口基金（UNFPA）、国連薬物犯罪事務所（UNODC）、ジェンダー平等と女性のエンパワーメントのための国連機関（UN-Women）、国際労働機関（ILO）、国連教育科学文化機関（ユネスコ）、世界保健機関（WHO）、世界銀行（World Bank）である。

19 http://www.state.gov/secretary/rm/2003/24294.htm　2017年3月15日アクセス。

20 https://www.usaid.gov/what-we-do/global-health/hiv-and-aids/technical-areas/orphans-and-vulnerable-children-affected-hiv　2017年3月14日アクセス。

21 http://www.who.int/mediacentre/factsheets/fs104/en/　2017年3月12日アクセス。

22 https://www.ad-c.or.jp　2017年3月12日アクセス。

23 http://www.who.int/tb/country/data/profiles/en/　2017年3月12日アクセス。

24 http://www.who.int/mediacentre/factsheets/fs104/en/　2017年3月12日アクセス。

'Anti-TB medicines have been used for decades and strains that are resistant to 1 or more of the medicines have been documented in every country surveyed. Drug resistance emerges when anti-TB medicines are used inappropriately, through incorrect prescription by health care providers, poor quality drugs, and patients stopping treatment prematurely.

Multidrug-resistant tuberculosis (MDR-TB) is a form of TB caused by bacteria that do not respond to isoniazid and rifampicin, the 2 most powerful, first-line anti-TB drugs. MDR-TB is treatable and curable by using second-line drugs. However, second-line treatment options are limited and require extensive chemotherapy (up to 2 years of treatment) with medicines that are expensive and toxic.

In some cases, more severe drug resistance can develop. Extensively drug-resistant TB (XDR-TB) is a more serious form of MDR-TB caused by bacteria that do not respond to the most effective second-line anti-TB drugs,

often leaving patients without any further treatment options.'

25 http://www.who.int/mediacentre/factsheets/fs094/en/　2017年3月13日アクセス。

26 http://www.rollbackmalaria.org/countries/endemic-countries-1　2017年3月12日アクセス。

27 同上。

28 http://apps.who.int/iris/bitstream/10665/254912/1/WHO-HTM-GMP-2017.4-eng.pdf?ua=1　2017年3月12日アクセス。

29 https://www.usaid.gov/what-we-do/global-health/malaria　2017年3月12日アクセス。

30 筆者（石川）はサブ・シェルパを務めた。

31 http://www.mofa.go.jp/mofaj/gaiko/oda/shiryo/jisseki/kuni/j_00/honpen/honpen_15.html　2017年3月15日アクセス。

32 筆者（石川）は共同議長を務めた。

33 https://georgewbush-whitehouse.archives.gov/news/releases/2001/07/20010720-4.html　2017年3月15日アクセス。

34 http://fgfj.jcie.or.jp/global-fund/results　2017年3月15日アクセス。

35 http://www.who.int/mediacentre/factsheets/fs374/en/　2017年3月15日アクセス。

36 http://atm.eisai.co.jp/ntd/　および https://ghitfund.org/jp　2017年3月15日アクセス。

37 http://www.who.int/docstore/bulletin/pdf/2000/issue8/99-0285.pdf　2017年3月15日アクセス。

38 http://mda.maryland.gov/plants-pests/Pages/asian_tiger_mosquito_md.aspx　2017年3月15日アクセス。

39 http://www.who.iint/phe　2017年6月19日アクセス。

40 http://www.unicef.or.jp/library/pres_bn2014/pres_14_07.html　2017年6月19日アクセス。

41『LEVELS & TRENDS IN CHILD MORTALITY 2013』http://www.unicef.org/media/files

42 日本貿易振興機構（ジェトロ）「平成21年度　社会課題解決型の官民連携プログラム支援事業実施報告書（別冊）インドネシア；衛生・栄養分野」2010年3月。

43 Millennium Development Goals（MDGs）Fact sheet N°290, Updated May 2014. http://www.who.int/mediacentre/factsheets/fs290/en/#

44 news report from New Delhi Television Limited（NDTV）dated July 15, 2014. http://www.ndtv.com/article/india/poor-sanitation-in-india-may-afflict-well-fed-children-with-malnutrition-558673
45 *Atlas of the African Child*, UNECA and UNICEF.
46 国連水と衛生に関する諮問委員会・第一回会合（2004年7月22〜23日）於国連本部における橋本龍太郎委員長挨拶より抜粋。
47 WHO 2014年版「世界保健統計」http://www.who.int/kobe_centre/mediacentre/whs_2014/ja/
48 同上。
49 トマス・J・ボリキー「グローバル化する非感染性疾患—なぜ途上国で慢性疾患が広がりをみせているか」『Foreign Affairs Report』2012年5月号。
50 国連広報センター、http://www.unic.or.jp/activities/economic_social_development/social_development/human_settlements/
51「城内外務副大臣の国連水と衛生に関する諮問委員会第23回会合、水循環・水と災害特別セッションにおけるスピーチ」、平成26年10月31日、http://www.mofa.go.jp/mofaj/ic/gic/page3_000986.html
52 岸田外務大臣ODA政策スピーチ「進化するODA　〜世界と日本の未来のために〜」、2014年4月4日、http://www.mofa.go.jp/mofaj/ic/ap_m/page3_000726.html
53 注13に同じ。
54 SHIAWASE AFRICAイニシアティブ：「水と衛生施設へのアクセスと持続的な衛生行動改善は、アフリカを強くする！：Sustainable Hygiene Improvement and Access to Water and Sanitation Empower Africa！」。
55「2013年7月16日、第5回TICAD Vに関するNGO・外務省対話」、https://ticad-v-cs.jimdo.com/app/download/8347073291/第5回対話+2013-07-16.pdf?t
56 http://www.mofa.go.jp/mofaj/af/af1/page3_001784.html
57 Le Monde Diplomatique 2010年1月号、http://www.diplo.jp/articles10/1001.html
58 http://www.waterforum.jp/jp/resources/pages/global_water_issues.php 2016年6月19日アクセス。
59 http://www.who.int/water_sanitation_health/water-quality/en/　2017年3月16日アクセス。
60 同上。
61 渡邉松男新潟県立大学教授、日本国際フォーラム研究報告「『人間の安全保

障』と日本の外交戦略」より。
62 改善された飲料水と改善された衛生施設の定義をWHOは次のように定めている。http://www.who.int/water_sanitation_health/publications/2013/jmp_fast_facts/en/　2017年3月16日アクセス。
An “improved sanitation facility” is one that hygienically separates human excreta from human contact.
An “improved drinking-water source” is one that by the nature of its construction adequately protects the source from outside contamination, in particular from faecal matter.
63 2016年12月の大統領選挙で民主的にアクフォ゠アド新大統領と交代した。
64 ‘The Accra Report’, November 1, 2014.

第8章
1 Addy, E. A., Ghana: A History for Primary Schools　https://en.wikipedia.org/wiki/Yaa_Asantewaa から筆者（石川）が邦訳。
2 Gunther（1955）, pp. 808-809から筆者（石川）が邦訳。
3 htto://www.mofa.go.jp/mofal/gaiko/oda/shiryo/hakusho/02_hakusho/ODA2002/html/column/cl02001.htm
4 岸田袈裟氏のインタビュー、www.ecostatio.gr.jp　2017年1月23日アクセス。
5 http://natgeo.nikkeibp.co.jp/nng/article/20140702/405542/?P=1　2017年1月24日アクセス。
6 http://www.ryu-hashimoto.net/report/wnew020829_2.html　2017年1月20日アクセス。
7 http://i.telegraph.co.uk/multimedia/archive/02437/kenya-roses_2473809b.jpg　2016年11月24日アクセス。
8 McMillan（2002）の第1章は「オランダのAalsmeerという村に巨大な花市場があって、花はコロンビア、ケニヤ、ジンバブエから来る」と始まる。
9 http://www.nhk.or.jp/kokokoza/tv/chiri/archive/resume017.html　2017年2月1日アクセス。
10 https://www.customs.go.jp/tokyo/content/toku2701.pdf　2017年1月28日アクセス。
11 http://www.africa-flower.com/23.aspx　2016年11月14日アクセス、http://afrikarose. com/media_info.aspx　2017年1月28日アクセス。
12 https://www.jica.go.jp/africahiroba/foods-goods/detail/goods14.html　2016年1月28日アクセス。

13 http://www.customs.go.jp/tokyo/content/toku2802.pdf　2017 年 2 月 2 日アクセス。

14 ftp://ftp.fao.org/docrep/fao/009/a0627e/a0627e01.pdf　2016 年 11 月 24 日アクセス。

15 ケニア国家統計局を引用したジェトロ資料、https://www.jetro.go.jp/ext_images/world/gtir/2016/pdf/57.pdf　2017 年 2 月 1 日アクセス。

16 http://www.kenyarep-jp.com/business/industry/tea_results_j.html　2017 年 2 月 1 日アクセス。

17 https://www.jetro.go.jp/ext_images/world/africa/seminar_reports/pdf/20121129_pamphlet.pdf　2017 年 2 月 1 日アクセス。

第 9 章

1 http://hppexhibitions.com/floriculture/2015/holland/　2016 年 11 月 24 日アクセス。

2 http://www.hananokunicolombia.org/asocolflores　2017 年 2 月 2 日アクセス。

3 http://www.mofa.go.jp/mofaj/la_c/m_ca_c/page23_001013.html　2016 年 11 月 24 日アクセス。

4 http://www.mofa.go.jp/mofaj/area/colombia/data.html　2017 年 2 月 6 日アクセス。

5 https://www.jetro.go.jp/ext_images/world/gtir/2016/pdf/57.pdf　2017 年 2 月 1 日アクセス。

6 http://www.worldbank.org/en/country/kenya　2017 年 1 月 28 日アクセス。

7 https://www.fsis.usda.gov/wps/wcm/connect/671fa53f-9818-474f-a0ee-11bd2d0fc514/2007-0048F_652.pdf?MOD=AJPERES　2017 年 2 月 3 日アクセス。

8 https://www.gov.uk/government/news/festive-food-connects-africa-to-international-markets　2017 年 2 月 6 日アクセス。

9 https://www.gov.uk/guidance/food-retail-industry-challenge-fund-frich 2017 年 2 月 9 日アクセス。

10 ftp://ftp.fao.org/docrep/fao/009/a0627e/a6027e01.prf　2016 年 11 月 24 日アクセス。

11 https://www.usaid.gov/news-information/frontlines/new-players-and-graduation/kenya%E2%80%99s-cash-cows　2017 年 2 月 9 日アクセス。

12 https://www.ft.com/content/6693805a-603f-11e4-88d1-00144feabdc0　2017 年 2 月 6 日アクセス。

13 http://www.ethicaltrade.org/about-eti　2017 年 2 月 6 日アクセス。

14 2003年5月17日付のイギリス紙 *The Guardian* は、ケニアからイギリスのスーパーが輸入している野菜と花卉の選別作業等に従事している現地の女性労働者の過酷な勤労条件に関するETIの具体的活動を報じている。https://www.theguardian.com/food/focus/story/0,,956536,00.html　2017年2月6日アクセス。

15 世界生産の6割を占めるエチオピア原産の香りのまろやかなアラビカ種は1000～2000 mの高地、苦みが強くインスタント・コーヒーなどに使われるコンゴ盆地原産のロブスタ種は300～800 mで育つ。

16 http://www.ico.org/prices/po-production.pdf　2017年2月20日アクセス。

17 http://www.ico.org/profiles_e.asp　2017年2月20日アクセス。

18 http://www.epckenya.org/index.php?option=com_content&task=view&id=70&Itemid=81　2017年2月20日アクセス。

19 http://hdr.undp.org/en/content/income-gini-coefficient　2017年2月20日アクセス。

20 エチオピアのサービス産業の稼ぎ頭は、2016年に日本とアフリカ間の初めての直行便を就航させてエチオピア産バラの対日輸出急増にも貢献しているエチオピア航空である。同社については、ハイレセラシエ皇帝を獄中死させたメンギスツ急進革命政権が、メンテナンスを革命の敵と目したアメリカのTWA航空に委ね続け、皇帝時代の評判を維持した経緯がある。当時ザイールに在住していた筆者（石川）に対し、アフリカ事情に詳しい欧米の友人たちは、ザイール国内はザイール航空に乗らざるをえないが、アフリカ大陸内の移動のため航空機に乗る場合にはエチオピア航空とカメルーン航空なら安心できると異口同音に述べていた。

21 http://www.fao.org/3/a-i4985e.pdf　2017年2月20日アクセス。

22 http://www.presidency.ucsb.edu/ws/index.php?pid=8912より筆者（石川）が邦訳、2017年3月8日アクセス。

23 就任直後のケネディ大統領が1961年1月20日の年頭一般教書で提示した対ラテン・アメリカ（自由主義陣営の）経済支援（'To our sister republics south of our border, we offer a special pledge. ...- in a new alliance for progress- to assist free men and free government in casting off the chains of poverty.' https://www.jfklibrary.org）。

24 社団法人・全日本コーヒー協会、*Coffee Break*, Vol 21, August 1991, pp. 14-17. 当時の国際コーヒー理事会議長（筆者：石川）による解説。

25 http://www.ico.org/glossary.asp　2017年2月17日アクセス。

26 http://www.fao.org/3/a-i4985e.pdf　2017年2月19日アクセス。

27 トランプ大統領はケネディ大統領が述べた「我々の国境の南に位置する諸共和国」との間に塀をつくることに狂奔している。この事実は、トランプ氏が「アメリカン・ドリーム」を自己否定していること、なかんずくラテンアメリカの経済・社会実態、そしてアメリカを目指す人々のアメリカの夢を見る心を理解していないことを示している。ケネディ家も不動産で財を成し、加えてアメリカでは下に見られていたアイルランド系のカトリック教徒であったが、弱いものに寄り添う政策を打ち出し、他方同じ不動産屋のドイツ移民の3世のトランプは弱いものを排除する政策を打ち出し続けている。
28 アメリカは、メキシコとの国境に壁をつくるよりも、不法移民の上流にあたる中米の貧農の暮らしを上向かせる策を講じることこそ、不法移民対策としてははるかに有効だと理解すべきではないか。
29 2017年9月18日アメリカのトイザラスは連邦破産法第11条を申請した。歴史のつけが回ったということだろうか。

第10章

1 2010年4月4日。
2 戦後日本の高度成長期には、投資スパートと趨勢加速（trend acceleration）が見られた。この点については、大川・小浜（1993, pp. 170–172）参照。
3 日本の経済発展については、大川・小浜（1993）、小浜・渡辺（1996）、小浜（2001）、Kohama（2007）などを参照。
4 ここで2点注意が必要だ。一つは、表10-1の数字は名目価格表示だということ。もう一つは、データがない国が、さらに貧しい可能性があるということだ。
5「後発性の利益」については、Gerschenkron（1962）、小浜（2001, pp. 54–56）などを参照。

6「1970年の所得水準」は、名目ドルのアトラスの数字。「1970年-2014年の年平均成長率」は、不変価格・現地通貨建てのGDPデータから計算。
7 この点に関心の向きは、Dollar and Kraay（2002）、Easterly, Levine and Roodman（2004）、小浜（2005、第2章第4節）などを参照。
8 2011年PPPドル。
9 1981年のサブサハラ・アフリカの貧困人口比率はとれない。
10 就学率はグロスの数字をとったので100%を超える場合がある。
11 人口ピラミッドのwebsite（https://www.populationpyramid.net/）があって、多くの国・地域の人口ピラミッドを見ることができる。日本の場合、このwebsiteでとることができる一番古い人口ピラミッドは1950年である。
12 以下の記述は、一部、浅沼・小浜（2007）、第1章のコラムによっている。

13 世界銀行のデータベースで、2015年の石油輸出比率と所得のデータがとれる国について散布図（scatter plot）を書いてみた。
14 アルジェリア、アンゴラ、アゼルバイジャン、バーレーン、ブルネイ、カメルーン、チャド、コロンビア、コンゴ民主共和国、エクアドル、エジプト、赤道ギニア、ガボン、イラン、イラク、カザフスタン、クエート、キルギス、リビア、メキシコ、ナイジェリア、オマーン、カタール、ロシア、サントメプリンシペ、サウジアラビア、スーダン、シリア、トニダッド・トバゴ、チュニジア、トルクメニスタン、UAE、ヴェネズエラ、イエメン。
15 Fuel exports（% of merchandise exports）。
16 Ores and metals exports（% of merchandise exports）。
17 この節の記述は、一部、小浜（2014）によっている。
18 このことは、国民所得統計の整備に貢献したサイモン・クズネッツが1934年に指摘している（Kuznets 1934）。Griffith（2011, p. 10）参照。
19 ここで言う「持続的経済発展」は、環境との両立ではなく、一国経済に連続的に経済発展が生起するメカニズムが存在することを意味している。
20 この点に関心の読者は、McMillan and Rodrik（2011）, McMillan, Rodrik and Verduzco-Gallo（2014）など参照。
21 経済発展と制度の関係については数多くの研究がある。歴史的読み物としては Acemoglu and Robinson（2012）が面白い。
22 アメリカには、「ホワイトハウスにハイヒールを履いたサルがいる」と書く白人至上主義者もいるし、日本でも犯罪のニュースを聞いて、「それは在日外国人の仕業だろう」とコメントする小説家もいるようだ。
23 この点については、Easterly（2006）の「訳者あとがき」や本書の「序章」参照。
24 これ以外にも興味深いエピソード満載である。小浜（2006）参照。
25 その会議では、上で引用したポール・コリアーやロバート・ベイツと一緒だった。
26 アヘン戦争については、陳（1985）が有用である。
27 "The Economist explains - Why Africa's borders are a mess: Colonial administrators drew lines on maps. The reality on the ground is quite different," *The Economist*, November 17, 2016（http://www.economist.com/blogs/economist-explains/2016/11/econo…0161118n/owned/n/n/nwl/n/n/ME/8157389/email&etear=dailydispatch）.
28 よく知られているように、ボツワナはダイヤを産するが、「資源の呪い」には陥っていないようだ。Acemoglu, Johnson, and Robinson（2003）は面白い。

29 2016年に世界で2億1800万人の児童労働が存在していて、そのうち9942万人がアフリカに、9024万人がアジアにいると推計されている。ILO (2017, p. 7).

あとがき

1 何年か前、アンマンの会議に行くことになって、彼（「妙な友だち」のこと）に「カイロの友だちの家に泊まってちょっと遊んでからアンマンに行く」と言ったら「変な友だち」は「カイロ行ったことないんだ、ピラミッド近い？」「僕もカイロ経由で行く、小浜さんお友達の家に泊まる」と勝手に決めた。なにしろ、今年彼が書いた本に「変人でいつづけましょう！」なんて書いてくれるのだ。やっぱり彼は「変」。

2 宮本さんが「もっと過激に、もっと過激に」って言うんだと、日銀近くの出版社の編集者に言ったら、「私には、とてもそんなこと小浜先生に言えません」と言っていた。

3「小浜さんみたいに本能に忠実に生きてると、人生楽しいよね」という友人もいる。

参考文献

Acemoglu, Daron, Simon Johnson, and James A. Robinson, "An African Success Story: Botswana," In Dani Rodrik, ed., *In Search of Prosperity: Analytical Narratives on Economic Growth*. Princeton: Princeton University Press, 2003

Acemoglu, Daron and James Robinson, *Why Nations Fail: The Origins of Power, Prosperity, and Poverty*, Crown Publishers, 2012（鬼澤忍訳『国家はなぜ衰亡するのか：権力・繁栄・貧困の起源（上・下）』早川書房, 2013年；ハヤカワ・ノンフィクション文庫, 2016年）

会田雄次『アーロン収容所—西欧ヒューマニズムの限界』中公新書, 1962年

Ajayi, J. F. Ade and M. Crowder (eds.), *History of West Africa*, third edition, Longman, 1985

網野善彦『歴史を考えるヒント』新潮文庫, 2012年

浅沼信爾・小浜裕久『近代経済成長を求めて—開発経済学への招待』勁草書房, 2007年

浅沼信爾・小浜裕久『途上国の旅：開発政策のナラティブ』勁草書房, 2013年

浅沼信爾・小浜裕久『ODAの終焉：機能主義的開発援助の勧め』勁草書房, 2017年

Becker, Gary, S., Edward L. Glaeser, and Kevin M. Murphy, "Population and Economic Growth," *American Economic Review Papers and Proceedings*, Vol. 89, No. 2, May 1999

Bédié, H. K., *PAROLES*, Henri Konan Bedie, 1985

Birdsall, Nancy and Arvind Subramanian, "Saving Iraq From Its Oil," *Foreign Affairs*, Vol. 83, No. 4, July/August 2004

Carson, Rachel, *Silent Spring*, Boston: Houghton Mifflin, 1962.（青樹簗一訳『生と死の妙薬—自然均衡の破壊者科学薬品』新潮社, 1964年；改版：青樹簗一訳『沈黙の春』新潮文庫, 1974年）

陳舜臣『実録アヘン戦争』中公文庫, 1985年。

千葉泰雄『国際商品協定と一次産品問題』有信堂, 1987年。

Chua, Amy, *World on Fire: How Exporting Free Market Democracy Breeds Ethnic Hatred and Global Instability*. New York: Doubleday, 2003（久保

恵美子訳『富の独裁者』光文社，2003 年）
Collier, Paul, *The Bottom Billion: Why the Poorest Countries are failing and What can be done about it*, New York: Oxford University Press, 2007（中谷和男訳『最底辺の 10 億人』日経 BP 社，2008 年）
Collins, R. O., *Western African History*, Markus Wiener Publishing, 1990
Commission on Human Security, *Human Security Now*, UN, 2003
Davidson, B., *The African Genius*, Little, Brown and Company, 1969
Davidson, B., *The African Slave Trade*, Little, Brown and Company, 1980
Davidson, B., *The Lost Cities of Africa*, Little, Brown and Company, 1987
Davidson, B., *Africa in History, Themes and Outlines*, Revised and Expanded Edition, Collier Books, 1991a
Davidson, B., *African Civilization Revisited*, Africa World Press Inc., 1991b
Davidson, B., *The Search for Africa*, James Currey, 1994
Dollar, David and Aart Kraay, "Growth Is Good for the Poor," *Journal of Economic Growth*, Vol. 7, No. 3, September 2002
Easterly, William, Ross Levine, and David Roodman, "New Data, New Doubts: Comment on *Aid, Policies and Growth* (2000) by Burnside and Dollar," *American Economic Review*, Vol. 94, No. 3, June 2004
Easterly, William, *The White Man's Burden: Why the West's Efforts to Aid the Rest Have Done So Much Ill and So Little Good*. New York: The Penguin Press, 2006（小浜裕久・織井啓介・冨田陽子訳『傲慢な援助』東洋経済新報社，2009 年）
Easterly, William, *The Tyranny of Experts: Economists, Dictators, and the Forgotten Rights of the Poor*. New York: Basic Books, 2013
Equiano, O., *The Life of Olaudah Equiano, or Gustavus Vassa the African*, Longman, 1988
Frankel, Jeffrey, "The Natural Resource Curse: A Survey of Diagnoses and Some Prescriptions," In Rabah Arezki, Catherine Patillo, Marc Quintyn and Zhu Min, eds., *Commodity Price Volatility and Inclusive Growth in Low-Income Countries*, IMF, 2012
Friedman, Thomas L., *The World Is Flat: A Brief History of The Twenty-first Century*. New York: Farrar Straus & Giroux, 2005（伏見威蕃訳『フラット化する世界（上・下）』日本経済新聞出版社，2008 年）
外務省情報文化局編『あふりかアフリカ―サハラの向こうの世界』世界の動き社，1984 年

Galbraith, John Kenneth, *The Triumph: The Novel of Modern Diplomacy*, Boston: Houghton Mifflin, 1968.（松田銑訳『まぼろしの勝利―小説・アメリカ外交』日本経済新聞社，1968 年；松田銑訳『小説アメリカ外交』中央公論社，1979 年）
Galor, Oded, and David N. Weil, "From Malthusian Stagnation to Modern Growth," *American Economic Review Papers and Proceedings*, Vol. 89, No. 2, May 1999
Gerschenkron, A., *Economic Backwardness in Historical Perspective: A Book of Essays*, Cambridge, Mass.: Harvard University Press, 1962（池田美智子訳『経済後進性の史的展望』日本経済評論社，2016 年）
Gill, Indermit and Homi Kharas, *An East Asian Renaissance: Ideas for Growth*, The World Bank, 2007
Griffith, Breda, "What Is Development," In Raj Nallari, Shahid Yusuf, Breda Griffith, and Rwitwika Bhattacharya, eds., *Frontiers in Development Policy: A Primer on Emerging Issues*, The World Bank, 2011
Guest, Robert, *The Shackled Continent: Africa's Past, Present and Future*, London: Macmillan, 2004（伊藤真訳『アフリカ 苦悩する大陸』東洋経済新報社，2008 年）
Guillon, W., *A Short History of African Art*, Penguin Books, 1991
Gunther, J., *Inside Africa*, Hamish Hamilton, 1955
Halberstam, David, *War in a Time of Peace: Bush, Clinton, and the Generals*, New York: Touchstone, 2002（小倉慶郎・三島篤志・田中均・佳元一洋・柴武行訳『静かなる戦争―アメリカの栄光と挫折』上・下，PHP 研究所，2003 年）
星昭・林晃史『アフリカ現代史Ⅰ　総説・南部アフリカ』山川出版社，1978 年
本郷豊・細野昭雄『ブラジルの不毛の大地「セラード」開発の奇跡』ダイヤモンド社，2012 年
井上勝生『幕末・維新―シリーズ日本近現代史（1）』岩波新書，2006 年
International Labour Organization（ILO）, *Global estimates of child labour: Results and trends, 2012-2016*. Geneva: ILO, 2017, http://www.ilo.org/global/about-the-ilo/newsroom/news/WCMS_574717/lang--en/index.htm
石川薫『アフリカの火』学生社，1992 年
石川薫「感染症と日本の外交政策――国づくりの観点から」『国際問題（日本国際問題研究所）』2003 年 12 月号
Ishikawa, K., *Nation Building and Development Assistance in Africa*,

Macmillan Press Ltd., St. Martin's Press Inc., 1999
Jones, Charles I. and Dietrich Vollrath, *Introduction to Economic Growth*, 3rd edition, W. W. Norton, 2013
カッテンディーケ，水田信利訳『長崎海軍伝習所の日々　日本滞在記抄』東洋文庫 26，平凡社，1964 年
Kimura, Fukunari and Hirohisa Kohama, "Resource Richness and Economic Development in Newly Industrialized Economies: East Asia versus Latin America," In Yujiro Hayami and Masahiko Aoki, eds., *The Institutional Foundation of Economic Development in East Asia*, London: Macmillan, 1998
国際協力事業団・国際協力総合研究所「ヨード欠乏症に対する ODA の役割に関する検討」2001 年
小浜裕久・渡辺真知子『戦後日本経済の 50 年—途上国から先進国へ』日本評論社，1996 年
小浜裕久『戦後日本の産業発展』日本評論社，2001 年
小浜裕久『日本の国際貢献』勁草書房，2005 年
小浜裕久「日本の近代経済成長：初期条件と制度的革新についての覚書」『経済志林（解析的経済史への招待—尾高煌之助教授退職記念論文集—）』第 73 巻第 4 号，2006 年 3 月
Kohama, Hirohisa, *Industrial Development in Postwar Japan*, London: Routledge, 2007
小浜裕久「新興国経済の行方と中所得国の罠」『世界経済評論』2014 年 7・8 月号
小浜裕久「開発経済学はおもしろい！」『開発経済学　初めの一歩』有斐閣，第 1 章原稿，2015 年
小杉泰『イスラームとは何か』講談社現代新書，1994 年
児玉谷史郎編『アフリカにおける商業的農業の発展』アジア経済研究所研究叢書 No. 428，1993 年
Kremer, Michael, "Population growth and technological change: One million B. C. to 1990," *Quarterly Journal of Economics*. Vol. 108, Issue 3, August 1993
Kuznets, Simon, *National Income, 1929–1932*, Prepared for the United States Senate, 73d Congress, 2d Session, Senate Document No. 124, Washington D. C.: U. S. Government Printing Office, 1934
Landes, David S., "Why Europe and the West? Why Not China?" *Journal of*

Economic Perspectives, Vol. 20, No. 2, Spring 2006
Lin, Justin Yifu, *The Quest for Prosperity: How Developing Economies Can Take Off*, Princeton, N. J.: Princeton University Press, 2012（小浜裕久監訳『貧困なき世界：途上国初の世銀チーフエコノミストの挑戦』東洋経済新報社，2016年）
McMillan, John, *Reinventing the Bazaar: A Natural History of Markets*, New York: W. W. Norton, 2002.（瀧澤弘和・木村友二訳『市場を創る―バザールからネット取引まで』NTT出版，2007年）
McMillan, Margaret and Dani Rodrik, “Globalization, Structural Change and Productivity Growth,” NBER Working Paper 17143, June 2011
McMillan, Margaret, Dani Rodrik and Íñigo Verduzco-Gallo, “Globalization, Structural Change, and Productivity Growth, with an Update on Africa” *World Development*, Vol. 63, November 2014
御厨貴・芹川洋一『政治が危ない』日本経済新聞出版社，2016年
増田義郎『図説　大航海時代』河出書房新社，2008年
宮崎正勝『鄭和の南海大遠征：永楽帝の世界秩序再編』中公新書1371，1997年
宮本正興・松田素二編『新書アフリカ史』講談社現代新書，1997年
本村淩二『世界史の叡智』中公新書，2013年
中村隆英『明治大正史（上・下）』東京大学出版会，2015年
日本国際問題研究所「焦点：アフリカの現在」『国際問題』2010年5月号，2010年
Niane, D. T., *Le Soudan Occidental au temps des grands empires, XI-XVIe Siècle*, Présence Africaine, 1975
Niane, D. T. (ed.), *General History of Africa・IV, Africa from the Twelfth to the Sixteenth Century*, Heinemann・California・UNESCO, 1984
日本国際フォーラム「『人間の安全保障』の課題と日本の外交戦略」研究会報告書，2015年
Noland, Marcus, *Avoiding the Apocalypse: The Future of the Two Koreas*, Washington, D.C.: Institute for International Economics, 2000
大川一司編『日本と発展途上国』勁草書房，1986年
大川一司・小浜裕久『経済発展論―日本の経験と発展途上国』東洋経済新報社，1993年
Ogot, B. A. (ed.), *General History of Africa・V Africa from the Sixteenth to the Eighteenth Century*, Heinemann・California・UNESCO, 1992
大来洋一『戦後日本経済論―成長経済から成熟経済への転換』東洋経済新報社，

2010年
The Organization of African Unity and The United Nations Children's Fund, *Africa's Children, Africa's Future*, OAU and UNICEF, 1992
Ponting, Clive, *Gunpowder: An Explosive History – From the Alchemists of China to the Battlefields of Europe*, New Edition, London: Pimlico, 2006（伊藤綺訳『世界を変えた火薬の歴史』原書房，2013年）
Prah, Mansah, *Women's Studies with a focus on Ghana: Selected readings*, Books on African Studies, Jerry Bedu-Addo, 1995
Rostow, W. W., *The Stages of Economic Growth: A Non-Communist Manifesto*, Cambridge University Press, 1960（木村健康・久保まち子・村上泰亮訳『経済成長の諸段階――一つの非共産主義宣言』ダイヤモンド社，1961年）
佐藤次高『砂糖のイスラーム生活史』岩波書店，2008年
「世界の歴史」編集委員会編『もういちど読む山川世界史』山川出版社，2009年
Shephard, C., A. Reid, and K. Shepherd, *Peace & War*, Schools History Project, John Murray, 1993
Shepperson, G. and S. C. Drake, *The Fifth Pan-African Conference, 1945 and The All African People's Congress, 1958*, Contributions in BLACK STUDIES, 8 (1986–87), 35–66, Scholar Works @ UMass Amherst, 1986
Sweetman, D., *Women Leaders in African History*, Heinemann, 1984
戸田隆夫「［論点］人間の安全保障 「確実に届く援助」原点に」『讀賣新聞』2004年10月6日，14面
UNDP/World Bank/WHO, 'Tropical Disease Research' Progress 1991–92," 1993
UNECA and UNICEF, *Atlas of the African Child*, 1995
World Bank Policy Research Report, *The East Asian Miracle: Economic Growth and Public Policy*, Oxford University Press, 1993（白鳥正喜監訳／海外経済協力基金開発問題研究会訳『東アジアの奇跡―経済成長と政府の役割』東洋経済新報社，1994年）
山田早苗『珈琲入門』日本食糧新聞社，2005年
山口淑子『李香蘭を生きて』日本経済新聞出版社，2004年
全日本コーヒー協会『珈琲紀行』1990年

「未解」のアフリカ：欺瞞のヨーロッパ史観

2018年 1 月15日　第 1 版第 1 刷発行
2019年10月10日　第 1 版第 3 刷発行

著　者　石《いし》　川《かわ》　　薫《かおる》
　　　　小《こ》　浜《はま》　裕《ひろ》　久《ひさ》

発行者　井　村　寿　人

発行所　株式会社　勁《けい》　草《そう》　書　房
112-0005 東京都文京区水道2-1-1　振替　00150-2-175253
（編集）電話 03-3815-5277／FAX 03-3814-6968
（営業）電話 03-3814-6861／FAX 03-3814-6854
平文社・松岳社

ISBN978-4-326-24847-6　Printed in Japan

http://www.keisoshobo.co.jp